Kohlhammer

Zur Autorin

Dr. med. Helga Simchen war zunächst Oberärztin der Kinderklinik und dann als Oberärztin wissenschaftlich sowie klinisch in der Kinder- und Jugendpsychiatrie und Neurologie der Medizinischen Akademie Magdeburg tätig. Dort arbeitete sie in enger Kooperation mit dem Institut für Neurobiologie und Hirnforschung auf dem Gebiet der Aufmerksamkeits-, Lern- und Leistungs- sowie Verhaltensstörungen bei Kindern und Jugendlichen. In der ehemaligen DDR galt sie als Spezialistin für die Problematik der hyperaktiven Kinder. Schwerpunkte waren dabei die Früherfassung von Teilleistungsstörungen (z. B. Legasthenie), der Komorbiditäten des Hyperkinetischen Syndroms (HKS) sowie der Tic- und Tourette-Symptomatik. Im Vorstand der Gesellschaft für Rehabilitation war sie über viele Jahre als Arbeitsgruppenleiter tätig. Sie hielt Vorlesungen über Kinder- und Jugendpsychiatrie und Entwicklungsneurologie mit Lehrauftrag auch am Institut für Rehabilitationspädagogik.

Dr. med. Helga Simchen hat eine abgeschlossene Ausbildung als Facharzt für Kinderheilkunde, Kinder- und Jugendpsychiatrie und Neurologie, Verhaltenstherapie und tiefenpsychologische Psychotherapie, Hypnose und Systemische Familientherapie. Der breite Fundus ihres Wissens und die täglichen Erfahrungen aus ihrer Spezialpraxis für AD(H)S und Teilleistungsstörungen in Mainz verleihen Frau Dr. Simchen eine besondere Befähigung, sich mit dem zukunftsweisenden Thema der Begleiterscheinungen und Folgeerkrankungen des AD(H)S zu beschäftigen. Sie war eine der ersten in der Medizin, die aus eigener praktischer Erfahrung verbunden mit ihren neurobiologischen Kenntnissen den Zusammenhang von AD(H)S und den Essstörungen Magersucht, Bulimie und Esssucht erkannte und die Betroffenen entsprechend behandeln konnte. Schwerpunkt war dabei der durch diese Kombination bedingte besondere Krankheitsverlauf mit Einbeziehung des familiären und sozialen Umfelds.

Helga Simchen

Essstörungen und Persönlichkeit

Magersucht, Bulimie und Übergewicht –
Warum Essen und Hungern zur Sucht werden

3., aktualisierte Auflage

Verlag W. Kohlhammer

Dieses Werk einschließlich aller seiner Teile ist urheberrechtlich geschützt. Jede Verwendung außerhalb der engen Grenzen des Urheberrechts ist ohne Zustimmung des Verlags unzulässig und strafbar. Das gilt insbesondere für Vervielfältigungen, Übersetzungen, Mikroverfilmungen und für die Einspeicherung und Verarbeitung in elektronischen Systemen.

Pharmakologische Daten, d. h. u. a. Angaben von Medikamenten, ihren Dosierungen und Applikationen, verändern sich fortlaufend durch klinische Erfahrung, pharmakologische Forschung und Änderung von Produktionsverfahren. Verlag und Autoren haben große Sorgfalt darauf gelegt, dass alle in diesem Buch gemachten Angaben dem derzeitigen Wissensstand entsprechen. Da jedoch die Medizin als Wissenschaft ständig im Fluss ist, da menschliche Irrtümer und Druckfehler nie völlig auszuschließen sind, können Verlag und Autoren hierfür jedoch keine Gewähr und Haftung übernehmen. Jeder Benutzer ist daher dringend angehalten, die gemachten Angaben, insbesondere in Hinsicht auf Arzneimittelnamen, enthaltene Wirkstoffe, spezifische Anwendungsbereiche und Dosierungen anhand des Medikamentenbeipackzettels und der entsprechenden Fachinformationen zu überprüfen und in eigener Verantwortung im Bereich der Patientenversorgung zu handeln. Aufgrund der Auswahl häufig angewendeter Arzneimittel besteht kein Anspruch auf Vollständigkeit.

Die Wiedergabe von Warenbezeichnungen, Handelsnamen und sonstigen Kennzeichen in diesem Buch berechtigt nicht zu der Annahme, dass diese von jedermann frei benutzt werden dürfen. Vielmehr kann es sich auch dann um eingetragene Warenzeichen oder sonstige geschützte Kennzeichen handeln, wenn sie nicht eigens als solche gekennzeichnet sind.

Es konnten nicht alle Rechtsinhaber von Abbildungen ermittelt werden. Sollte dem Verlag gegenüber der Nachweis der Rechtsinhaberschaft geführt werden, wird das branchenübliche Honorar nachträglich gezahlt.

Dieses Werk enthält Hinweise/Links zu externen Websites Dritter, auf deren Inhalt der Verlag keinen Einfluss hat und die der Haftung der jeweiligen Seitenanbieter oder -betreiber unterliegen. Zum Zeitpunkt der Verlinkung wurden die externen Websites auf mögliche Rechtsverstöße überprüft und dabei keine Rechtsverletzung festgestellt. Ohne konkrete Hinweise auf eine solche Rechtsverletzung ist eine permanente inhaltliche Kontrolle der verlinkten Seiten nicht zumutbar. Sollten jedoch Rechtsverletzungen bekannt werden, werden die betroffenen externen Links soweit möglich unverzüglich entfernt.

3., aktualisierte Auflage 2021

Alle Rechte vorbehalten
© W. Kohlhammer GmbH, Stuttgart
Gesamtherstellung: W. Kohlhammer GmbH, Stuttgart

Print:
ISBN 978-3-17-039750-7

E-Book-Formate:
pdf: ISBN 978-3-17-039751-4
epub: ISBN 978-3-17-039752-1
mobi: ISBN 978-3-17-039753-8

Inhalt

Vorwort 11

1 Essstörungen – eine Einführung 13
    1.1 Ein Konflikt zwischen Wollen und Können 13
    1.2 Ein gesellschaftliches und persönliches Problem 14
    1.3 Essstörungen und Persönlichkeit 16
    1.4 Ein neuer biologisch fundierter Ansatz 18
    1.5 Warum psychische Störungen in der Kindheit zunehmen ... 19
        1.5.1 Die zunehmende Reizüberflutung im Alltag unserer Kinder und Jugendlichen 20
        1.5.2 Der Mangel an sozialer Intelligenz und Kompetenz .. 20
        1.5.3 Der Verlust stabiler sozialer Strukturen 21
        1.5.4 Die Anziehungskraft vermeintlicher Vorbilder 21
        1.5.5 Die Mängel unseres Schulsystems 21
    1.6 Die Bedeutung der Forschung 23

2 Die Bedeutung von Veranlagung, Erziehung und sozialem Umfeld für das Essverhalten 25
    2.1 Der »schlechte Esser« – eine frühkindliche Entwicklung 25
        2.1.1 Im Säuglingsalter 25
        2.1.2 Im Kleinkindalter – wenn der Esstisch zum Stresstisch wird 26
    2.2 Wahrnehmung und Entwicklung von Essstörungen 27
        2.2.1 Die Veranlagung, der genetische Code entscheidet ... 27
        2.2.2 Veranlagung und Entwicklung als Einheit verursachen Essstörungen 29
        2.2.3 Die Bedeutung der Geschlechtszugehörigkeit 32
    2.3 Verhaltensänderung ist möglich 34
    2.4 Negativer emotionaler Dauerstress als eine Ursache für Essstörungen im Erwachsenenalter 35
    2.5 Negativer Dauerstress schon in der Kindheit? 39

3 Die Magersucht (Anorexia nervosa) 40
    3.1 Folge einer über Jahre bestehenden Störung des biologischen, psychischen und sozialen Gleichgewichts 40
        3.1.1 Eine Magersüchtige berichtet 40
        3.1.2 Die neurobiologische Ursache der Magersucht 43

3.2	Eine angstbesetzte Störung mit veränderter Wahrnehmung	47
3.3	Problemlösung durch zwanghaftes Verhalten	47
3.4	Wenn zwanghaftes Verhalten zur Sucht wird	49
3.5	Folge einer genetisch geprägten Persönlichkeitsstruktur mit reaktiver Fehlentwicklung	50
3.6	Die Sucht – ein Mittel zur psychischen Stabilisierung	52
3.7	Aktuelle wissenschaftliche Diagnosekriterien der Magersucht	54
	3.7.1 ICD-10-Kriterien	54
	3.7.2 DSM-5-Kriterien	55
3.8	Beispiele aus der Praxis – wie sich die Schicksale von Magersüchtigen gleichen	56
	3.8.1 Mara, eine 23-jährige Frau, hochbegabt mit Rechenschwäche in der Schulzeit	56
	3.8.2 Svenja, eine 17-jährige Gymnasiastin, die sich nicht wiegen lassen wollte	62
3.9	Ein Wechselspiel von Persönlichkeitsprofil und Belastung	64
3.10	Weitere Faktoren, die die Entwicklung einer Magersucht begünstigen	65
	3.10.1 Soziokulturelle Faktoren	65
	3.10.2 Individuelle und personenzentrierte Faktoren	66
	3.10.3 Krankheitsbedingte Besonderheiten	68
3.11	Viele Gemeinsamkeiten in den Krankengeschichten – das kann kein Zufall sein!	70
	3.11.1 Das Wesen von Magersüchtigen gleicht einer anspruchsvollen, empfindlichen Blume	70
	3.11.2 Selbstwertgefühl und soziale Kompetenz	72
	3.11.3 Gemeinsamkeiten in den Biographien von Magersüchtigen deuten auf eine gemeinsame Ursache	76
3.12	Gibt es eine gemeinsame genetisch bedingte Veranlagung?	79
3.13	Herkömmliche Erklärungsmuster zur Entstehung von Magersucht	81
	3.13.1 Die Beziehungsstörung	81
	3.13.2 Psychische Traumen in der Kindheit	81
	3.13.3 Das »Steinzeit-Gen« und seine vermeintliche Rolle bei der Entstehung von Essstörungen	82
	3.13.4 Die Bedeutung der veränderten Informationsverarbeitung für die Persönlichkeitsentwicklung	83
3.14	Magersüchtige haben viele Persönlichkeitsmerkmale gemeinsam	84
3.15	Der Body-Mass-Index (BMI)	87
3.16	Die Psychodynamik der Pubertätsmagersucht im Überblick	89
3.17	Magersucht kann tödlich sein – zwei Beispiele von tragischen Krankheitsverläufen	90
3.18	Die Bedeutung der Frühdiagnostik und -behandlung	93

		3.18.1 Beispiele aus der Praxis – wie Frühdiagnose und -behandlung schwere und chronische Verläufe einer Magersucht verhindern können	93
		3.18.2 Frühsymptome, die in ihrer Summe zur Magersucht führen können	99
	3.19	Das Dysmorphie-Syndrom (Hässlichkeitssyndrom)	100
	3.20	Schwerpunkte der Frühbehandlung	101
		3.20.1 Frühbehandlung der genetisch veränderten Informationsverarbeitung	101
		3.20.2 Das therapeutische Gespräch und die persönlichkeitszentrierte Behandlung	102
		3.20.3 Die pubertätsbedingte Überforderung als Risikofaktor Nr. 1	103
		3.20.4 Ziele der Frühbehandlung	105
	3.21	Die häufigsten Begleit- und Folgeerkrankungen	105
		3.21.1 Psychische Begleit- und Folgeerkrankungen	105
		3.21.2 Durch Mangelernährung bedingte organische Erkrankungen	106
		3.21.3 Ursachen der psychischen Begleit- und Folgeerkrankungen	106
	3.22	Therapeutische Strategien bei der Behandlung einer AD(H)S-bedingten Magersucht	108
		3.22.1 Wissensvermittlung und gemeinsame Reflexion über mögliche Ursachen der Magersucht	108
		3.22.2 Verhaltenstherapie	108
		3.22.3 Die medikamentöse Therapie mit Methylphenidat	110
		3.22.4 Management zur Reduzierung möglicher Nebenwirkungen von Methylphenidat bei der Therapie des AD(H)S	113
		3.22.5 Überprüfen der Therapiefortschritte	115
4	**Die Bulimie (Ess-Brech-Sucht)**		**116**
	4.1	Symptome	116
	4.2	Aktuelle wissenschaftliche Diagnosekriterien	117
		4.2.1 ICD-10-Kriterien	117
		4.2.2 DSM-5-Kriterien	118
	4.3	Psychodynamik der Entwicklung einer Bulimie auf Grundlage einer angeborenen Impulssteuerungsschwäche	118
	4.4	Frühsymptome	122
	4.5	Beispiele aus der Praxis	123
	4.6	Auswirkungen auf die Gesundheit	126
	4.7	Bulimie und Magersucht – zwei Varianten einer Essstörung, die sich im Krankheitsverlauf abwechseln können	127
	4.8	Auch männliche Jugendliche können eine Bulimie, eine Magersucht oder beides entwickeln	129
		4.8.1 Allgemeine Ursachen	129

		4.8.2	Gemeinsamkeiten männlicher Jugendlicher mit Essstörungen	130
		4.8.3	Männliche Jugendliche und ihr Verhältnis zu ihren Eltern	131
		4.8.4	Männliche Magersüchtige beschreiben ihre Familie	131
		4.8.5	Das Verhalten von Eltern essgestörter Jugendlicher – eine Zusammenfassung	133
		4.8.6	Beispiele aus der Praxis – drei männliche Jugendliche mit einer restriktiven Essstörung	135
	4.9	Magersucht, Bulimie und Esssucht – Folgen einer anlagebedingten stressassoziierten Störung		139

5	**Essanfälle, Esssucht und Übergewicht (Adipositas)**			**142**
	5.1	Statistische Daten zur Gesundheit von Kindern und Jugendlichen von 2006 bis 2017		142
	5.2	Stress und Hungergefühl		143
		5.2.1	Stressabbau durch Essen	143
		5.2.2	Neurobiologische Ursachen von Adipositas und Essanfällen	144
	5.3	Übergewicht bei Kindern und Jugendlichen und seine Folgen		146
	5.4	Verschiedene Formen des Übergewichts bei Erwachsenen und ihre Bedeutung		149
		5.4.1	Warum die bauchbetonte Fettansammlung besonders ungünstig ist	149
		5.4.2	Stressbedingtes Übergewicht – Ursachen und Folgen	150
	5.5	Das Metabolische Syndrom		150
	5.6	Gewichthalten erfordert psychische Stärke		153
	5.7	Frustessen und Bewegungsmangel führen zum Übergewicht		155
	5.8	Negativer Stress und wie der menschliche Körper darauf reagiert		156
		5.8.1	Gesundheitliche Folgen von Dauerstress	157
		5.8.2	Stressüberempfindlichkeit und Essstörungen	158

6	**Das Aufmerksamkeitsdefizit-Syndrom (AD[H]S) – eine häufige Ursache vieler Essstörungen**			**161**
	6.1	AD(H)S – eine genetisch bedingte überschießende Stressreaktion		161
	6.2	Die Rolle der AD(H)S-Familie bei der Entwicklung von Essstörungen		162
		6.2.1	Die Mutter – psychisch labil und überbehütend	162
		6.2.2	Der Vater – abwesend, frustriert, hilflos und missverstanden	162
		6.2.3	Die Geschwister – »Action« oder Rückzug	163
		6.2.4	Das soziale Umfeld	163

	6.3	Die bio-psycho-soziale Grundlage für die Entwicklung einer AD(H)S-bedingten Essstörung	164
		6.3.1 AD(H)S als Wegbereiter für die Entwicklung von Essstörungen	164
		6.3.2 Die Neurobiologie hilft uns, die Vielfalt der AD(H)S-Symptomatik zu erklären	168
	6.4	Essstörungen als Folge der Angst vor dem Erwachsenwerden?	170
	6.5	Essstörungen als Folge einer traumatischen Belastung in der Kindheit?	171
	6.6	Die Suche nach einer gemeinsamen neurobiologischen Grundlage von AD(H)S und Essstörungen	172
	6.7	Kinder und Jugendliche mit AD(H)S und Essstörungen haben viele gemeinsame positive Eigenschaften	173
	6.8	AD(H)S – eine Reifungs- und Entwicklungsstörung mit unterschiedlicher Symptomatik	174
7		**Neue Therapiestrategien sind gefragt**	**177**
	7.1	Verhaltenstherapie – der Kern der Behandlung einer AD(H)S-bedingten Essstörung	179
	7.2	Medikamentöse Therapie als ergänzende Behandlungsstrategie	181
	7.3	Ursachen behandeln und nicht nur Symptome	183
	7.4	Defizite abbauen – Alternativen schaffen	184
8		**Der Weg zur Hilfe führt über die Selbsthilfe**	**185**
	8.1	Die Bedeutung der Selbsthilfegruppen	185
	8.2	Warum sind Selbsthilfegruppen für Essgestörte besonders wichtig?	186
	8.3	Grenzen der Selbsthilfe	187
9		**Essstörungen vorbeugen und verhindern – Wege einer wirkungsvollen Prävention**	**189**

Kontaktstellen für Menschen mit Essstörungen ... **192**

Befindlichkeits-Skala ... **195**

ANIS-Skala (modifiziert) zur Diagnostik und Verlaufskontrolle einer Magersucht ... **198**

20 Tipps und Ratschläge, um Ihr Übergewicht zu verringern ... **201**

Literatur ... **204**

Sachwortverzeichnis ... **209**

Vorwort

*Wenn die Seele hungert,
reagiert der Körper mit einer Essstörung!*

Mehrere Gründe haben mich veranlasst, dieses Buch zu schreiben. Vor allem möchte ich Akzente setzen für neue Strategien bei der Frühdiagnostik und Therapie von Essstörungen. Mit diesem Buch möchte ich Betroffene, deren Eltern und Therapeuten über aktuelle neurobiologische und psychologische Forschungsergebnisse informieren und neue entwicklungsdynamische Besonderheiten aufzeigen, die für die Entstehung von Essstörungen von Bedeutung sind. Des Weiteren möchte ich den Betroffenen helfen, aus dem großen Spektrum der verschiedensten therapeutischen Angebote die für ihre Essstörung geeignete Therapie zu finden.

Bisher wurden Essstörungen in erster Linie als eine Folge von Beziehungsstörungen oder psychisch schwer belastender Ereignisse in der Kindheit angesehen. Die daraus abgeleiteten Therapien konnten jedoch nicht recht überzeugen und ließen viele Fragen offen.

Inzwischen liefern Forschung und Praxis Anhaltspunkte dafür, dass Magersucht, Ess-Brech-Sucht (Bulimie) und Esssucht sehr häufig Folge einer genetisch bedingten und somit angeborenen Persönlichkeitsvariante sind, bei der sich die Regulierung von Wahrnehmungen, Gefühlen und Reaktionen von denen Gleichaltriger wesentlich unterscheidet. Diese Personen reagieren viel zu empfindlich gegenüber Emotionen und Stress. Anhaltende psychische Belastungen führen bei ihnen zu emotionalem Dauerstress, der psychisch destabilisiert und ihre Leistungsfähigkeit, ihr Verhalten und somit ihr Selbstwertgefühl und ihre soziale Kompetenz beeinträchtigt. Um dieser psychischen Destabilisierung entgegen zu wirken, beginnen sie, ihre für sie unerträglichen emotionalen Spannungszustände über Essen oder dessen Verweigerung abzureagieren, um auf diesem Wege ihre Hilflosigkeit zu kompensieren. Deshalb können die Betroffenen diese Selbsthilfemaßnahme – Essen oder Nichtessen – nur schwer aufgeben, ohne dass der Therapeut ihnen eine spürbare und für sie akzeptable Alternative anbietet.

Diesen Entwicklungsverlauf zur Essstörung frühzeitig zu unterbrechen ist nicht nur ein wissenschaftliches, sondern – im Hinblick auf die Vielzahl der Betroffenen und deren schwerwiegenden gesundheitlichen Folgen – auch ein gesellschaftliches Problem. Ohne eine rechtzeitige Behandlung wird aus dem gestörten Essverhalten eine frustbedingte und automatisch ablaufende Fehlreaktion, die zunehmend zwanghaft und schließlich zur Sucht wird. Eine Sucht, die das Belohnungssystem aktiviert, dort die sogenannten »Glückshormone« freisetzt und in die Abhängigkeit führen kann.

Neue Denkweisen – und das nicht nur in der Psychiatrie – profitieren von einem fachübergreifenden Wissen und ermöglichen es, die gefährdete Personengruppe frühzeitig zu erkennen. Das erfordert neue diagnostische Strategien, die Eltern, Kindergärtnerinnen und Lehrer mit in die Diagnostik einbeziehen, um bei den in ihrer Entwicklung auffälligen Kindern und Jugendlichen folgenschwere psychische Störungen, wie es auch Essstörungen sind, zu vermeiden.

Neue Therapieoptionen sind also erforderlich, die nicht wie bisher primär am Symptom, sondern an dessen Ursache ansetzen. Diese Art der Frühbehandlung hat sich in einigen Praxen schon bewährt. Sie wird aber durch Mangel an entsprechenden Studien noch viel zu zögerlich angewandt, zum Nachteil der Betroffenen, die sich dann weiterhin mittels ihrer Essstörung selbst behandeln und dadurch gefährdet sind, eine Magersucht, eine Bulimie oder eine Esssucht mit oder ohne Übergewicht zu entwickeln.

Mainz, Dezember 2009
Helga Simchen

1 Essstörungen – eine Einführung

1.1 Ein Konflikt zwischen Wollen und Können

Neue Erkenntnisse der neurobiologischen Forschung mithilfe bildgebender Verfahren zeigen, wie eng Psyche, Körper und soziales Umfeld miteinander verbunden sind und welche Bedeutung negativer Dauerstress als Bindeglied dabei spielt. Das Gehirn mit seinen wichtigen Funktionen und seinem großen Einfluss auf die Persönlichkeitsentwicklung sollte in Zukunft in der Psychiatrie und Psychologie viel stärker berücksichtigt werden. Die bisher mehrheitlich symptomzentrierten therapeutischen Ansätze müssen durch mehr ursachenorientierte Behandlungsstrategien ersetzt und die Entwicklung der Persönlichkeit von Kindheit an mit in die Diagnostik einbezogen werden.

In Bezug auf Essstörungen bedeutet das, nach einem ganz bestimmten Persönlichkeitsprofil zu suchen, das infolge einer veränderten Verarbeitung von Informationen und Stress die biologischen Voraussetzungen für das Entstehen und Aufrechterhalten von Magersucht und Esssucht schafft. Die Entwicklung einer Essstörung beginnt nicht erst in der Pubertät, sondern schon viele Jahre vorher, nur werden diese frühen Symptome viel zu oft übersehen oder als solche verkannt. Wenn dann Hilflosigkeit, Stress, Frust, Versagensängste, Selbstwertproblematik und Auffälligkeiten im Sozialverhalten die Persönlichkeitsreife so beeinträchtigt haben, dass die Betroffenen den Anforderungen der Pubertät nicht gewachsen sind, kommt es zur Essstörung als Folge einer psychischen und körperlichen Dekompensation. Denn Essgestörte erleben ständig, dass sie ihre vorhandenen Fähigkeiten nicht in Erfolg und Anerkennung umsetzen können, selbst wenn sie sich noch so sehr darum bemühen.

> Essstörungen – wie Magersucht, Ess-Brech-Sucht und häufig auch die Esssucht – können zum missglückten Bewältigungsversuch unlösbar erscheinender Schwierigkeiten werden, wenn die Betroffenen zu keiner anderen Lösung fähig sind und ihnen das soziale Umfeld keine spürbaren Hilfen anbietet.

Leider wird die innere Not der vielen Betroffenen oft nicht erkannt oder, schlimmer noch, für »Theater« oder »komisches Getue« gehalten. Viele Therapeuten, die vorwiegend symptomorientiert arbeiten, reagieren erst dann, wenn die Betroffenen eine Summe von Symptomen aufweisen, die in ein vorgegebenes Diagnoseschema passen. Aber bei beginnenden Essstörungen sollte, wie bei vielen anderen psychischen Erkrankungen auch, die Behandlung früher einsetzen. Psychische Erkrankungen entwickeln sich langsam, meist über Jahre – das erfordert, deren Frühsymptome rechtzeitig zu erkennen und ernst zu nehmen.

Essgestörte weisen im Persönlichkeitsprofil viele Gemeinsamkeiten auf, was auf eine gemeinsame neurobiologische Ursache des Störungsbildes hindeutet. Diese zu erkennen und dadurch den Essgestörten mit bisher zu selten genutzten therapeutischen Strategien zu helfen, dazu möchte dieses Buch informieren und beitragen.

1.2 Ein gesellschaftliches und persönliches Problem

Die medizinische Forschung hat sich für das 21. Jahrhundert auf die Fahnen geschrieben, nicht nur Erkrankungen erfolgreich zu behandeln, sondern deren Entstehung frühzeitig zu verhindern. Einige Möglichkeiten, um Essstörungen frühzeitig erkennen und behandeln zu können, möchte dieses Buch aufzeigen. Mut dafür haben mir die vielen Patienten gemacht, denen durch eine frühzeitige Intervention erfolgreich geholfen werden konnte, und Therapeuten, die schon seit Jahren den Zusammenhang von Essstörungen und einer genetisch bedingten anderen Art der Informationsverarbeitung erkannt und ihr therapeutisches Konzept entsprechend ausgerichtet haben.

Im Mittelpunkt der folgenden Ausführungen stehen dabei jene Essstörungen, die als eine individuelle Bilanz eines deutlich beeinträchtigten Selbstwertgefühls, einer ständig erlebten schlechten sozialen Kompetenz und einer damit verbundenen hohen Empfindlichkeit gegenüber Kritik und Stress anzusehen sind, und bei denen der Verdacht besteht, dass sie der persönlichen Problemlösung dienen. Dem sozialen Umfeld kommt dabei eine Auslöser- und Verstärkerfunktion zu, vor allem durch Suggerieren von Leit- und Vorbildern, die den Schönheitswahn zum alles bestimmenden Element für Anerkennung und Akzeptanz einer jugendlichen Persönlichkeit machen. Schlanksein verspricht Perfekt-Sein, der Schönheitskult soll innere Werte ersetzen. Die Umwelt alleine löst jedoch keine Essstörung aus, eine entsprechende individuelle Veranlagung muss zusätzlich vorhanden sein. Unsichere und überforderte Jugendliche suchen verstärkt nach Orientierung und Sicherheit; Leit- und Vorbilder liefern diese, sie setzen Impulse zur Nachahmung. Oft wird die oberflächliche Abbildung einer Person zum »Leitbild«, wobei deren innere Werte kaum bekannt sind, nicht hinterfragt werden oder, noch schlimmer, überhaupt nicht vorhanden sind.

Vielen Jugendlichen fehlen Vorbilder, die ihnen innere Werte vermitteln. Die Orientierung an Äußerlichkeiten dominiert. Vorbild ist immer ein Mensch, der durch sein Verhalten und Aussehen positive Impulse zur Nachahmung auslöst. Eine Vorbildfunktion sollte vorgelebt werden. Abbildungen allein sind unzureichend, werden aber von verunsicherten und mit sich unzufriedenen Jugendlichen gern zum Leitbild für ihr Aussehen genommen. Da die Kommunikation immer mehr über die Medien erfolgt, gewinnen deren Bilder zunehmend an Bedeutung für Vorbildfunktionen.

Eine zu große Empfindlichkeit ist meist Folge einer angeborenen besonderen Art der Informations- und Stressverarbeitung, die bei entsprechender Ausprägung und als Summe mehrerer Faktoren zur psychischen Störung mit veränderter Wahrnehmung des eigenen Körpers und der Umwelt führen kann. Dazu kommen dann gleichzeitig oder zeitlich versetzt weitere psychische Symptome, wie Ängste, Zwänge, depressive Verstimmungen, Panikattacken oder ein Burnout-Syndrom, sowie psychosomatische Beschwerden, wie Kopfschmerzen, Übelkeit, Magen-Darm-Beschwerden, Schwindelanfälle oder auch Essstörungen.

Wem es nicht gelingt, sich psychisch wieder ins Gleichgewicht zu bringen, der versucht das, indem er sein Aussehen verändert und – wie er meint – attraktiver gestaltet, in der Annahme, dadurch weniger Probleme zu haben. Was anfangs als positiv erlebt wird, kann schnell zwanghaft und zur Sucht werden. Magersucht und Esssucht können die gleichen psychodynamischen Ursachen haben, in beiden Fällen sind die Betroffenen mit ihrem Schicksal unzufrieden.

Essstörungen nehmen zu, weil wir bei Kindern und Jugendlichen die psychischen Probleme nicht rechtzeitig erkennen und sie hierbei ungewollt allein lassen. Denn die meisten von ihnen sind nicht verhaltensauffällig, sondern haben Lernschwierigkeiten und soziale Probleme, die sie aufgrund ihrer meist guten bis sehr guten Intelligenz eine Zeit lang kompensieren können.

Aus vielen Gründen, wie Mangel an echten Vorbildern, zunehmender Reizüberflutung, strukturellen Veränderungen im Schulsystem und im familiären Zusammenhalt, steigt die psychische Belastung unserer Kinder und Jugendlichen. Psychische Störungen nehmen zahlenmäßig und an Schwere ständig zu, sodass es an der Zeit ist, nach Möglichkeiten zur Vorbeugung und frühzeitigen Behandlung zu suchen. Ein neuer erfolgreicher therapeutischer Ansatz bietet sich für betroffene Kinder, Jugendliche und Erwachsene, deren psychische Beeinträchtigung z. B. durch eine Aufmerksamkeitsdefizit-Störung (AD[H]S) bedingt ist. So lassen sich die verschiedenen Formen von Essstörungen immer häufiger als eine Folge eines zuvor nicht erkannten oder bisher unzureichend behandelten Aufmerksamkeitsdefizit-Syndroms ohne Hyperaktivität (ADS) ansehen und als solche erfolgreich therapeutisch bearbeiten. Dies erfordert für die Betroffenen und deren Eltern, sich über neue wissenschaftlich fundierte Therapien zu informieren und Ärzte oder Psychologen aufzusuchen, die diese praktizieren. Diese Therapeuten werden dabei von Anfang an an der Verbesserung des Selbstwertgefühls und der sozialen Kompetenz der betroffenen Kinder und Jugendlichen arbeiten und ihnen die dafür notwendigen Möglichkeiten bieten.

1.3 Essstörungen und Persönlichkeit

Die starke Zunahme von Essstörungen, die unter Kindern, Jugendlichen und Erwachsenen aller Gesellschaftsschichten auftreten, stellt für die Betroffenen *und* die Gesellschaft insgesamt ein großes Problem dar. So haben sich die Essstörungen in den letzten zehn Jahren fast verdoppelt und sie gehören zu den am schwierigsten zu behandelnden psychischen Störungen mit oft schwerwiegenden gesundheitlichen Folgen.

Die Häufigkeit der Übergewichtigkeit in der europäischen Bevölkerung liegt inzwischen bei etwa 30 % und die der Fettleibigkeit bei circa 10 %. Südliche Länder weisen hierbei höhere Zahlen auf als die nördlichen. Die Folge ist eine Zunahme des Metabolischen Syndroms und der Zuckerkrankheit (Diabetes mellitus Typ II). Gleichzeitig nehmen aber auch Magersucht und Bulimie in den westlichen Ländern ständig zu.

Das Robert-Koch-Institut in Berlin veröffentlichte 2007 eine erste umfassende Studie über die Gesundheit unserer Kinder und Jugendlichen (KiGGS-Studie, vgl. Hölling und Schlack 2007, Hölling et al. 2007, Schlack et al. 2007). Von den 18.000 befragten Kindern und Jugendlichen bestand bei 21,9 % der Verdacht auf Vorliegen einer Essstörung. Dabei waren Mädchen 50 % mehr betroffen. Diese Studie wurde vom Robert Koch-Institut weitergeführt bis zum Jahr 2017, die aktuellen Ergebnisse werden in Kapitel 5.1 ausführlich beschrieben. Vom Institut der Klinischen Psychologie der Universität Jena wurden 369 Gymnasiasten der Klassenstufe 9–11 untersucht und befragt: Bei 15 % von ihnen, so ein Ergebnis der Studie, lag ein hohes Risiko vor, eine Essstörung zu entwickeln. Besonders häufig sind Essstörungen bei weiblichen Spitzensportlern in den sog. ästhetischen Sportarten und bekanntermaßen bei Models (Herpertz-Dahlmann und Müller 2000). So leiden etwa 30 % der weiblichen übergewichtigen jungen Erwachsenen an einer Essstörung mit Essattacken (Binge-Eating-Störung). Meist begannen diese Essattacken im Alter von 9–12 Jahren (Herpertz-Dahlmann 2003b). Von den Jugendlichen und Frauen mit Untergewicht leiden 1–3 % und 0,1 % aller Männer in der Altersgruppe zwischen 15 und 35 Jahren an Magersucht. An der sog. Bulimie, der Ess-Brech-Sucht, leiden etwa 2–4 % aller Mädchen und Frauen und 0,5 % aller männlichen Erwachsenen (Herpertz-Dahlmann 2003b, Holtkamp und Herpertz-Dahlmann 2005, Meermann und Borgart 2006). Essstörungen mit Untergewichtigkeit bestehen bei ca. 15 % aller weiblichen Jugendlichen und Frauen, auch Kinder vor der Pubertät sind zunehmend davon betroffen. Diese Gruppe ist besonders gefährdet, eine Bulimie oder Anorexie zu entwickeln. Die Dunkelziffer der Häufigkeit von Essstörungen ist sehr groß, weil sie bei vielen mit Scham besetzt sind und von den meisten nicht als Krankheit gesehen werden.

Die mit den Essstörungen verbundenen Folgeschäden bedeuten für die Gesellschaft eine große finanzielle Belastung, für den Einzelnen und seine Familie ein Risiko, das für den Betroffenen tödlich enden kann. Bei jungen Frauen ist Magersucht die psychische Erkrankung mit der höchsten Sterberate von 10–20 %. Die Betroffenen sterben an den körperlichen Folgen ihrer Unterernährung oder sie begehen einen Suizid. Über zwei Drittel aller Magersüchtigen werden trotz meist jahrelanger Behandlung nie mehr psychisch stabil und körperlich voll leistungsfähig.

Vor dem oben beschriebenen Hintergrund kann kein Zweifel an der Notwendigkeit bestehen, wirksame Konzepte und praktikable Wege zu finden, Essstörungen erfolgreich zu behandeln und damit dauerhaft zu überwinden. Eine wesentliche Voraussetzung hierfür liegt darin, die tiefer liegenden Ursachen der Essstörungen zu erkennen. Denn Magersucht, Bulimie und Adipositas sind »Selbstbehandlungsversuche« zum Abbau eines emotional unerträglichen Spannungszustandes, der über Essen oder dessen Verweigerung abgebaut wird.

> Somit dienen Essstörungen der Bewältigung massiver psychischer Schwierigkeiten, die als solche vom sozialen Umfeld oft nicht wahrgenommen werden. Betroffen sind vor allem sensible leistungsorientierte, überangepasste und junge Menschen, die infolge einer genetisch bedingten anderen Art der Verarbeitung von Informationen ihr inneres Selbstkonzept nicht verwirklichen können. Trotz intensiver Anstrengungen erleben sie in ihrem Alltag immer wieder Enttäuschungen, weil sie über ihr intellektuelles Potenzial nicht jederzeit und erfolgreich verfügen können und sich vom sozialen Umfeld unverstanden fühlen.

Dadurch gerät ihr Selbstvertrauen in eine Negativspirale, die zu emotionalem Dauerstress führt. Die Essstörung wird so zu einer stressassoziierten psychischen Störung, die frühzeitig professioneller Hilfe bedarf – viel früher als diese bisher zumeist erfolgt. Für Angehörige, Freunde und das nähere soziale Umfeld ist es deshalb von großer Bedeutung, nicht abzuwarten, bis die betroffenen Kinder und Jugendlichen – angetrieben durch ein schlechtes Selbstwertgefühl, innere Hilflosigkeit und Verzweiflung – eigene Wege der »Selbsthilfe« gehen. Dabei handelt es sich um eine Selbsthilfe, bei der die Betroffenen ihre Auseinandersetzung mit der Familie, mit Freunden oder auch mit der Schule auf ihren eigenen Körper verlagern, was rasch zu Ängsten, Zwängen oder auch depressiven Verstimmungen führt und schließlich in einem Suchtverhalten enden kann. Eine Sucht, die nichts mit Drogen zu tun hat, sondern die die Folge ständiger Versagensängste ist, verbunden mit einem quälenden Gefühl, nicht verstanden oder abgelehnt zu werden. Magersucht müssen wir in diesem Zusammenhang als eine Folge verdrängter Sehnsüchte, verschluckter Tränen, erlittener Kränkungen und fehlender sozialer Anerkennung verstehen. Eine Sucht, die hilft, durch Abnehmen die Anerkennung der Gleichaltrigen zu erlangen, ein Verhalten, das den betroffenen Kindern und Jugendlichen endlich einmal Macht über den eigenen Körper verspüren lässt und damit ihre psychische Befindlichkeit scheinbar verbessert.

Im Umgang mit ihrem eigenen Körper gelingt es essgestörten Kindern und Jugendlichen erstmalig, vermeintliche Probleme scheinbar erfolgreich zu lösen, und zwar hundertprozentig und damit besser als allen anderen. Mit ihrem Nahrungsentzug erleben sie das erste Mal Erfolge durch selbstbestimmtes Handeln.

In Bezug auf ihren Körper setzen sie ihren Willen durch, das zu erreichen, was sie unbedingt wollen und was anderen nicht so gut gelingt. Das haben sie sich für ihr Leistungs- und Sozialverhalten schon immer gewünscht, nur zufrieden waren sie mit den Ergebnissen bisher nie.

Alles in ihrem Leben verlief bisher schlechter als erwartet, eine Enttäuschung folgte der nächsten, auch wenn sie sich noch so bemühten. Das machte sie frustriert und hilflos. Dabei wollten und konnten sie von ihrem hohen Selbstanspruch nicht lassen und so begann für sie ein stiller Leidensweg, den niemand bemerken sollte. Denn das soziale Umfeld reagierte nur mit tröstenden Worten, die ihnen nicht halfen. Sie spürten immer wieder, dass sie nicht verstanden, ihre Fähigkeiten nicht bemerkt und sie von anderen eher gemieden wurden. Warum das so war, darauf fanden sie keine Antwort.

1.4 Ein neuer biologisch fundierter Ansatz

Die bisherigen Theorien zur vermeintlichen Ursache restriktiver Essstörungen sollten hinterfragt werden, da sie die jüngsten wissenschaftlichen Erkenntnisse der neurobiologischen Forschung nicht berücksichtigen. Magersüchtige junge Frauen lehnen weder ihre Rolle als Frau noch Sexualität als solche ab und sie sind in den seltensten Fällen wirklich sexuell missbraucht worden. Vieles deutet darauf hin, dass sexueller Missbrauch und Essstörungen eine Folge der gleichen bio-psycho-sozial geprägten Grundstörung sind, die mit einer inneren Verunsicherung der Betroffenen und ihrer Unfähigkeit verbunden ist, sich anderen gegenüber energisch und erfolgreich wehren zu können. Beides geht häufig mit einer schwachen Persönlichkeit einher.

Menschen mit ausgeprägten Essstörungen haben in ihrer Entwicklung und Persönlichkeitsstruktur viele Gemeinsamkeiten. Das kann kein Zufall sein! Die neuesten Ergebnisse der bildgebenden Hirnforschung (Braus 2004, Spitzer 2002) liefern Erklärungen für diese Gemeinsamkeiten, die unter ganz bestimmten Voraussetzungen die Ausbildung einer Essstörung begünstigen können.

Als unbekannte Größe für die Entstehung von Essstörungen wurde bisher immer wieder eine genetisch bedingte Persönlichkeitsvariante benannt, die man sich aber nicht erklären konnte. Wichtig ist es, frühzeitig nach entsprechenden Symptomen dieser Persönlichkeitsvariante, die zur AD(H)S-bedingten Spektrumsstörung gehört, zu suchen. Dadurch wird ein rechtzeitiges Eingreifen in deren Psychodynamik möglich, schon lange bevor die Betroffenen sich mit ihrer Problematik allein gelassen fühlen und zur »Selbsthilfe« greifen. Denn Magersucht und Bulimie, teilweise auch Adipositas, sind nur der Gipfel eines Eisbergs, dessen Entstehung eine über viele Jahre bestehende andere Art der Informationsverarbeitung vorausgeht. Diese wird durch die Überangepasstheit der Betroffenen und deren Bemühen, nur nicht negativ aufzufallen, lange kompensiert. Deshalb werden für eine möglichst frühzeitige Diagnose in erster Linie Kinderärzte, Eltern, Lehrer, Ergotherapeuten sowie Kindergärtnerinnen und Freunde der Betroffenen benötigt, die oft als Erste länger bestehende Auffälligkeiten im Verhalten der Betroffenen bemerken.

Schon lange, bevor es zu einer Essstörung mit suchtartigen Charakter kommt, läuft ein psychodynamischer Prozess ab, der erkannt und unterbrochen werden muss. Hierfür erforderlich sind jedoch Kenntnisse und ein genaues Beachten von Besonderheiten im Entwicklungsverlauf der betroffenen Kinder und Jugendlichen. Ein solcher vorbeugender Ansatz ermöglicht eine frühzeitige Intervention und Behandlung zur Vermeidung von Essstörungen als Spätfolge einer langen Leidensgeschichte, die so von der Umwelt bisher nicht wahrgenommen wird.

Aufgrund der großen körperlichen und seelischen Nöte, unter denen die betroffenen Kinder, Jugendlichen und jungen Erwachsenen mit Essstörungen leiden, und wegen der mit ihnen verbundenen hohen Sterblichkeitsrate, die bei einer ausgeprägten Anorexie (Pubertätsmagersucht) etwa 23 % beträgt, besteht dringender Handlungsbedarf. Jeder Therapeut weiß, dass eine über längere Zeit bestehende Anorexie sich kaum mehr erfolgreich behandeln lässt. Infolge der anhaltenden Unterernährung kommt es zu bedrohlichen körperlichen und psychischen Schäden. Nerven- und Köperzellen leiden, ein rationales Denken ist nicht mehr möglich und wird durch irrationale Zwänge mit verzerrter Wahrnehmung ersetzt. Das anfängliche Vorhaben, an Gewicht abzunehmen und kalorienbewusst zu essen, wird zur zwanghaften Sucht, die Denken und Handeln bestimmt.

Veranlagung und Umwelt, innere und äußere Faktoren, Persönlichkeit und Belastbarkeit prägen im Wesentlichen die Entwicklung eines jeden Menschen. Das soziale Umfeld, die Umgangs- und Kommunikationsformen, das Schulsystem und die Freizeitbeschäftigung haben sich in den letzten Jahrzehnten so schnell und zum Teil grundlegend verändert, dass für viele die Anpassung an die neuen Strukturen und Lebensverhältnisse zum Problem wurde. *Besonders bei Menschen mit anlagebedingten Besonderheiten in der Informationsverarbeitung* können diese neuen Bedingungen psychische und physische Überforderungen auslösen. Bleibt die Überforderung aus, können sie von ihren besonderen Eigenschaften durchaus profitieren. Deshalb ist es für Kinder und Jugendliche, die sich noch in der Entwicklung befinden, wichtig, die dafür notwendigen optimalen Bedingungen zu kennen und zu schaffen, um deren seelische und körperliche Überforderung weitgehend zu vermeiden.

1.5 Warum psychische Störungen in der Kindheit zunehmen

Es gibt viele Gründe und Erklärungen dafür, weshalb seelische Störungen bei Kindern und Jugendlichen in den letzten Jahren zugenommen haben. Die wichtigsten seien im Folgenden genannt.

1.5.1 Die zunehmende Reizüberflutung im Alltag unserer Kinder und Jugendlichen

Eine Vielzahl von Medien bildet heute im Alltag der Familien eine beständige Geräuschkulisse, die regelmäßige bzw. intensive Kommunikation beeinträchtigt und teilweise ersetzt. Kinder und Jugendliche tauschen ihre Gedanken und Gefühle zunehmend über die Medien oder das Handy aus.

Ständiges Fernsehen und stundenlanges Computerspielen überlasten das Arbeitsgedächtnis und verdrängen eben Gelerntes, sodass es nicht ins Langzeitgedächtnis weitergeleitet werden kann. Lernprozesse werden unterbrochen, Wichtiges kann unwiederbringlich verloren gehen. Die massive Reizüberflutung überlastet das Arbeitsgedächtnis und ein sowieso schon reizüberflutetes Gehirn reagiert mit Stress. Die Aufnahmekapazität des Gehirns sinkt, es ermüdet schneller, die Betroffenen arbeiten oberflächlich und unkonzentriert. Neurobiologisch gesehen kann ein ständig mit vielen optischen und akustischen Reizen überflutetes Gehirn keine »dicken Lernbahnen« zur schnellen Weiterleitung von Informationen vom Arbeitsgedächtnis zum Langzeitgedächtnis ausbilden, sodass die Automatisierung von Lern- und Handlungsstrategien und deren sofortiges Abrufen erschwert werden (Spitzer 2002).

Unkontrolliertes Fernsehen, Computerspielen und Chatten im Internet sind Lernkiller und werden so zu Stressfaktoren erster Ordnung. Sie werden von Kindern und Jugendlichen zwar als Entspannung empfunden, belasten jedoch tatsächlich das Gehirn und verdrängen das Gelernte aus dem Arbeitsgedächtnis, noch bevor dieses im Langzeitgedächtnis abgespeichert werden kann.

Die häufig anzutreffende Reizüberflutung durch die Medien beeinträchtigt die Lernfähigkeit und das Sozialverhalten.

1.5.2 Der Mangel an sozialer Intelligenz und Kompetenz

Unter sozialer Intelligenz versteht man dabei die Fähigkeit, in Beziehungen klug zu handeln, d. h. ein Gefühl von Empathie, soziale Intuition und Impulse zum tätigen Mitgefühl entwickeln zu können (Goleman 1997).

Die soziale Kompetenz ist eine Fähigkeit, die sich nur durch persönliche Kontakte und Erfahrungen entwickeln kann. Sie schafft eine wichtige Voraussetzung dafür, dass wir unser Verhalten sozial angepasst ausrichten, unsere Umgebung emotional richtig erfassen und uns spontan in die Gefühle der anderen hineinversetzen können. Zur sozialen Intelligenz gehört auch die kognitive Fähigkeit, die Körpersprache der anderen zu verstehen, um unser Handeln dementsprechend auszurichten. Sie setzt eine gute Eigenwahrnehmung voraus, die wiederum durch eigene Erfahrungen und Beobachtungen erworben wird. Je mehr und je früher jedoch Medien zum wichtigsten und bevorzugten Kommunikationsmittel werden, umso weniger Selbsterfahrungen erwerben Kinder und Jugendliche für die Ausbildung einer emotionalen und sozialen Intelligenz. Auch bei vorhandener angeborener Störung in der Informationsverarbeitung leidet zuerst die soziale Intelligenz und mit ihr die soziale Kompetenz.

1.5.3 Der Verlust stabiler sozialer Strukturen

Die sich immer mehr auflösenden festen Strukturen in der Gesellschaft, in der Familie, in der Erziehung und im Schulunterricht sind nur einige Faktoren, die in ihrer Summe eine psychische Überforderung von Kindern und Jugendlichen begünstigen. Dazu gehören auch die unzureichende Vermittlung von sozialer Geborgenheit, Wertschätzung, Anerkennung und die gesellschaftlich bedingte zunehmende Unsicherheit der eigenen persönlichen und beruflichen Perspektive. Eine große Anzahl von Facebook-Freunden ist kein Ersatz für echte Beziehungen zu Mitmenschen. Nur diese können soziale Fähigkeiten vermitteln.

1.5.4 Die Anziehungskraft vermeintlicher Vorbilder

Selbstunsichere Menschen sind sehr abhängig von externem Feedback. Auf der Suche nach Erfolg und Anerkennung suchen sie sich solche Vorbilder, denen nachzueifern im Bereich ihrer Möglichkeiten liegt. In der jetzigen Zeit scheinen innere Werte und Leistungsbereitschaft unter dem Gros der Jugendlichen viel weniger Anerkennung zu finden als äußere Erscheinungsbilder. In der Schule werden gute Leistungen von den Mitschülern oft als Streberei bezeichnet und verspottet. Gerade selbstunsichere Jugendliche können die Hintergründe nicht durchschauen und möchten auf keinen Fall als Streber gelten. TV-Serien und Kinofilme zeigen den Jugendlichen, dass gut aussehende Menschen Erfolg haben, während die weniger gut aussehenden die Benachteiligten oder gar die »Bösen« sind und meist als schwache Charaktere erscheinen.

1.5.5 Die Mängel unseres Schulsystems

Zu den Faktoren, die eine Zunahme psychischer Störungen bei unseren Kindern begünstigen, zählen auch Veränderungen in Schule und Unterricht, die den Lernerfolg nicht weniger Schüler beeinträchtigen und bei diesen zusätzlich zu Stress und Misserfolgen führen. In vielen pädagogischen Bereichen, die wesentlichen Einfluss auf die Entwicklung der Kinder und Jugendlichen ausüben, wird viel zu sehr auf wissenschaftlich unzureichend fundierter Basis experimentiert. Beispiele dafür sind:

- Kein frontaler Unterricht mit Blickkontakt zum Lehrer
- Das Schreiben in den ersten Klassen erfolgt nach Gehör und ohne Beachtung von Groß- und Kleinschreibung, Doppellauten und Vorsilben. Dadurch entwickeln sich bei vielen Kindern die neuronalen Bahnen, das Wortbildgedächtnis und die Automatisierung des Schreibvorganges zu spät oder nur unzureichend. Falsch geschriebene Wörter werden im Langzeitgedächtnis dann erst einmal abgespeichert.
- Das gleichzeitige Aufzeigen zu vieler unterschiedlicher Rechenwege
- Das Erlernen der Zeichensprache oder der alten deutschen Schrift

1 Essstörungen – eine Einführung

All diese methodisch nicht abgesicherten und die Schüler überfordernden Vorgehensweisen mussten Kinder über sich ergehen lassen, die in den letzten Jahren wegen Lernproblemen in meiner Praxis in Behandlung waren. Natürlich gingen ihre Lehrer davon aus, ihren Unterricht durch den Einsatz vielfältiger Methoden besonders gut und interessant zu gestalten. Manches sollte den Kindern das Lernen erleichtern – nur wurde bei einigen Schülern dadurch das Gegenteil erreicht.

Auch das ständige Umsetzen in den unteren Klassenstufen ist eine zusätzliche Belastung für viele Kinder. Die heutzutage in Klassenzimmern häufig anzutreffende Anordnung der Tische und Stühle in Sechsergruppen und kreisförmig im Raum kann kein Vorteil sein. Viele Kinder haben weder den Lehrer noch die Tafel im Blickfeld, wenn sie geradeaus schauen. Kinder brauchen in der Grundschule zum Lernen den Frontalunterricht und Ruhe in der Klasse. Ihr Augenkontakt zum Lehrer, seine Mimik und Gestik fixieren ihre Aufmerksamkeit auf das von ihm Gesprochene. Ein Kind, das in der ersten Klasse schon mit dem Rücken zur Tafel sitzt und sich ständig zur Lehrerin und zur Tafel umdrehen muss, ist in seiner Lernfähigkeit von Anfang an benachteiligt. Da hilft auch kein ständiger Platzwechsel.

> Lernen setzt eine Kontinuität im Lernprozess mit einer guten Beziehung zum Lehrer und einem stabilen äußeren Rahmen voraus.

Die häufigen Vertretungsstunden aufgrund abwesender Lehrer, der Lehrermangel und die häufige Überforderung unserer Lehrer belasten die Schüler indirekt.

Die Ganztagsschule, die richtig ausgeformt grundsätzlich zu begrüßen ist, weist zum gegenwärtigen Zeitpunkt noch einige Mängel auf. Sensible, reizüberforderte Kinder leiden unter der Lärmbelastung, der sie den ganzen Tag ohne Unterbrechung ausgesetzt sind. Sie können sich in den Zwischenzeiten nicht ausreichend erholen, um Kräfte zu sammeln und Stress abzubauen. Schriftliche und mündliche Schularbeiten sollten erledigt sein, wenn Schüler gegen 16 Uhr die Schule verlassen. Wenn Kinder in der Unterstufe nach 17 Uhr noch ausstehende Hausaufgaben zu Hause erledigen müssen, sind sie damit überfordert und reagieren mit Ablehnung oder Verweigerung.

Der häufig überfüllte Pausenhof stellt für einen Teil der Kinder mit seinem zu hohen Geräuschpegel ein weiteres belastendes Problem dar. Auf dem Schulhof größerer Schulen verbringen nicht selten über 1.000 Kinder ihre Pause. Hier kann nicht abgeschaltet werden, die Geräuschkulisse verstärkt stattdessen vorhandenen Stress. Für vorgesehene körperliche Beschäftigungen reichen die bereitstehenden Spiel- und Sportgeräte oft nicht aus. Die Enge des Pausenhofs erhöht die Aggressivität, da viele Kinder bewusst oder unbewusst angerannt werden und sich provoziert fühlen. Vorhandene Aggressivität wird durch das Provozieren von Mitschülern abreagiert. Der Aufsicht habende Lehrer ist dabei von vornherein überfordert.

Entwicklungsbeeinträchtigungen nehmen in der Kindheit infolge nicht verkraftbarer psychischer Dauerbelastungen und dem damit verbundenen Stress zu.

Was könnte das Schulsystem dagegen tun? Für eine positive Persönlichkeitsentwicklung aller Schüler sind qualitativ gut ausgebildete und als Vorbild für die Schüler dienende Lehrer, die nach einem wissenschaftlich fundierten Lehrprogramm kontinuierlich arbeiten, leider noch zu häufig ein Wunschtraum. Ruhe, Kontinuität und Rituale im Unterrichtsablauf wären erforderlich. Auch eine regelmäßige Kommunikation und Zusammenarbeit mit dem Elternhaus wären förderlich bzw. notwendig.

> **Warum die Schule für manche Kinder zum »Stressfaktor Nr. 1« wird**
>
> Ein häufiger Platzwechsel im Klassenzimmer, die Abschaffung des Frontalunterrichtes, die vielen Freiarbeitsstunden schon in den unteren Klassen, ineffektive, die Kinder überfordernde Methoden des Schreiben- und Rechnenlernens, die vielen Vertretungsstunden und die ständige Unruhe in der Klasse und auf dem Pausenhof sind eine große psychische Belastung, der viele Kinder auf Dauer nicht gewachsen sind. Hinzu kommen die verordnete Nachhilfe, die einige Schüler zwei- bis dreimal pro Woche haben, sowie der Förderunterricht in der Schule, manchmal sogar auf Kosten der Sportstunde, die gerade die psychisch labilen Kinder so dringend benötigen.

Um es klarzustellen: Schulische Stressfaktoren sind keine direkten Auslöser einer Essstörung, sie belasten aber die Schüler und begünstigen bei einigen von ihnen die Zunahme und Schwere psychisch und psychosomatisch bedingter Erkrankungen, von denen eine die Essstörung sein kann. Denn anhaltender negativer Stress wird auch schon von Kindern und Jugendlichen mit Appetitlosigkeit oder Frustessen abreagiert. Zu diesen schulischen Faktoren kommen noch sehr viele aus dem familiären Bereich und dem sozialen Umfeld, die aber weitgehend bekannt sind. Die für die Entwicklung einer Essstörung wichtigen Faktoren werden im Folgenden in den entsprechenden Kapiteln dieses Buches beschrieben.

1.6 Die Bedeutung der Forschung

Medizinische Wissenschaftler (Braus 2004, Kaye 2008, Bulik et al. 2007, Krause und Krause 2009) suchen nach genetischen und molekularbiologischen Ursachen, um die Auswirkungen der angeborenen veränderten Informationsverarbeitung in einen Zusammenhang mit der Entwicklung psychischer Störungen zu bringen. Essstörung als Ausdruck einer angeborenen veränderten Art der Reizverarbeitung anzusehen, würde diese Ursachenforschung beleben und helfen, viele Details ihres Verlaufs zu erklären. Im Interesse der Betroffenen und den Erfahrungen aus der Praxis folgend sollte die psychiatrische Forschung die Neurologie, die Entwicklungspsychologie und die Verhaltensforschung mit einbeziehen. Auch in der Psychiatrie haben Studien zu Krankheitsverläufen, die Erfahrungen aus der Praxis sowie die Erkenntnisse durch die bildgebenden Verfahren in der Neurobiologie und der Genetik für die Forschung eine wegweisende Bedeutung. Eine fachgebietsübergreifende Forschung ermöglicht die Trennung von mancher ausgedienten »klassischen« Lehrmeinung.

> Es ist an der Zeit, die individuelle Entwicklung systematisch in die Diagnostik mit einzubeziehen, um eine ursachenorientierte Therapie zu entwickeln, die den ganzen Menschen, seine Familie und sein soziales Umfeld mit berücksichtigt. Der Mensch mit seinem individuell funktionierenden Gehirn, seinen intellektuellen Fähigkeiten, seinen Erfahrungen, seinen Enttäuschungen, seinem Selbstanspruch, seinem Verhalten, seinen körperlichen Symptomen und seinem sozialen Umfeld müssen bei psychischen Störungen, wie es die Essstörung eine ist, als untrennbare Einheit angesehen und in die Diagnostik mit einbezogen werden.

2 Die Bedeutung von Veranlagung, Erziehung und sozialem Umfeld für das Essverhalten

2.1 Der »schlechte Esser« – eine frühkindliche Entwicklung

2.1.1 Im Säuglingsalter

Schon im frühen Säuglingsalter kann eine angeborene Regulationsstörung zur Ursache scheinbar unüberwindbarer und die Mutter sehr belastender Fütterungsschwierigkeiten werden. Eine noch nicht gut funktionierende Koordination von Atmung, Mundmotorik und Schluckreflex erschwert bei den betroffenen, meist sehr jungen Säuglingen das Trinken an der Brust oder aus der Flasche, wobei die Flaschenfütterung meist besser gelingt, wenn der Sauger die richtige Lochgröße hat.

Trotzdem unterbricht der Säugling das Trinken immer wieder durch Weinen, Verschlucken oder fahrige Abwehrbewegungen. Nach anfänglich gierigem Trinken folgt bald eine Schreiphase, die nur dann beendet wird, wenn Schlaf die Erschöpfung ablöst. Der Schlaf ist kurz und schreckhaft, wird er unterbrochen, ist der Säugling hellwach und schreit. Nur in den kurzen Phasen der Ruhe besteht ein schmales Zeitfenster für die Bereitschaft zur Nahrungsaufnahme (Neuhaus 2003; Simchen 2015).

Wissenschaftler haben anhaltendes und unstillbares Schreien eines Babys bisher ausschließlich als Symptom einer Dreimonatskolik gedeutet. Tatsächlich kann es sich aber dabei bereits um das erste Symptom eines sich entwickelnden Aufmerksamkeitsdefizit-Syndroms handeln. In diesem Fall ist es die Folge einer angeborenen Reizfilterschwäche, die zur Reizüberflutung führt.

Wichtig ist es, bei einem sog. »Schreibaby« stets zunächst eine organische Erkrankung und eine Nahrungsmittelunverträglichkeit auszuschließen. Danach sollte man mit der Mutter beraten, wie das Reizpotenzial für das Kind reduziert werden kann, besonders im akustischen, visuellen und taktilen Bereich. Auch sollte die Anzahl der Kontaktpersonen klein gehalten werden – diese sollten mit gleichförmiger Ansprache und sich wiederholenden Bewegungsmustern betont ruhig mit dem Säugling umgehen.

Eine hektische, überreizte, verunsicherte und genervte Mutter verstärkt dagegen die Symptomatik des Säuglings, da ihr Verhalten diesen irritiert. Mütter mit affektiven Störungen oder emotionaler Steuerungsschwäche können beim regulationsgestörten Säugling Fütterungsschwierigkeiten ungewollt verursachen oder verstärken. Manchmal gelingt dann die Fütterung durch eine andere Person vorübergehend besser. Der Säugling braucht von Anfang an einen Rhythmus bei der Nahrungsaufnahme, der zunächst von ihm bestimmt wird, später aber zeitlich strukturiert sein sollte.

2.1.2 Im Kleinkindalter – wenn der Esstisch zum Stresstisch wird

Ab dem zweiten Lebensjahr beginnt das Kleinkind, seinen eigenen Willen zu entwickeln, was sich unter anderem in einer mehr oder weniger stark ausgeprägten Trotzphase äußert. Unter bestimmten Voraussetzungen lernen einige Kleinkinder dabei, die Nahrungsaufnahme als ein Mittel zu benutzen, ihren Willen im Rahmen ihres altersgerechten Strebens nach Selbstständigkeit durchzusetzen. Erfahren sie durch ihre Verweigerung des Essens besondere und zusätzliche Zuwendung durch ihre Eltern, so beginnen sie, ihren Wunsch nach Aufmerksamkeit auf diese Weise zu befriedigen. Sie lernen ganz schnell, das Verhalten ihrer Eltern (oder auch Großeltern) zu manipulieren. Manche Kleinkinder genießen es, wieder gefüttert zu werden, der Mittelpunkt am Familientisch zu sein, und dehnen diese Situation möglichst lange aus. Nach Meinung ihrer Eltern entwickeln sie einen vermeintlich starken Willen, der aber nur die Auswahl der Speisen betrifft, die sie essen oder ablehnen. Die kleinen Mädchen und Jungen demonstrieren ihre neu erworbene Macht, indem sie selbst von vornherein bestimmen, welche Speisen sie essen und welche nicht, ohne sie je vorher gekostet zu haben. Sie reagieren mit Stolz, wenn ihre Mütter z. B. in der Arztpraxis berichten, was ihr Kind alles *nicht* isst und wie viel Mühe sie sich mit ihrem Kind geben müssen, damit es *überhaupt* etwas isst. Das Kind fühlt und verhält sich dabei wie ein kleiner »Held«, der sich in seinem Handeln bestätigt fühlt und vom Arzt dafür Bewunderung erwartet.

Ein solches Kind beginnt unbewusst und ohne seine Mutter ärgern zu wollen, die Situation für sich auszunutzen. Die Mutter selbst verstärkt durch ihr übersorgtes Verhalten dessen Handlungsweise (Scheer und Zoubek 2007).

> Der äußere Rahmen und emotionale Faktoren prägen das Essverhalten der Kleinkinder. Diese lernen sehr schnell, Essen als ein erfolgreiches Mittel einzusetzen, um eigene Wünsche und zusätzliche Aufmerksamkeit durchzusetzen.

Einige nützliche Regeln für einen möglichst stressfreien Esstisch

Regelmäßige Mahlzeiten im Kreise der Familie, die ein emotional warmes Gefühl der Geborgenheit vermitteln, sind für kleine (und große) Kinder genauso wichtig wie das Vorbildverhalten der Eltern. Als Mutter und Vater sollte man dabei stets den Grundsatz bedenken und befolgen:

»Verlange nichts von deinem Kind, was du ihm selbst nicht vorlebst!«

Das Kleinkind sollte möglichst zeitig vor dem Beginn der Mahlzeit am Familientisch platziert werden, ohne dass es zum Mittelpunkt stilisiert wird und besondere Zuwendung erhält, die es sodann bei späteren Gelegenheiten immer wieder einfordert. Kinder sollten die gleiche Nahrung, nur altersentsprechend zubereitet, bekommen, wie sie alle anderen am Tisch essen. Dabei darf es allein und, wenn es darauf besteht, auch mit den Händen essen. Nahrung, die verweigert wird, sollte ohne großen Kommentar noch einmal angeboten werden. Bei erneuter Ablehnung wird die Mahlzeit beendet. Es ist ganz normal, dass Kinder mit zunehmendem Alter Lieblingsspeisen entwickeln. Bei schlechter Gewichtszunahme sollte man diese Speisen bevorzugt anbieten, soweit sie kalorisch und gesundheitlich von Wert sind. Gesunde Kleinkinder sind von Geburt aus mit einem guten Gefühl dafür ausgestattet, was ihr Körper braucht, vorausgesetzt man hat nicht mit Süßspeisen ihren Geschmack falsch programmiert.

Wichtig ist, bei Nahrungsverweigerung die Bedürfnisse des Kindes zu beachten und es nicht zur Nahrungsaufnahme zu zwingen. Nur bei schlechter Gewichtszunahme sollte immer eine organische Ursache ausgeschlossen werden. Sachkenntnis und Erfahrung von Mutter und Vater im richtigen Umgang mit ihrem Kind beugen Essstörungen im Kleinkindesalter vor.

> Ohne fremde Hilfe essen zu können ist ein wichtiger Schritt in die Selbstständigkeit. Gefüttert zu werden bedeutet Regression und Anwendung von »Zwang«, was die kindliche Abwehr gegenüber der Nahrungsaufnahme verstärken kann.

2.2 Wahrnehmung und Entwicklung von Essstörungen

2.2.1 Die Veranlagung, der genetische Code entscheidet

Jeder Mensch besitzt ein Potenzial zur Selbstverwirklichung. Kann er sein inneres Selbstkonzept wegen ständiger Enttäuschungen nicht verwirklichen, beginnt er psychisch zu leiden. Hierin liegt eine der wichtigsten Ursachen für die Entstehung von Essstörungen, die zu Stress und mangelndem Selbstvertrauen führt. Eine genetisch bedingte Störung in der Informationsverarbeitung prägt eine ganz bestimmte Persönlichkeitsvariante mit vielen Vorteilen, aber auch einigen Nachteilen.

Das Missachten prädisponierender genetischer Faktoren, das Bagatellisieren einer beginnenden Selbstwertproblematik und das Ignorieren mangelnder sozialer Kompetenz beeinflussen die Persönlichkeitsentwicklung negativ. Fehlende Krankheitseinsicht kompliziert den Verlauf.

Die bisherigen Theorien zur Entstehung von Essstörungen lassen noch viele Fragen offen. Von den zahlreichen Therapien, die Ärzte und Psychologen anwenden, sind diejenigen am erfolgreichsten, die nicht nur die Symptome behandeln, sondern auch deren Ursachen einbeziehen. Das erfordert auf Seiten des Therapeuten, den »Scheuklappenblick« des eigenen Fachgebietes aufzugeben und den Patienten in seiner Entwicklung als Teil seines sozialen Umfeldes ganzheitlich zu sehen. Ohne Erfolg wird in aller Regel eine Behandlung bleiben, bei der Ärzte primär die körperlichen Beschwerden und Psychologen vorrangig die psychischen Probleme betrachten und die Besonderheiten der frühkindlichen Entwicklung außer Acht lassen.

> Die Erkenntnisse aus der neurobiologischen Forschung (Krause und Krause 2009, Braus 2004, Steinhausen 2000, Steinhausen et al. 2010, Freitag und Retz 2007, Simchen 2015, 2009) der letzten Jahre bieten neue Möglichkeiten für eine ursachenzentrierte Therapie, die wir nutzen sollten. Mit ihrer Hilfe ist es möglich, die Schwerpunkte auf eine Verhinderung und Frühbehandlung von Essstörungen zu legen. Durch die Beachtung einer ganz bestimmten Persönlichkeitsstruktur, die unter psychischer Belastung mit einer typischen Symptomatik reagiert, lassen sich gefährdete Personengruppen herausfinden und vorbeugend behandeln. Und das schon zu einem Zeitpunkt, der weit vor der meist optisch gestellten Diagnose einer ausgeprägten Essstörung liegt.

Dabei beginnt die kritische Phase einer sich entwickelnden Essstörung oft schon im Kindergartenalter. Es sind die Erwartungen, die die Kinder schon in dieser Zeit an sich und die anderen stellen und die sich bei einigen von ihnen in zunehmender Weise immer weniger erfüllen. Eine immer häufiger (z.T. auch unbewusst) gemachte Erfahrung: »Alles kommt schlechter als erwartet und warum gelingt mir das nicht?«, verunsichert und beeinträchtigt das Selbstvertrauen und die psychische Stabilität der Buben und Mädchen.

»Ich kann das nicht!« – Wenn das zur dauerhaften Erfahrung von Kleinkindern wird, droht ihnen eine psychische Dauerbelastung, auf die sie mit Rückzug und Regression reagieren. Psychische Probleme können mit der Zeit somatisieren, d.h. sie zeigen sich als körperliche Beschwerden. Wird dagegen nichts unternommen, entwickeln sie sich in einem zweiten Schritt zur manifesten körperlichen Erkrankung. Eine typische Krankheitsgruppe sind die Essstörungen mit ihrem Spektrum von Über- bis Untergewicht.

Um unsere Kinder wirksam zu schützen, gilt es, den Entwicklungsprozess psychosomatischer Erkrankungen möglichst frühzeitig zu erkennen und zu unterbrechen, um ihnen ihre seelische Stabilität zu erhalten. Diese Zielsetzung beruht u.a. auf der immer wieder neu gemachten Erfahrung, *dass psychisch stabile Personen in der Lage sind, starke psychische Belastungen ohne dauerhaften Schaden zu ertragen. Sie sind fähig, Strategien der Selbstheilung zu entwickeln und diese erfolgreich einzusetzen.*

Auch die (beginnende) Essstörung stellt letztlich eine Strategie, einen Versuch der Selbstheilung dar. Hier gilt es, die betroffenen Mädchen und Jungen psychisch zu stabilisieren und ihnen wirksame therapeutische Hilfen anzubieten, noch bevor eine Essstörung zwanghaft wird.

> Essstörungen sind sehr häufig das Ergebnis einer misslungenen »Selbstbehandlung« zur Verbesserung des Selbstwertgefühls, das unter einer ständig gespürten Hilflosigkeit bei gleichzeitiger Überforderung durch einen zu hohen Selbstanspruch leidet.

Der frühe Zeitraum, in dem ursprünglich psychogene Beschwerden somatisieren, d. h. sich auf die körperliche Ebene begeben, um sich dort dauerhaft festzusetzen, wird in Forschung und Praxis bisher viel zu wenig beachtet. Diese Phase frühzeitig zu erfassen und nicht erst im Nachhinein, eröffnet neue Möglichkeiten, die sich anbahnende Essstörung noch rechtzeitig zu unterbrechen. Meist wird erst, wenn die Essstörung schon besteht, nach den verschiedensten Ursachen gesucht und diese je nach psychotherapeutischer Ausrichtung bewertet und symptomorientiert behandelt.

> Das Wissen um genetische Risiken sollte genutzt werden, damit aus der (individuellen und familiären) Veranlagung keine Krankheit wird. Denn die zentrale Aufgabe der Medizin wird in der Zukunft immer mehr sein, Gesundheit zu erhalten und die Entstehung von Krankheiten zu verhindern.

2.2.2 Veranlagung und Entwicklung als Einheit verursachen Essstörungen

Wer bei seinen Kindern ausgeprägte Formen der Essstörungen verhindern möchte, sollte deren Psychodynamik kennen und auf warnende Frühzeichen achten. *Deshalb ist es ratsam, bei einer beginnenden Essstörung rechtzeitig nach einer angeborenen Persönlichkeitsvariante zu suchen, die mit einer veränderten Informationsverarbeitung und einer erhöhten seelischen Verletzlichkeit einhergeht.* Fällt diese besondere Verletzlichkeit (Vulnerabilität) bei den Kindern mit einem hohen Selbstanspruch zusammen, wird häufig eine Entwicklung in Gang gesetzt, die unter ganz bestimmten soziokulturellen Umweltbedingungen zur Essstörung führen kann.

Diese angeborene, genetisch und neurobiologisch bedingte Verletzlichkeit führt zur Schwellensenkung gegenüber sozialen Stressoren. Die Betroffenen reagieren zu sensibel auf Belastungen, was bei fehlenden Kompensationsmöglichkeiten zu negativen Sichtweisen in Bezug auf ihr Selbstvertrauen führt. Alles wird wie durch eine Negativlupe und als gegen sich gerichtet wahrgenommen. Diese veränderte Art der Wahrnehmung wird zum Ausgangspunkt für viele psychische und psychosomatische Erkrankungen (Herpertz-Dahlmann et al. 2003, Meer-

2 Die Bedeutung von Veranlagung, Erziehung und sozialem Umfeld für das Essverhalten

mann und Borgart 2006, Scheer et al. 2007). Genetisch geprägt bleibt sie meist lebenslänglich bestehen. Sich dessen bewusst zu sein, ist eine Voraussetzung zur Entwicklung individueller Strategien, um ohne psychische Beeinträchtigung auf Dauer mit der eigenen angeborenen Verletzlichkeit umgehen zu können. Diese Kompensationsmechanismen können erlernt und trainiert werden, damit sie sich automatisieren und jederzeit verfügbar sind. Ein positiver, stützender Faktor besteht dabei in der oft sehr guten intellektuellen Ausstattung der betroffenen Kinder und Jugendlichen, die aber deren hohen Anspruch an sich selbst und an andere noch verstärkt.

Diese angeborene und somit genetisch bedingte Verletzlichkeit frühzeitig zu erkennen, die Entwicklung dieser Kinder in den psychisch belastenden Phasen zu begleiten und wenn nötig therapeutisch zu stützen, könnte helfen, die Ausbildung schwerer Essstörungen zu vermeiden. Solche präventiven Maßnahmen sind möglich, wenn man weiß, welche psychischen Belastungen zu welchem Zeitpunkt das psychische Gleichgewicht einer ganz bestimmten Persönlichkeitsgruppe so gefährden, dass die Betroffenen mit Essstörungen reagieren. *Denn Essstörungen sind für Kinder und Jugendliche ein Versuch der Selbstbehandlung einer als ausweglos empfundenen Situation. Deshalb muss es das Ziel von Eltern, Lehrern, Ärzten und Psychologen sein, bereits bei den ersten Warnzeichen einer beginnenden Essstörung präventiv und therapeutisch einzugreifen!*

> Essstörungen umfassen Magersucht, Bulimie und die Esssucht. Alle drei können Varianten ein und derselben Grundstörung sein.

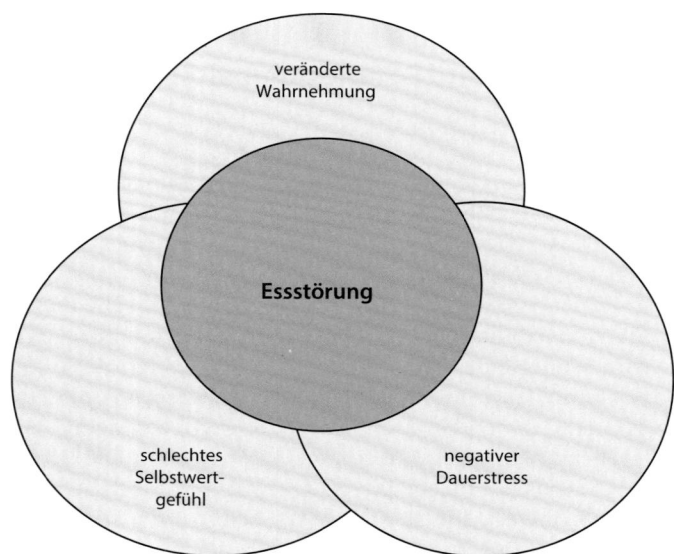

Abb. 2.1: Wichtige Faktoren, die zur Entstehung von Essstörungen beitragen

2.2 Wahrnehmung und Entwicklung von Essstörungen

Warum, wann und unter welchen Voraussetzungen kommt es zu Essstörungen?

Essstörungen entstehen vorwiegend in jenem zeitlich umschriebenen Lebensabschnitt, der entwicklungsbedingt sehr belastend ist. Belastend für diejenigen, die den pubertätsbedingten Anforderungen infolge ihres Reiferückstandes in der Persönlichkeitsentwicklung nicht gewachsen sind. *Das bedeutet, dass wir Essstörungen als ein Ergebnis einer schon lange* vor *der Pubertät bestehenden, ständig zunehmenden psychischen Destabilisierung verstehen müssen.*

Mädchen und Jungen in der Pubertät dienen Essstörungen dabei als ein scheinbar erfolgreiches Mittel, um die seit Jahren bestehenden quälenden Insuffizienzgefühle zu kompensieren und zu verdrängen. Dazu kommt eine ganz bestimmte Summe gemeinsamer Persönlichkeitsmerkmale, die das Entstehen einer Essstörung begünstigen und die in Zukunft mehr beachtet werden sollten. Eine große Bedeutung hat dabei zwanghaftes Verhalten, denn Zwänge sind »Hilfsmittel« zur Bewältigung psychischer Probleme.

Anlagebedingte Persönlichkeitsmerkmale, die in ihrer Summe für die Entwicklung von Essstörungen bei Kindern und Jugendlichen verantwortlich sind

- Hohe individuelle Ansprüche an die eigene Person, die zu einem dauerhaften und schmerzhaften Konflikt zwischen Wollen und Können beitragen, weil sie im Alltag trotz großer Anstrengungen immer wieder nur ungenügend realisiert werden können und deshalb zu Frustration führen
- Der Wunsch, in Bezug auf Aussehen und Erfolg für andere ein Vorbild zu sein und als solches respektiert und bewundert zu werden
- Eine starke Abhängigkeit von Rückmeldungen anderer Kinder bzw. Jugendlichen
- Eine (im Vergleich zu den Altersgenossen) überdurchschnittlich große seelische Empfindlichkeit
- Fehlende Stresstoleranz
- Mangelnde Fähigkeit zur Konzentration und Daueraufmerksamkeit mit der Tendenz zum Tagträumen
- Schwierigkeiten, schnell und angemessen reagieren zu können
- Niedriges Selbstwertgefühl, trotz meist sehr guter Intelligenz bis zur Hochbegabung
- Unvermögen, seine Interessen anderen gegenüber angepasst durchsetzen zu können
- Entwickeln von Gefühlen der Hilflosigkeit durch ständiges Misslingen geplanter Änderungsversuche
- Tendenzen zum Perfektionismus und zu zwanghaften Verhaltensweisen
- Großes soziales Harmoniebedürfnis mit stetem Gefühl, nicht verstanden zu werden
- Soziale Überangepasstheit mit Rückzugstendenz
- Ausbilden von Gefühlen sozialer Ausgrenzung und geringer sozialer Anerkennung
- Hohe Ansprüche an andere

Diese Persönlichkeitsmerkmale, die sich bei Kindern zumeist schon frühzeitig erkennen lassen, haben ihre Ursache in einer besonderen Art der Informationsverarbeitung, die eine altersentsprechende Hirnreifung verhindert. Infolge anlage- und erziehungsbedingter sowie geschlechtsspezifischer Einflüsse sind davon besonders Mädchen, weibliche Jugendliche und junge Frauen betroffen. Sie reagieren meist introvertiert, geben sich häufiger die Schuld, können sich nicht so schnell, redegewandt und sozial angepasst verteidigen, sie resignieren schneller und sind stressempfindlicher. Angehörige des männlichen Geschlechts reagieren dagegen zumeist aggressiver, sind durchsetzungsstärker und weisen in der Regel alle Schuld erst einmal von sich (Jean et al. 2007). Aber es gibt auch Jungen, die anders reagieren.

2.2.3 Die Bedeutung der Geschlechtszugehörigkeit

Männer und Frauen reagieren unterschiedlich (Spitzer 2003, Simchen 2008b)! Warum und wie die geschlechtsspezifische Verschiedenheit im Fühlen und Handeln zustande kommt, damit beschäftigt sich in der Wissenschaft die sog. Gender-Forschung. Sie untersucht die Rolle des Geschlechts als soziale Kategorie. Das weibliche und das männliche Gehirn unterscheiden sich anlagebedingt, was die körperliche und psychische Entwicklung prägt.

Das weibliche Gehirn ist entwicklungsgeschichtlich bedingt mit viel mehr vernetzenden Nervenbahnen für Gefühle ausgestattet (Spitzer 2002). Die Nervenbahnen der beiden Gehirnhälften sind stärker miteinander verbunden, sodass das Denken komplexer erfolgt und so dauert es auch länger, bis sich Stress und Erregung wieder normalisieren können. Vermittelt die Erziehung in der frühen Kindheit zu intensiv typische weibliche Verhaltensmuster, so kann sich eine sehr sensible, sozial angepasste und nach Harmonie strebende, rücksichtsvolle und somit »typisch weibliche« Persönlichkeit entwickeln. Zusätzlich kann die Mutter als enge soziale Bezugsperson, wenn sie denn auch über diese Eigenschaften verfügt und sie dem Mädchen vorlebt, diese unbewusst mittels Spiegelneuronen auf ihre Tochter zusätzlich übertragen.

Das männliche Gehirn unterliegt im Vergleich hierzu von Anfang an viel mehr dem Einfluss von Testosteron und es ist strategischer veranlagt. Es verfügt über viel weniger Kontakte zu den emotionalen Zentren. Jungen können damit in aller Regel – im Vergleich zu Mädchen – mit Emotionen rationaler umgehen, Stress und Erregung schneller abbauen. Das männliche Gehirn hat mehr sog. strategische Nervenbahnen, die beiden Hirnhälften sind weniger miteinander verknüpft. Jungen reagieren deshalb von Natur aus weniger nachhaltig auf Emotionen – ihren Ärger reagieren sie nach außen und deutlich schneller ab. Sie können gefasster, strategisch besser, nüchterner und distanzierter reagieren.

Es gibt aber auch Jungen, deren Gehirn viel empfindlicher reagiert – eher wie das eines Mädchens – und das spüren die Betroffenen auch. Diese Gruppe Jungen sind es, die unter ganz bestimmten Bedingungen in der Pubertät eine Essstörung entwickeln können.

Aus der Zwillingsforschung weiß man, dass ein Mädchen mit einem männlichen und somit zweieiigen Zwilling viel seltener an Magersucht erkrankt, als es bei einem weiblichen, also gleichgeschlechtlichen Zwilling geschieht. Das Testosteron, das der männliche Zwilling im Mutterleib bildet, gelangt über den Blutkreislauf in den Körper des weiblichen Zwillings, wo es dessen Gehirnentwicklung beeinflusst. Ein gleichgeschlechtlicher, weiblicher Zwilling beeinflusst durch seine Östrogenausschüttung in das Fruchtwasser das Gehirn seiner Schwester so, das sich in deren Gehirn das emotional wirksame serotonerge System verstärkt anlegt. Denn die von weiblichen Föten produzierten Sexualhormone (Östrogene) verbessern in der Anlage die Anzahl an Serotoninrezeptoren, sodass das Gehirn dann emotional anders reagiert, viel sensibler. Auch hierin liegt ein Grund, warum Frauen viel häufiger an Magersucht erkranken als Männer.

Aber zum Glück ist unser Gehirn veränderbar, plastisch, wie es die Wissenschaftler nennen: Äußere und innere Einflüsse verändern während des gesamten Lebens bewusst und unbewusst unser Verhalten und unsere Gehirnstrukturen, die sich den Anforderungen anpassen.

Die anlagebedingten und geschlechtstypischen Eigenschaften oder Vorurteile wie z. B.: »Frauen reden, Männer handeln« (Spitzer 2002), oder: »Mädchen verstehen nichts von Mathematik und Technik«, verlieren im Rahmen moderner Erziehung immer mehr an Richtigkeit. Die neurobiologische und psychologische Forschung hat jedoch bewiesen, dass die meisten Frauen auf die gleichen äußeren oder inneren Stressoren – im Vergleich zu Männern – empfindlicher und länger reagieren. Auch diese Reaktion ist dank der Plastizität des Gehirns veränderbar und somit anpassungsfähig. Solche Veränderungen im Verhalten gehen jedoch nicht von heute auf morgen, sie brauchen Zeit, in der sich die dazu nötigen Gedächtnisspuren ausbilden. Mädchen und weibliche Jugendliche sind anlagebedingt viel empfindlicher, was durch Erziehung, Umwelteinflüsse und selbst gemachte Erfahrungen noch verstärkt werden kann (Spitzer 2002).

> Frauen haben ein empathisches Gehirn, Männer ein strategisches.

Es gibt Jungen und männliche Jugendliche, die sehr sensibel, überempfindlich und introvertiert reagieren. Sie gehen Konflikten lieber aus dem Weg, anstatt sie zu lösen. Auch sie leiden genau wie die betroffenen Mädchen darunter, dass sie sich nicht angepasst und schnell genug verteidigen können.

Sie sind anders als ihre Geschlechtsgenossen, die ihren Unmut nach außen hin abreagieren können, um sich danach gleich wieder anderen Dingen zuzuwenden. Diese sind in der Lage, ihre Erregung schnell auf das Ausgangsniveau zurückzufahren, sich zu beruhigen und, wenn nötig, auch negative Gefühle zu verdrängen. Durch ihr Reagieren werden sie vom sozialen Umfeld als psychisch stabil, cool und weniger angreifbar wahrgenommen, was sie auch tatsächlich sind.

Die sensiblen Jungen reagieren anders, sie finden nicht so schnell ihr inneres Gleichgewicht wieder. Das Gehirn dieser Jungen gleicht dem Empathie-Gehirn der Mädchen.

> Es sind vor allem Jungen und männliche Jugendliche mit einem Empathie-Gehirn, die unter bestimmten weiteren Voraussetzungen eine Essstörung entwickeln können.

Zu empfindliche Kinder und Jugendliche wirken auf ihr soziales Umfeld eher hilflos, unsicher, weniger clever und psychisch labil. Sie werden durch diese Eigenschaften zum Beispiel in der Schule ein leichtes Mobbingopfer. Viele solcher Kinder und Jugendliche haben eine angeborene emotionale Steuerungsschwäche.

> Ein typischer geschlechtsspezifischer Unterschied besteht in der Art der emotionalen Reaktion. Mädchen beschäftigen sich gedanklich viel länger mit Begebenheiten, die sie emotional berühren, und suchen die Schuld in erster Linie bei sich. Sie sind leichter zu verunsichern und reagieren eher introvertiert, was zu negativem Stress führen kann. Jungen reagieren zumeist aggressiver und verursachen dadurch mehr Stress bei anderen als bei sich selbst. Sie können sich besser und schneller nach außen hin abreagieren sowie unangenehme Dinge von sich schieben und »vergessen«. Sie können eine noch so starke Erregung schneller auf »Null« zurückfahren. Diejenigen, die ihre Gefühle (Emotionen) nicht so schnell unter Kontrolle bekommen, sind psychisch stärker belastet.

2.3 Verhaltensänderung ist möglich

Aus dem Klischee und dem Gefangensein im eigenen Geschlecht auszubrechen, wird für Frauen (und Männer) immer häufiger zur beruflichen Notwendigkeit. Jede Verhaltensänderung erfordert einen festen Willen und das Wissen, was man wie ändern will. Die Beantwortung folgender Fragen ist deshalb hierfür erforderlich:

- *Was* will ich ändern?
- *Wie* will ich das schaffen?
- *Warum* will ich das tun?
- Welche *Vorteile* und *Nachteile* wird die Änderung meines Verhaltens (vermutlich) mit sich bringen?

Eine positive Verhaltensänderung gelingt umso besser, je mehr eigener Wille, Antrieb, Selbstvertrauen, soziale Kompetenz und Einsicht in die Notwendigkeit vorhanden sind. Gelingt sie trotz intensiver Anstrengung nicht, droht Resignation, eine negativ besetzte Einstellung, die mit verstärkten Gefühlen von Hilflosigkeit und Ausgeliefertsein einhergeht. Typisch für eine resignierende Haltung sind die folgenden Äußerungen:

- »Das kann ich sowieso nicht.«
- »Das hilft mir auch nicht weiter.«
- »Mich mag sowieso keiner.«
- »Mir gelingt nie etwas.«
- »Ich bin ein Versager.«

Solche Gedanken können sich bei ständiger Wiederholung verselbstständigen, automatisieren, unter psychischer Belastung zu *Zwangsgedanken* werden, als solche die Lebensqualität deutlich einschränken und negativen *Dauerstress und Versagensängste* auslösen.

2.4 Negativer emotionaler Dauerstress als eine Ursache für Essstörungen im Erwachsenenalter

Es ist wissenschaftlich bewiesen, dass negativer Dauerstress (Distress) zu Serotoninmangel mit depressiver Symptomatik führt. Davon sind vorwiegend Frauen aufgrund ihrer emotionalen Veranlagung mit größerer emotionaler Empfindlichkeit betroffen. Serotonin als Botenstoff, der im Gehirn Informationen weiterleitet, hat großen Einfluss auf das psychische Wohlbefinden. Bei Serotoninmangel kommt es zu Ängsten, depressiven Verstimmungen und nervösen Magen-Darm-Beschwerden. Die zunächst sich auf der psychischen Ebene manifestierenden Probleme können somatisieren und als körperlich empfundene Schmerzen chronifizieren (Mackin et al. 2006, Nutzinger et al. 1991).

Dauerstress macht krank, wenn er negativ besetzt ist, also nicht zu der erwarteten Anerkennung, dem erhofften Erfolg oder dem angestrebten Ziel führt. Positiver Stress wird anders verarbeitet, er wirkt motivationsfördernd, belastet psychisch nicht, da er zu Erfolg und Anerkennung führt. Aber er kann bei anhaltender Überforderung zur körperlichen Erschöpfung führen.

Stress erhöht den Blutzuckerspiegel, weshalb unter Stress zunächst wenig Hunger besteht. Ein hoher Blutzuckerspiegel regt die Insulinausschüttung aus der Bauchspeicheldrüse an. Insulin senkt den Blutzuckerspiegel, indem es den im Blut vorhandenen Zucker in Form von Glykogen in der Muskulatur und der Leber für den aktuellen Bedarf zwischenlagert. Wird er in Kürze nicht gebraucht, kommt er als Fett in das entsprechende Depot.

Ein schneller Absturz des Blutzuckerspiegels löst Hungergefühl umso stärker aus, je mehr Insulin sich im Blut befindet und je weniger sofort verfügbare Glykogenreserven vorhanden sind. Es kann so zu Heißhungerattacken kommen,

2 Die Bedeutung von Veranlagung, Erziehung und sozialem Umfeld für das Essverhalten

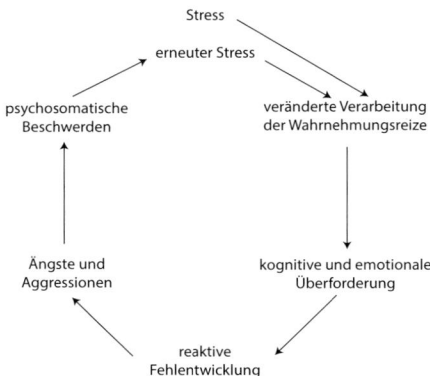

Abb. 2.2: Dauerstress-Spirale

die bei gleichzeitigem Vorhandensein einer Impulssteuerungsschwäche regelrechte Fressanfälle auslösen. Die hiervon Betroffenen neigen zur Bulimie.

Solange dagegen noch viele Stresshormone und damit ein hoher Cortisolspiegel im Blut vorliegen, wird der Blutzuckerspiegel konstant hoch gehalten und kein Hunger verspürt. Für einige Menschen kann dies zu einem Dauerzustand werden. Die hiervon Betroffenen können unter Stress nichts essen, sodass das Hungern ihnen leichter fällt und sie erfolgreicher abnehmen können als andere, von denen sie dann dafür beneidet werden.

Andere Menschen dagegen müssen unter Stress vermehrt essen, um nicht an den Folgen einer Unterzuckerung zu leiden. Sie lernen schnell, sich bei Stress durch Essen zu beruhigen, um wieder ins psychische Gleichgewicht zu gelangen. Sie müssen den stressbedingt erhöhten Zuckerverbrauch sofort durch Nahrungszufuhr ausgleichen, damit es nicht zu den Folgen der Unterzuckerung wie Schwindel, Schwächegefühl, Zittrigkeit und innere Unruhe kommt. Sie neigen zur Gewichtszunahme infolge ihres stressbedingt verstärkten Hungergefühls, das sie am besten mit hochkalorischer und kohlenhydratreicher Nahrung stillen können.

Es gibt also zwei ganz verschiedene angeborene Reaktionsweisen des Körpers im Umgang mit Stress, die ganz unterschiedlich und geradezu gegensätzlich das Köpergewicht beeinflussen. Entscheidend dabei ist, wie lange und wie intensiv Stress den Körper belastet und wie empfindlich er darauf reagiert. Letzteres ist teilweise angeboren und damit schwerer zu verändern. Es gibt eine Gruppe von Menschen, die infolge einer ständigen Reizüberflutung ihres Gehirns auf Stress sehr empfindlich reagieren. Sie leiden unter ständiger innerer und zum Teil auch äußerer Unruhe, dadurch können sie nur schwer von Entspannungsübungen profitieren. Yoga und Sport helfen ihnen, besser ihren Stress abzubauen, aber auf die Dauer meist auch nur unzureichend.

Die angeborene Überempfindlichkeit des Körpers gegenüber Stress geht bei den Betroffenen mit einer Frustrationsintoleranz und einer Steuerungsschwäche auf der Gefühlsebene einher. Sie leiden dadurch besonders häufig unter psy-

2.4 Negativer emotionaler Dauerstress als eine Ursache für Essstörungen

chisch bedingten körperlichen Beschwerden. Zu dieser Gruppe gehören auch viele Menschen mit Essstörungen.

> Negativer Stress wird zum Bindeglied zwischen psychischer Störung und körperlichen Beschwerden, eine angeborene Überempfindlichkeit gegenüber Stress ist somit auch ein wichtiger Aspekt für die Entstehung von Essstörungen.

Dauerstress mit ständig erhöhtem Cortisolspiegel im Blut bewirkt einen erhöhten Ruhepuls, Volumenverengung der kleinen äußeren (peripheren) Blutgefäße und einen erhöhten Blutdruck. Unter Dauerstress ist der Cholesterinwert im Blut erhöht und die Produktion der Geschlechtshormone verringert. Libido und sexuelle Aktivitäten leiden, bei Frauen kann es zum Ausbleiben der Menstruation kommen.

Entwicklungsgeschichtlich bedeutet Stress, sich auf eine Gefahr einzustellen und abwehrbereit zu sein. Die Wahrnehmung wird eingeengt, alles Denken und Handeln konzentriert sich auf eine vermeintliche Gefahr und deren Abwehr. Diese Gedanken wiederholen sich ständig, sie automatisieren sich und werden schließlich zu Zwangsgedanken. Auch bei der Magersucht beginnt das Krankheitsgeschehen mit der Ausrichtung von Denken und Handeln auf Kalorienzählen, tägliche Gewichtsabnahme und Essensverweigerung. Wird das erreicht, entsteht ein Gefühl des Erfolges, wodurch das Belohnungssystem aktiviert wird und ein Glückshormon ausschüttet. Die Betroffenen sind kurzfristig zufrieden mit sich. Mit dem Ziel, durch eigene Kraft diesen Zustand immer wieder zu erreichen und sich dabei stark und zufrieden zu fühlen, entsteht ein Kreislauf der Denken und Handeln zwanghaft ausrichtet und in die Magersucht führt, wenn er nicht unterbrochen wird.

Weitere wichtige Auswirkungen von Dauerstress auf den Körper sind:

Dauerstress

- beeinflusst Appetit und Essverhalten, einige Menschen reagieren mit vermehrter Nahrungsaufnahme auf Stress, andere dagegen können unter Stress überhaupt nichts essen,
- erhöht Blutdruck und Herzfrequenz,
- verengt die peripheren Blutgefäße,
- erhöht den Cholesterinspiegel im Blut,
- erhöht die Muskelanspannung und erzeugt schmerzhafte Verspannungen,
- zentralisiert das Denken, engt den Blickwinkel ein,
- reduziert die Serotoninmenge im Blut und die Produktion von Geschlechtshormonen,
- schwächt die Libido.

2 Die Bedeutung von Veranlagung, Erziehung und sozialem Umfeld für das Essverhalten

Das sind nur einige, aber doch wichtige Hinweise, warum Essstörungen sowohl eine genetisch-neurobiologische als auch eine umweltbedingte Ursache haben. Sie sind keine isolierten psychischen Störungen, sondern multikausal bedingt durch eine angeborene Veranlagung mit zu großer Empfindlichkeit gegenüber Stress und Frustrationen bei hohem Selbstanspruch und hoher Erwartungshaltung an das soziale Umfeld. Dazu kommen sich ständig wiederholende Enttäuschungen. Das führt in der Summe zu Dauerstress, der bei der Entstehung von Essstörungen eine ganz wesentliche Rolle spielt. Durch ständig erlittene Mikrotraumatisierungen gerät das anfangs noch gute Selbstwertgefühl immer mehr ins Wanken. Je stärker der Stress, umso weniger Serotonin wird gebildet, depressive Gedanken und Reaktionen nehmen zu. Aus der anfangs nur psychischen Beeinträchtigung wird allmählich eine psychosomatische Krankheit (Mackin et al. 2006).

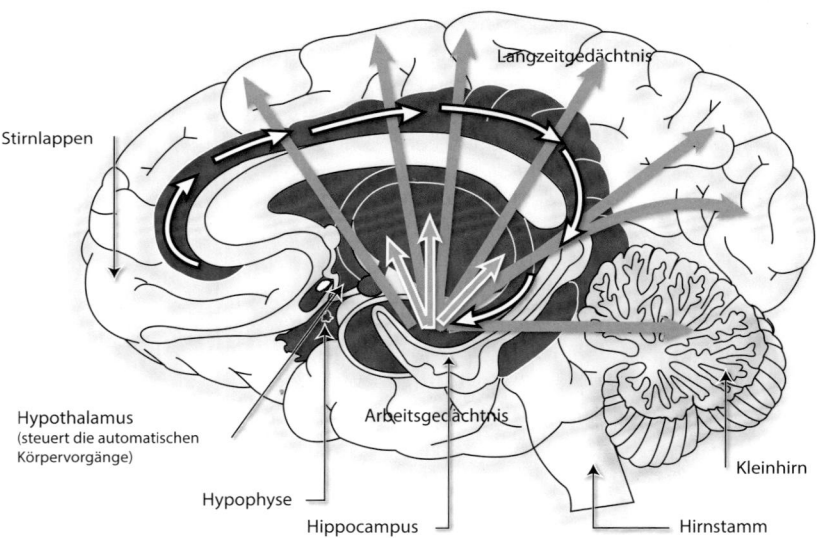

Abb. 2.3: Dauerstress durch Reizüberflutung und Botenstoffmangel: Infolge Filterschwäche des Stirnhirns gelangen zu viele Informationen in das Gehirn, die vom Arbeitsgedächtnis (Hippocampus) infolge Botenstoffmangels ungenau und unvollständig im Langzeitgedächtnis ankommen (modifiziert nach Köhler 2001 und Mackin et al. 2006)

2.5 Negativer Dauerstress schon in der Kindheit?

Eine angeborene Störung in der Informationsverarbeitung kann je nach Schwere der psychischen Belastung zum Stressfaktor werden und das manchmal schon vom frühen Säuglingsalter an. Im Laufe der Entwicklung kommt es sodann bei zunehmender Belastung infolge einer veränderten Informationsverarbeitung zu Beeinträchtigungen und Verzögerungen in der Hirnreifung, die mit Auffälligkeiten im Verhaltens- und Leistungsbereich einhergehen. Reagiert das soziale Umfeld darauf nicht adäquat, werden die Defizite größer und auffälliger. Dadurch fühlen sich die Betroffenen verunsichert und hilflos. Bei ausgeprägter Symptomatik leiden sie schon im Kindergarten. Sie spüren an der Reaktion der anderen, dass etwas an ihrem Verhalten nicht stimmt. Wiederholt sich das ständig, reagieren sie infolge ihrer Hilflosigkeit aggressiv oder mit Rückzug. Sie fühlen sich ausgegrenzt und unverstanden. Mit der Zeit reagiert ihr Körper mit negativem Stress, der das psychische Gleichgewicht stört.

3 Die Magersucht (Anorexia nervosa)

3.1 Folge einer über Jahre bestehenden Störung des biologischen, psychischen und sozialen Gleichgewichts

Die Magersucht ist eine der am schwersten zu behandelnden psychischen Erkrankungen mit einem hohen Risiko zur Chronifizierung, die nicht selten tödlich endet. Ehe es zur Magersucht kommt, leiden die Betroffenen schon viele Jahre an einer ganz bestimmten Art von Problemen, die erst mit der Zeit und in ihrer Summe die Psyche der Betroffenen so verändert, dass sie mit einer restriktiven Essstörung reagieren. Hierbei sind sie stolz, wenn es ihnen gelingt, trotz Hunger auf Essen zu verzichten. Ihr Denken und Handeln wird zwanghaft, weil es sich durch eine Verknüpfung von Nervenbahnen automatisiert und verselbstständigt, die Denken und Handeln vorprogrammiert (Huether 1998). Von diesen vorgegebenen Bahnen kann dann nur noch schwer abgewichen werden. Diesen Weg in die Magersucht frühzeitig zu unterbrechen, wäre die beste Therapie und sollte im Mittelpunkt der Forschung stehen. Eine engere Vernetzung mit den in der täglichen Praxis gemachten Erfahrungen könnte der wissenschaftlichen Forschung von Essstörungen und deren Ursachen neue Impulse geben.

Was geht psychisch der Entwicklung einer Magersucht voraus? Angela, eine 19-jährige hochbegabte Schülerin, beschreibt eine solche Entwicklung, die, frühzeitig erkannt und behandelt, gute therapeutische Möglichkeiten bietet.

3.1.1 Eine Magersüchtige berichtet

Angelas Gedanken über ihren jahrelangen Kampf, den sie mit sich und ihrer beginnenden Magersucht ausgetragen hat, möchte ich als ein Beispiel anführen, wie viele junge Mädchen und Frauen ihre Essstörungen erleben. So schrieb Angela folgende Selbstreflexion auf:

> »Obwohl mir das Lernen leicht fällt, macht mir die Schule keinen Spaß mehr. Ich fehle zu häufig wegen Krankheit, habe Kopfschmerzen, Übelkeit oder Halsschmerzen, irgendetwas ist immer nicht in Ordnung. Nachdem sich mein Freund von mir trennte, wurde alles noch viel schlimmer. Ich konnte einfach nichts mehr essen.

Meine Abhängigkeit von der Fürsorge anderer belastet mich sehr. Ich hätte wissen müssen, dass verzweifelte Liebe und Suche nach Geborgenheit zweier verzweifelter Menschen nur in Verzweiflung endet. Ich bin selbst sehr unsicher und habe jemanden Sensibles gesucht, damit ich verstanden werde. Ich bin nun einmal darauf angewiesen, dass sich jemand um mich kümmert. So lange die Beziehung funktioniert, ist alles gut, denn mein Selbstbewusstsein ist von äußeren Umständen und von anderen Menschen abhängig. Ich passe mich diesen immer wieder zu sehr an. Deshalb verliere ich ständig meine eigenen Ziele aus den Augen oder gebe sie anderen zuliebe auf.

Ich hoffe, dass ich mithilfe der jetzt wieder einmal begonnenen Therapie alles in den Griff kriege. So viele Ziele, die ich trotz vieler Therapien aufgegeben habe oder aufgeben sollte, weil ich mich immer angepasst und untergeordnet habe. Ich konnte nie mein eigenes Selbst aufbauen.

Bis vor Kurzem wusste ich nicht einmal, was mit mir los ist. Mein bisheriges Leben riss tiefe Wunden in meine Seele. Obwohl ich gern selbstständig wäre, kriege ich es nicht hin, unabhängig zu sein. Das gesunde Mittelmaß fehlt mir.

Ich springe zwischen den Extremen hin und her, so können Beziehungen nicht funktionieren, sie sind für beide Partner eine zu große Belastung. Ich spüre, dass ich anders, kindlicher, spontaner, anspruchsvoller und empfindlicher als die anderen bin. Ich habe Angst, nicht erwachsen zu werden und dass ich immer wieder in alte Verhaltensmuster hineinschlüpfe, weil ich keine Grenzen ertragen kann. Sie kränken mich und verletzen meinen Stolz.

Ich ging zu vielen Therapeuten, weil ich nicht weiter wusste und mich meine Zwänge, Kalorien zu zählen, meine Ängste, dick zu werden, Tag und Nacht beschäftigten. Ich will mein Leben in den Griff bekommen. Stattdessen denke ich mir ständig neue Essprobleme aus, um mich in ihnen zu verstecken. Diese Gedanken lenken mich von meinen Vorsätzen ab, denn am besten fühle ich mich, wenn ich mir selbst Stress mache und meine Gedanken auf Kalorienzählen ausrichte.

Bis vor Kurzem wusste ich nicht, wie eingeschränkt ich wirklich bin. In den ganzen Jahren hatte ich das Gefühl, mit mir stimmt etwas nicht, ich dachte nur immer daran, nicht essen zu müssen, um ja nicht zu dick zu werden. Ich will, dass sich das ändert, aber wie bekomme ich andere Gedanken in den Kopf und wie wird es mir dann gehen?

Ich glaube, ich bin nicht für dieses harte Leben geschaffen. Aber wie kann ich meine Kreativität endlich nutzen und das, was mir Spaß macht, auch einmal durchhalten? Ich könnte im Tanzen viel weiter sein, wenn ich nur dabei geblieben wäre. Aber auf Dauer wird alles Neue zur Routine und unerträglich für mich, es weiter zu machen. So gab ich vieles auf, was mir anfangs Freude bereitete.

Außerdem frage ich mich, wieso es mir schwer fällt, mich zu entscheiden und Prioritäten zu setzen, und warum sehr gute Intelligenz und Wahnsinn bei mir so nahe beieinander liegen?«

Soweit der Bericht von Angela. Bei ihr wurde ein Aufmerksamkeitsdefizit-Syndrom als eigentliche Ursache ihrer vielschichtigen Problematik diagnostiziert. Sie war dankbar dafür, nahm die Therapie begeistert an. Schritt für Schritt wuchs ihr Selbstwertgefühl, sie lernte, ihre Gefühle zu steuern und von ihrer guten Intelligenz zu profitieren. Später beschrieb sie ihren Therapieerfolg wie einen Schritt in ein neues Leben mit ganz anderen Möglichkeiten:

> »Mithilfe der Therapie konnte ich wie ein Schmetterling aus seiner Puppe schlüpfen, ich konnte endlich den Panzer verlassen, der mich in meiner Gedankenwelt gefangen hielt und mir immer wieder befahl, bloß nicht wieder zuzunehmen. Jedes Gramm Gewichtszunahme entsprach einem Kilo Willensschwäche. Endlich hatte ich die schon lange ersehnte Kontrolle über mich und meinen Körper erreicht, die ich nie wieder aufgeben will.
>
> In der Therapie lernte ich, warum ich so war, und begriff, wie eingeengt ich von den Zwängen, Kalorien zu zählen, bisher war, dass dadurch alle anderen Fähigkeiten, über die ich verfügte, immer bedeutungsloser wurden. Ich lernte, neue Fähigkeiten zu entwickeln, um die Aufmerksamkeit und die Anerkennung der anderen zu erreichen. Allmählich entwickelte ich andere Interessen und lernte, mich zu behaupten, um von den anderen bemerkt zu werden. Ein Weg, der sich gelohnt hat.«

Von Angelas Essstörung blieb noch die Neigung, unter Stress keinen Appetit zu haben. Es gelang Angela, ihr Gewicht eigenverantwortlich im unteren Normalbereich mit einem Body-Mass-Index (BMI) um 19 zu halten. Sie machte ein sehr gutes Abitur und studiert jetzt Medizin. Ab und zu besucht sie noch unsere Studentengruppe, um anderen Essgestörten Mut zu machen und um anderen ADS-bedingt sozial unsicheren Studentinnen von ihrer erfolgreichen Therapie zu berichten.

Den Studenten erzählt sie folgendes von ihrer Therapie:

- Mein Selbstvertrauen ist besser geworden.
- Ich muss nicht mehr mit Verweigerung von Essen reagieren, wenn ich mit mir oder anderen unzufrieden bin.
- Ich bin nicht mehr so empfindlich und kann mich besser wehren.
- Ich bin nicht mehr so von anderen abhängig.
- Meine Selbstbeherrschung ist besser geworden, ich muss nicht immer gleich weinen.
- Ich kann erfolgreicher lernen und lernen ist nicht so anstrengend.
- Ich mache mir nicht mehr so viel Stress.
- Ich kann jetzt Ziele, die ich mir vorgenommen habe, auch erreichen.
- Ich gebe nicht mehr so schnell auf.
- Ich habe viel mehr Freunde, die sich mit mir treffen wollen, sodass ich lernen muss, auszuwählen und nein zu sagen, da es mich sonst überfordert.
- Ich genieße es, mit Freunden essen zu gehen, wobei ich immer noch auf Kalorien achte, aber das gestatte ich mir.
- Ich halte mein Gewicht und ich bin mit mir rundum zufrieden.

3.1.2 Die neurobiologische Ursache der Magersucht

Die biologische Ursache der Magersucht liegt in einer veränderten Art der Wahrnehmungsverarbeitung innerer und äußerer Reize durch das zentrale Nervensystem im Gehirn. Ursachen dafür sind ein teilweiser Mangel an Botenstoffen (sog. Neurotransmitter) bzw. deren ungleiches Verhältnis zueinander und eine Reizüberflutung des Gehirns. So besteht bei nicht wenigen Magersüchtigen aufgrund einer genetisch bedingten angeborenen Transporterstörung, die mit modernen bildgebenden Verfahren nachweisbar ist, ein Mangel der Botenstoffe Serotonin, Noradrenalin, Dopamin und eventuell noch anderer.

Der Botenstoff *Serotonin* reguliert die Gefühle und deren Gedächtnis. Er erzeugt das Gefühl des Wohlbefindens, des Glücks und der Selbstbelohnung. Ein Serotoninmangel führt zu Ängsten, Panikzuständen, Aggressionen, Zwängen und depressiven Verstimmungen (Huether 1998, Nutzinger et al. 1991, Braus 2004, Spitzer 2003).

Bei einem Mangel an *Noradrenalin* ist der Antrieb vermindert, die Stimmung gedrückt und gereizt, Lernprozesse und deren Automatisierung sowie die Impulskontrolle sind beeinträchtigt, eine emotionale Steuerungsschwäche ist die Folge (Bösel 2006, Hebebrand 1995, Krause und Krause 2009, Simchen 2015, Trott 1999, Winkler und Rossi 2001).

Der Botenstoff *Dopamin* steuert Aufmerksamkeit, Motivation und Aktivität. Bei Mangel an Dopamin besteht ein großer Bewegungsdrang, der sich bei Menschen mit einer Essstörung schon lange vor deren Beginn nachweisen lässt und der sich nicht erst im Rahmen der Magersucht entwickelt. Ein solcher Dopaminmangel ist ein neurobiologisches Hauptsymptom des ADHS bei Kindern, Jugendlichen und Erwachsenen. Auch bei einem ADS ohne Hyperaktivität ist er immer, aber viel unauffälliger und diskreter vorhanden (Krause und Krause 2009, Trott 1993, Aust-Claus und Hammer 2005, Simchen 2009, Freitag und Retz 2007). Erfolge aktivieren das Belohnungssystem, welches dann Dopamin ausschüttet, wovon besonders Menschen mit einer Unterfunktion des Belohnungssystems gefühlsmäßig profitieren.

> Bei den meisten Kindern und Jugendlichen mit einer Essstörung liegt eine neurobiologisch begründete und nachweisbare gestörte Informationsverarbeitung vor. Diese zeigt sich darin, dass das Gehirn mehr oder weniger stark beeinträchtigt ist, innere und äußere Reize zielgerichtet wahrzunehmen und schnell und angepasst darauf reagieren zu können. Das bedeutet, dass die betroffenen Kinder und Jugendlichen unter Defiziten in der Daueraufmerksamkeit und in der Verhaltenssteuerung leiden.

Aufmerksamkeit ist die Fähigkeit, eine bestimmte Tätigkeit über einen längeren Zeitraum planvoll und konzentriert ausführen zu können. Sind Umfang und Intensität der Aufmerksamkeit auf Dauer unbeeinflussbar gestört, wird auch die Informationsverarbeitung schlechter.

Unser Gehirn verfügt normalerweise über eine hohe Kapazität, relevante Informationen weiterzuverarbeiten. Es kann konzentrationsabhängig aufgenommene Informationen sortieren und der Wichtigkeit entsprechend zum Arbeitsgedächtnis weiterleiten. Im Arbeitsgedächtnis (Hippocampus) werden alle Reize noch einmal sortiert, um sie sodann über Gedächtnisbahnen mittels Botenstoffen in die entsprechenden Zentren zur Verarbeitung weiterzuleiten. Verarbeiten heißt, die eingetroffenen Informationen mit den schon vorhandenen zu vergleichen, sie abzuspeichern oder zu beantworten. Als Antwort gehen dann Reaktionen in Form von Sprach- oder Handlungsimpulsen über die entsprechenden Nervenbahnen mittels Botenstoffen an die Erfolgsorgane.

Diese für den Menschen sehr wichtige Informationsverarbeitung ist bei Vorliegen eines Aufmerksamkeitsdefizit-Syndroms gestört. Hierbei kommt es durch Reizfilterschwäche zur Reizüberflutung des Arbeitsgedächtnisses und durch Mangel an Transportstoffen (Botenstoffe, Neurotransmitter) zu Informationsverlusten mit oft erheblicher Beeinträchtigung der Denk- und Handlungsfähigkeit (Krause und Krause 2009, Trott 1993). Gedächtnisbahnen bilden sich nicht ausreichend aus, sodass eine Automatisierung von Denk- und Handlungsprozessen erschwert ist (Spitzer 2002, Braus 2004). Deshalb können die betroffenen Kinder, Jugendlichen und Erwachsenen abgespeichertes Wissen und bereits gemachte Erfahrungen nicht immer sofort und zur richtigen Zeit abrufen. Die Betroffenen spüren dies zwar, doch sie kennen nicht die Ursache dafür, was bei ihnen mit zunehmender Belastung immer mehr zur inneren Verunsicherung führt. Diese löst Stress aus, der wiederum ihr psychisches und körperliches Gleichgewicht zusätzlich beeinträchtigt.

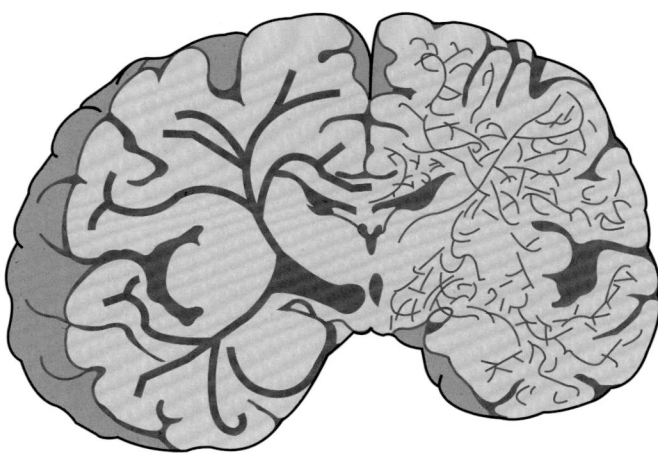

Abb. 3.1: Schematische Darstellung der neuronalen Vernetzung im Gehirn, bei Vorliegen von AD(H)S (rechte Seite) und ohne AD(H)S (linke Seite)

3.1 Folge einer über Jahre bestehenden Störung

Magersüchtige und Menschen mit AD(H)S haben die gleiche Funktionsstörung im Belohnungssystem des Gehirns, das über zu wenig Dopamin verfügt (Krause und Krause 2009, Surman und Biedermann 2006). Süchtiges Verhalten erhöht im Belohnungszentrum den Dopaminanteil und löst damit das Gefühl des Genießens, der Zufriedenheit und des Glücks aus, was letztlich die Sucht unterhält. Gleichgültig davon, welche Form einer Sucht vorliegt (z. B. Drogensucht, Spielsucht, Sucht zu hungern oder zu essen), es wirkt immer der gleiche neurobiologische Mechanismus, der im Gehirn des Betroffenen Wohlbefinden suggeriert.

> Eine gemeinsame neurologische Wurzel ist für das Entstehen sowohl einer Esssucht als auch einer Magersucht neurobiologisch vorhanden und klinisch nachweisbar (Phillips 2004, Scheer und Zoubek 2007).

Auch beim AD(H)S bestehen eine neurobiologisch nachgewiesene Störung des Belohnungssystems sowie eine Störung im Bereich der Botenstoffverfügbarkeit durch eine Transporterstörung im Bereich der Synapsen. Diese ist für die Botenstoffe Dopamin, Serotonin und Noradrenalin wissenschaftlich nachgewiesen. Der Serotoninmangel, der sowohl bei den meisten ADS-Betroffenen vom hyper- und hypoaktiven Typ vorliegt, kann sowohl genetisch bedingt (Simchen 2009, 2015) als auch Folge von negativem Dauerstress sein. Serotoninmangel beeinträchtigt die Gefühlssteuerung, kann zu depressiven Reaktionen und Ängsten führen. Die Folge ist ein permanent gestörtes psychisches Gleichgewicht, das den besonderen Belastungen jeder neuen Entwicklungsstufe von Kindheit an nicht gewachsen ist. Eine besonders wichtige und kritische Entwicklungsperiode stellt für jeden Jugendlichen die Pubertät dar. Hier werden die Heranwachsenden plötzlich mit Anforderungen konfrontiert, denen sie sich stellen müssen. Fehlt ihnen hierfür die erforderliche Persönlichkeitsreife, bekommen sie die entsprechenden Defizite zu spüren. Psychische Belastungen können in dieser Situation nicht abgefedert werden und destabilisieren das seelische Gleichgewicht, das die Kinder bzw. Jugendlichen bis dahin nach außen hin notdürftig aufrechterhalten konnten. Außenstehende nehmen bei den Betroffenen plötzlich und meist unerwartet die lange bestehenden psychischen Auffälligkeiten deutlich wahr, so als seien sie aus einem »Nichts« heraus entstanden. Dabei gab es eine Vielzahl von Frühsymptomen, die übersehen oder falsch interpretiert wurden. Sie beeinträchtigten die psychische und körperliche Gesundheit der Kinder und Jugendlichen langsam aber stetig, innerlich spürbar für die Betroffenen, nach außen hin jedoch zumeist bewusst im Verborgenen gehalten. Die betroffenen Kinder und Jugendlichen fühlten sich dieser Belastung dagegen schon lange hilflos ausgeliefert. Hinzukommende psychosomatische Störungen können ihre Problematik noch verstärken.

Wichtige Entwicklungsphasen von Kindheit, Jugend und jungem Erwachsenenalter wie

- das Kleinkindalter,
- die Kindergartenzeit,
- die Schulzeit,

- die Pubertät,
- die Berufsausbildung,
- das Studium und
- das junge Erwachsenenalter

können, wenn sie nicht erfolgreich durchlaufen werden, eine psychische Beeinträchtigung auslösen, die viele Jahre später dann zur Essstörung wird.

Pubertät und junges Erwachsenenalter stehen dabei am Ende eines wichtigen Entwicklungsabschnittes. Von nun an wird von den Jugendlichen ein deutliches Mehr an Selbstständigkeit, Pflichtbewusstsein, sozialer Reife und Eigenverantwortung erwartet und gefordert. Defizite in der Leistungsfähigkeit und im Verhalten zeigen sich in diesen Phasen sehr deutlich.

Mit jeder der oben genannten Entwicklungsphasen sind für Kinder und Jugendliche besondere Herausforderungen und Schwierigkeiten verbunden. Können die Betroffenen diese auf Dauer und trotz Anstrengung nicht ausreichend und zufriedenstellend erfüllen, können sie kein Vertrauen in die eigene Leistungsfähigkeit entwickeln, ihr Selbstwertgefühl und ihre soziale Kompetenz leiden.

In der Pubertät werden mit einem Mal ganz neue Qualitäten im Verhaltens- und Leistungsbereich abverlangt, sodass schwache und selbstunsichere Mädchen und Jungen plötzlich sehr deutlich ihre Defizite spüren. Sie können diese nicht kompensieren, wenn ihre psychischen und physischen Ressourcen schon erschöpft sind. Jugendliche mit erheblichen Defiziten in der sozialen Kompetenz, in den kognitiven Leistungsbereichen sowie in der Persönlichkeitsreife spüren das besonders in der Pubertät sehr heftig. Ein ganz bestimmter Teil dieser Jugendlichen reagiert hierauf mit einer Essstörung, um damit die selbst wahrgenommenen Defizite auszugleichen.

> Bei Kindern und Jugendlichen kann eine über Jahre zunehmende psychische und manchmal auch körperliche Belastung bei zu großer Empfindlichkeit, besonders gegenüber Stress und Ungerechtigkeit, verbunden mit wenig Selbstvertrauen und dem Gefühl der Hilflosigkeit, zu Essstörungen führen (Frieling 2009).
>
> Magersucht dient der psychischen Stabilisierung selbstunsicherer Persönlichkeiten, die infolge einer genetisch bedingten veränderten Wahrnehmungsverarbeitung ständig unter Dauerstress leiden. Es gelingt ihnen nicht, durch Verhalten oder Leistung die von ihnen selbst erwartete Anerkennung der anderen zu erlangen. So benutzen sie ihren Körper als Objekt der Selbstbestätigung, denn sie können schneller und erfolgreicher abnehmen als die anderen (Meermann und Borgart 2006, Herpertz-Dahlmann 2003b). Die erfolgreiche Kontrolle des Essverhaltens verbessert ihre psychische Stabilität. Dieses Gefühl brauchen sie, immer mehr bestimmt es ihr Denken und Handeln, sodass es zwanghaft und zur Sucht werden kann und damit außer Kontrolle gerät.

3.2 Eine angstbesetzte Störung mit veränderter Wahrnehmung

Bei einer Magersucht (Anorexia) besteht immer ein ausgeprägtes Untergewicht mit der gefährlichen Tendenz zum sog. kachektischen Erscheinungsbild, welches als solches von den Betroffenen selbst nicht wahrgenommen wird. Dies bedeutet, dass magersüchtige Kinder und Jugendliche eine verzerrte Wahrnehmung mit zwanghaftem Verhalten entwickeln, und das nicht nur in Bezug auf ihr Aussehen. In ihrer Selbstbeurteilung befinden sie sich eher noch als zu dick und kaschieren ihren knochigen Körper mit weiter Kleidung. Auf ihr Untergewicht angesprochen erfinden sie immer neue rechtfertigende Erklärungen: So hätten sie gerade eine Magen-Darm-Grippe gehabt oder sich noch nicht von einer Blinddarmoperation erholt, die – weiter nachgefragt – jedoch oft schon Monate zurückliegen. Konkreten Fragen nach ihrem Essverhalten gehen sie geschickt aus dem Weg und berichten über aktuelle körperliche Beschwerden, Nahrungsmittelunverträglichkeiten oder schon lange bestehende Essgewohnheiten mit Ablehnung bestimmter, meist kalorisch hochwertiger Nahrungsmittel. Sie essen zum Beispiel grundsätzlich keine Butter, keine Wurst oder überhaupt keine tierischen Nahrungsmittel. Sehr häufig sind sie Vegetarier. Ein problematisches oder krankhaftes Essverhalten wird grundsätzlich negiert, obwohl es meist schon lange vor Ausbruch der Essstörung besteht.

Im Gegensatz zu ihrem schlechten Allgemeinzustand fühlen sie sich überhaupt nicht krank. Sie sind oft körperlich und geistig sehr aktiv. Solange ihr Körper die Mangelernährung noch kompensieren kann, klagen sie nicht über schnelle Ermüdbarkeit und Antriebsschwäche. Im Gegenteil, meist treiben sie aktiv und extrem Sport und da sie häufig recht intelligent und ehrgeizig sind, lernen oder studieren sie erfolgreich. Krank zu sein, weisen sie weit von sich, genau wie den Gedanken, an Gewicht zuzunehmen.

Genauere Angaben über ihr striktes Diäthalten, selbst herbeigeführtes Erbrechen oder den Gebrauch von Abführmitteln erfährt man von ihnen nicht. Hierzu könnten nur Familienmitglieder oder Freunde etwas sagen, wenn sie es denn bemerkten. Erst eine vertrauensvolle therapeutische Beziehung, wenn es gelingt, sie aufzubauen, bringt für den Therapeuten ihre erstaunliche Willensstärke und Beharrlichkeit ans Tageslicht.

3.3 Problemlösung durch zwanghaftes Verhalten

Zwanghaftes Verhalten reicht von harmlosen Angewohnheiten bis zur intensiven und dauerhaften Gewohnheit, die alles Denken und Handeln bestimmt. Eine Angewohnheit kann unter ganz bestimmten, genetisch bedingten Voraussetzungen und äußeren Begebenheiten zur Zwangskrankheit werden, wie das auch bei

3 Die Magersucht (Anorexia nervosa)

Essstörungen immer wieder geschieht. Hierbei unterliegen Nahrungszufuhr und Kalorienzählen zunehmend einer zwanghaften Kontrolle. Zwänge kehren immer wieder, beim Versuch, sie zu unterdrücken, erhöht sich die innere Anspannung, die sonst über diese spürbar abreagiert wird. Zwänge haben eine hohe Dunkelziffer und sind schambesetzt. Sie belasten die Betroffenen, machen ihnen Angst, psychisch krank zu sein, und verunsichern.

Die Magersucht äußert sich in dem selbst auferlegten Zwang der Betroffenen, nicht oder nur ganz wenig und – der sich selbst genehmigten Kalorienzahl entsprechend – streng kalorienarm zu essen. Gelingt dies den betroffenen Kindern und Jugendlichen nicht, reagieren sie mit Enttäuschung und Selbstverachtung. Das Ausführen dieser Zwänge entspricht einem kurzfristigen Erfolg, der die Befindlichkeit vorübergehend verbessert. Bei den Essstörungen dienen Zwänge außerdem der Problemlösung. Sie lenken die Gedanken von belastenden Problemen und Situationen ab, die für den Betroffenen unlösbar erscheinen.

Menschen mit Zwangsstörungen weisen meist schon lange vor deren Ausbildung eine ganze Reihe verschiedener Persönlichkeitszüge auf. Die wesentlichsten davon sind:

- Hoher Selbstanspruch verbunden mit vielen Selbstzweifeln
- Sehr große Empfindlichkeit besonders gegenüber Stress und Kritik
- Großer Gerechtigkeitssinn mit Tendenz zur Selbstbeschuldigung
- Großes Verantwortungsgefühl mit Tendenz zum Perfektionismus
- Angst vor Veränderung, Festhalten am Bewährten
- Innere Unruhe, immer viele Gedanken im Kopf, die schlecht geordnet werden können
- Unfähigkeit, sich zu entspannen und gelassen zu reagieren
- Vergesslichkeit und Konzentrationsschwäche
- Schwierigkeiten bei der Gefühlssteuerung

> Kinder und Jugendliche, die gegenüber Enttäuschungen und Stress sehr empfindlich sind und gleichzeitig einen hohen Selbstanspruch sowie Schwierigkeiten der Gefühlssteuerung haben, sind besonders gefährdet, Zwangskrankheiten zu entwickeln.

Damit es zur Ausbildung von Zwängen kommt, ist eine angeborene Empfindlichkeit erforderlich, die es den Betroffenen erschwert, auf Stress und Frust gelassen zu reagieren. Zwänge entstehen in der Kinder- und Jugendzeit und können Folge einer veränderten Informationsverarbeitung im Gehirn sein. So bildet sich bei Reizüberflutung des Gehirns infolge Reizfilterschwäche ein fein verzweigtes neuronales Netzwerk aus und nicht wie sonst »dicke« Leitungsbahnen. Denken und Handeln können dann nicht über diese festen »Autobahnen« im Gehirn ablaufen und automatisieren, sondern erfolgen langsamer und erschwerter über ein Gewirr feiner, dünner und netzartig verzweigter Nebenstraßen. Das entspricht einer noch unreifen Struktur von Nervenbahnen, wie sie z. B. bei Kindern und Jugendlichen mit einer genetisch bedingten Störung in der Informationsverarbeitung vorhanden ist, wie das beim AD(H)S der Fall ist. Dieses Fehlen von fest angelegten »starren« Gedächtnisbahnen ist die Voraussetzung für die Ausbildung von Zwängen. Durch die ständige Wiederholung von Gedanken und Handlungen bilden sich im Gehirn Gadächtnisbahnen, die durch ihre Eigendynamik den sonst vorgegeben Bauplan des neuronalen Netzwerkes so verändern, dass Gedanken und Handlungen sich automatisieren und zwanghaft werden können.

So werden die Zwangsgedanken und Zwangshandlungen bei der Magersucht zum Bindeglied zwischen der Informationsverarbeitung im Gehirn und dieser besonderen Art, auf scheinbar unlösbare und belastende Probleme zu reagieren. Stress, Frust und Überforderung mit Dauerbelastung werden über Zwänge, einer psychischen Störung, abreagiert, die wiederum der psychischen Stabilisierung dienen (Bulik et al. 2007, Jean et al. 2007, Kaye 2008, Gura 2008).

Ein besonderes Wesensmerkmal der Magersucht besteht darin, dass sich ein anfangs noch leichtes zwanghaftes Verhalten nach einer gewissen Zeit zur ausgeprägten Sucht entwickeln kann, was die Therapie wesentlich erschwert.

3.4 Wenn zwanghaftes Verhalten zur Sucht wird

Zwanghaftes Verhalten kann eine harmlose Angewohnheit sein, die sich unter ganz bestimmten Voraussetzungen massiv steigern kann und zur Krankheit wird. Die Betroffenen können sich dann diesen Zwängen nicht entziehen, sie beherrschen ihren Alltag und schränken ihre Lebensqualität ein. Freizeitgestaltung und Berufstätigkeit leiden. Das gilt sowohl für Zwangsgedanken als auch für Zwangshandlungen.

Zwangsgedanken sind immer wiederkehrende Ideen, die Ängste auslösen und zu Selbstzweifeln und Schuldgefühlen führen. Zu Zwangshandlungen werden die Betroffenen regelrecht gedrängt, obwohl sie sie anfangs gern vermeiden würden. Wenn sie nicht frühzeitig therapeutisch unterbrochen werden, automatisieren sie, d. h. sie verselbstständigen sich. Das wird begünstigt, weil Zwangshandlungen kurzfristig zum Abbau einer zuvor innerlich aufgebauten Anspannung führen. So beginnen die Betroffenen, über zwanghaftes Verhalten Ängste und Konflikte abzureagieren. Negative Gefühle und unlösbar erscheinende Probleme können so vorübergehend ausgeblendet werden.

> Zwänge dienen dem Abreagieren negativer Gefühle und der gedanklichen Abwendung von subjektiv unlösbar erscheinenden, stressverursachenden Problemen. Dies trifft auch für die Magersucht zu, bei der Zwänge den Beginn einer nur schwer zu beherrschenden Störung signalisieren.

Zwänge treten oft mit depressiven Tendenzen (Serotonin- und Noradrenalinmangel) und anderen Persönlichkeitsmerkmalen auf, die ebenfalls bei Magersüchtigen zu finden sind.

Hungern erhöht den Serotoninspiegel im Blut und verbessert so vorübergehend das psychische Wohlbefinden, wovon die Anhänger des »Heilfastens« kurzzeitig profitieren, was sich aber je nach Dauer gesundheitsschädigend auswirken kann (Huether 1998).

Zu den wichtigsten Persönlichkeitsmerkmalen, die häufig in Kombination sowohl mit Zwängen als auch mit Magersucht vorkommen, gehören:

- Angeborene Überempfindlichkeit
- Mangel an Selbstvertrauen
- Hoher Selbstanspruch
- Angst vor Veränderung
- Perfektionismus und Vergesslichkeit
- Innere Unruhe und Getriebenheit
- Introvertiertes Verhalten

> Neurobiologisch betrachtet sind Zwänge bei Magersucht die Folge von Dauerstress, Serotoninmangel und einer angeborenen veränderten Art der Informationsverarbeitung, die mit einer Empfindlichkeit gegenüber Stressoren einhergehen. Die weit verzweigte Impulsübertragung in den Nervenbahnen des Gehirns ermöglicht, dass Gedanken und Handlungen schneller eigene Gadächtnisbahnen bilden können und sich auf diesen unbeeinflussbar vom eigenen Willen verselbstständigen (automatisieren).

3.5 Folge einer genetisch geprägten Persönlichkeitsstruktur mit reaktiver Fehlentwicklung

Magersucht ist eine zwanghafte Sucht infolge eines schwer gestörten psychischen Gleichgewichts mit reaktiver Fehlentwicklung und Selbstwertkrise bei einer genetisch geprägten Persönlichkeitsstruktur mit langem, äußerlich unsichtbarem Leidensweg.

Magersüchtige leugnen nicht nur ihr Untergewicht, sie nehmen es als solches auch nicht wahr. Ihr Denken und Handeln ist reaktiv, zwanghaft verändert und hat einen suchtartigen Charakter angenommen. Warum ist das so? Essstörungen sind das Ergebnis einer reaktiven Fehlentwicklung infolge genetisch bedingter nachhaltiger Veränderungen in der Informationsverarbeitung. Das bedingt eine Störung in der Personen-Umwelt-Beziehung mit psychischen und/oder körperlichen Symptomen. Im Vordergrund stehen dabei Störungen in der Anpassung und im Verhalten durch Fehlinterpretation der eigenen und der Fremdwahrnehmung.

3.5 Folge einer genetisch geprägten Persönlichkeitsstruktur

Eine reaktive Fehlentwicklung ensteht als Reaktion auf:

zu starke Verletzlichkeit, zu geringe Frust- und Stresstoleranz,
mangelhafte Automatisierung im Lern- und Verhaltenbereich,
sozial angepasstes und schnelles Handeln sowie das Lernen aus Fehlern sind erschwert
↓
Die positive Entwicklung von Selbstwertgefühl und sozialer Kompetenz sind erschwert
↓
Unsichere, umweltabhängige Einstellung mit vergeblichen Bemühen um Anerkennung und Erfolg
↓
Negative Sichtweise mit veränderter Wahrnehmung
↓
Das äußere Erscheinungsbild wird für den anhaltenden Misserfolg verantwortlich gemacht
↓
Autoaggressive Tendenzen mit egozentrischen Willen
↓
Zwanghafte Korrekturen am eigenen Körper als Selbsthilfe
↓
Magersucht

Abb. 3.2: Von der reaktiven Fehlentwicklung zur Magersucht

Essstörungen bilden bei einer ganz bestimmten Persönlichkeitsstruktur – und das betrifft in typischer Weise die Magersucht – die Folge misslungener Versuche zur Wiedererlangung des psychischen Gleichgewichts (Herpertz-Dahlmann 2003, Meermann und Borgart 2006). Diese Tatsache führt zu der Notwendigkeit, sich von einigen, bisher wenig überzeugenden Theorien über die Ursachen von Magersucht zu verabschieden. Denn eine Verbesserung der therapeutischen Erfolge bei Essstörungen ist im Hinblick auf ihre schweren Folgen dringend erforderlich. Die Therapie kann nur erfolgreich sein, wenn sie bei den Ursachen ansetzt. Das bedeutet für alle Essstörungen, sie frühzeitig, d. h. besser noch vorbeugend zu behandeln. Eine ausgeprägte und schon jahrelang bestehende Essstörung wird auch in Zukunft nur schwer behandelbar sein, weil Denken und Handeln der Betroffenen stark zwanghaft sind und von einer veränderten Wahrnehmung beherrscht werden. Diese chronische und zwanghaft fixierte Denkspirale kann die Betroffenen bis zur Unzurechnungsfähigkeit beherrschen. Schon lange vorher wird die Magersucht zu einem wichtigen Teil der Persönlichkeit, von dem sich die Betroffenen nicht mehr trennen wollen und es aus eigener Kraft auch nicht können. Alle bisherigen Erklärungsmuster über die Entstehung von Magersucht sind mehrere Jahrzehnte alt. Keine einzige der vielen Theorien konnte dabei überzeugen und als Ausgangspunkt für eine erfolgreiche Behandlung dienen.

Magersucht ist niemals die alleinige Folge

- einer gestörten Familienbeziehung,
- eines in der Kindheit stattgefundenen sexuellen Missbrauchs,
- einer mütterlichen Überbehütung,

- eines autoritären, sich wenig um die Familie kümmernden Vaters,
- einer gestörten Kommunikation in der Familie,
- einer hormonell bedingten andersartigen Prägung in der Schwangerschaft,
- eines gesellschaftlichen Modetrends,
- einer Ablehnung der Frauenrolle oder des Erwachsenwerdens.

Selbst die Summe dieser möglichen Ursachen kann nicht erklären, warum gerade dieses Mädchen eine Magersucht entwickelt und ihre Schwester nicht. Einige der genannten Ursachen können im Einzelfall durchaus ihre Berechtigung haben, aber ihre Beseitigung allein verhindert oder bessert die Magersucht nicht dauerhaft.

> Entscheidend für die Entwicklung einer Magersucht ist eine angeborene Störung der Informationsverarbeitung, bei der die Entwicklung neuronaler Bahnen (Hirnreifung) verzögert ist, was sich im Persönlichkeitsprofil und im Sozialverhalten der betroffenen Mädchen und Jungen zeigt. Aufgrund dieser angeborenen Veranlagung kommt es bei zu starker Belastung zur Selbstwertproblematik. Der Hang zum Perfektionismus und die Neigung zu Zwang und Sucht stellen den häufig verzweifelten Versuch der hilflosen Kinder und Jugendlichen dar, sich selbst zu »behandeln«. Dabei fühlen die Betroffenen, deren Persönlichkeitsreife nicht altersentsprechend entwickelt ist, eine ständig zunehmende Differenz zwischen ihrem Wollen und Können.

3.6 Die Sucht – ein Mittel zur psychischen Stabilisierung

Jede Sucht bedient das Belohnungssystem im menschlichen Gehirn, indem dort Botenstoffe freigesetzt werden, was die Betroffenen vorübergehend als angenehm, entspannend und psychisch stabilisierend empfinden.

> Magersucht wirkt bei vielen Kindern, Jugendlichen und Erwachsenen wie eine psychotrope Substanz, die der psychischen Stabilisierung dient und über Zwanghaftigkeit zur Sucht führt. Sie liefert den Betroffenen ein Aktionsprogramm, das deren Denken und Handeln bestimmt. Die Gedanken werden dabei zwanghaft auf ein Ziel ausgerichtet, von dem sie überzeugt sind, es erreichen zu können, um ihr Selbstwertgefühl zu verbessern.

Die Kriterien einer Sucht nach der internationalen Klassifikation können für die Magersucht vollständig übernommen werden, wenn man sie auf das Kalorien-

3.6 Die Sucht – ein Mittel zur psychischen Stabilisierung

zählen und die Angst vor Gewichtszunahme trotz erheblichen Untergewichts bezieht. Bei der Magersucht wird die erfolgreiche Nahrungsverweigerung zur psychotropen und suchterzeugenden Substanz. Auch bei der Magersucht wird die Gegensteuerung des Süchtigen umso stärker, wenn er sich kontrolliert fühlt oder seine Sucht gegen seinen Willen beenden soll.

Die Kriterien einer Sucht, die auch für die Magersucht zutreffen, sind:

- Häufiger und längerer Gebrauch suchterzeugender Mittel, länger als beabsichtigt oder vereinbart (im Falle der Magersucht: zwanghaftes Kalorienzählen und Gewichtsabnahme trotz Untergewicht)
- Anhaltender und nicht unterdrückbarer Drang oder Wunsch zur Beibehaltung des Gebrauchs suchterzeugender Mittel
- Auftreten von Entzugssymptomen bei Absetzen der suchterzeugenden Mittel (so reagieren Magersüchtige z. B. aggressiv oder depressiv, wenn sie im Rahmen ihrer Behandlung keine Möglichkeit haben, Kalorien zu zählen oder ihr Gewicht zu kontrollieren)
- Bei Entzug Verstärkung der inneren Unruhe
- Vernachlässigung von Pflichten
- Reduzierung von sozialen und Freizeitaktivitäten
- Deutliche Einschränkung anderer (früher aktiv ausgeübter) Interessen
- Fortgesetztes Suchtverhalten (hier Kalorienzählen und Gewichtsabnahme) trotz wiederholter gesundheitlicher, sozialer oder kognitiver Nachteile
- Vorsätze und gegebene Versprechungen können nicht eingehalten werden
- Entwickeln von Toleranz gegenüber gesundheitlichen Nachteilen bei gleichzeitigem Steigern des aktiven Suchtverhaltens
- Entwickeln dissozialer Strategien, um das Suchtverhalten konsequent aufrechterhalten zu können, z. B. durch vorgetäuschte Nahrungsaufnahme, Lügen, Gewichtsmanipulation, starke körperliche Aktivitäten trotz Verbot, heimliches Erbrechen, Einnahme von Abführmitteln usw.
- Vorhandensein einer veränderten Wahrnehmung, die die Realität verleugnet

> Die Magersucht dient den betroffenen Kindern, Jugendlichen und Erwachsenen im Rahmen einer (missglückenden) Selbstbehandlung in erster Linie der psychischen Stabilisierung.

Magersüchtige benötigen rechtzeitig professionelle medizinisch-psychologische Hilfe, schon bevor die Symptome sich verselbstständigen und zwanghaft werden. Je später die Behandlung der Betroffenen beginnt, umso weniger besteht Aussicht auf ihre vollständige Heilung, denn das massive Suchtverhalten basiert auf der großen Sehnsucht nach sozialer Anerkennung und Wertschätzung.

3.7 Aktuelle wissenschaftliche Diagnosekriterien der Magersucht

3.7.1 ICD-10-Kriterien

Die 10. Auflage des internationalen Klassifikationsschemas für die Diagnostik psychischer Störungen (ICD-10) aus dem Jahre 1994 (zurzeit ist die 11. Fassung der internationalen Kriterien für Krankheiten in Arbeit) gibt für die Diagnose einer Magersucht (Anorexia nervosa) folgende Kriterien vor:

1. Tatsächliches Körpergewicht mindestens 15 % unter dem altersentsprechenden Gewicht oder ein Body-Mass-Index (BMI) von unter 17,5. Bei Patienten in der Vorpubertät kann die erwartete Gewichtszunahme während der Wachstumsperiode ausbleiben.
2. Der Gewichtsverlust ist durch Vermeidung hochkalorischer Speisen selbst herbeigeführt sowie durch eine oder mehrere der folgenden Verhaltensweisen:
   a) selbstinduziertes Erbrechen,
   b) selbstinduziertes Abführen,
   c) übertriebene körperliche Aktivitäten, Gebrauch von Appetitzüglern oder Diuretika.
3. Vorliegen einer Körperschemastörung in Form einer spezifischen psychischen Störung: Die Angst, zu dick zu werden, besteht als eine tiefverwurzelte überbewertete Idee; die Betroffenen legen eine sehr niedrige Gewichtsschwelle für sich selbst fest.
4. Vorliegen einer endokrinen Störung auf der Hypothalamus-Hypophysen-Gonaden-Achse. Sie manifestiert sich bei Frauen als Amenorrhoe (Ausbleiben der monatlichen Regelblutungen) und bei Männern als Libido- und Potenzverlust. Eine Ausnahme ist das Weiterbestehen vaginaler Blutungen bei anorektischen Frauen mit Hormonsubstitutionsbehandlung zur Schwangerschaftsverhütung (Kontrazeptiva). Außerdem finden sich im Blut ein Mangel an Wachstumshormonen und ein erhöhter Kortisolspiegel. Ferner können Schilddrüsenfunktion und Insulinproduktion verändert sein.
5. Beginnt die Erkrankung vor der Pubertät, ist die pubertäre Entwicklung verzögert oder gehemmt, Wachstumsstopp, fehlende Brustentwicklung und primäres Ausbleiben der Regelblutungen bei Mädchen; bei Jungen bleiben die Genitalien kindlich. Nach Besserung der Nahrungsaufnahme wird die Ausbildung dieser sekundären Geschlechtsmerkmale nachgeholt und normal abgeschlossen. Die erste Regelblutung setzt dann verspätet ein.

In der ICD-10 wird noch unterschieden zwischen einer Magersucht *ohne* und *mit* aktiver eigener Hilfe zu Gewichtsreduktion wie Erbrechen oder Einnahme von Abführmitteln. Bei der letzteren spricht man auch von einer bulimischen Form der Magersucht.

Ein weiteres Manual zur Diagnostik und Differenzialdiagnostik psychischer Störungen kommt aus dem Amerikanischen und ist bei uns im deutschsprachigen Raum als DSM-5 in Gebrauch. Zwischen beiden Klassifikationsschemata bestehen in Bezug auf Magersucht keine wesentlichen Unterschiede, sodass beide in der ärztlichen Diagnostik angewandt werden. Die ICD-10 betont mehr die selbstgesteuerte, aktive Gewichtsabnahme sowie die gleichzeitig bestehenden Veränderungen im Hormonhaushalt. Im DSM-5 werden mehr die große Bedeutung des Untergewichts für die Selbstbewertung und die ursächlichen Zusammenhänge von Körperschemastörung und suchtartigem (zwanghaftem) Bemühen, kein Gramm zuzunehmen, hervorgehoben.

3.7.2 DSM-5-Kriterien

Im aktuellen DSM-5 (Diagnostic and Statistical Manual of Mental Disorders) von 2013 sind ebenfalls Kriterien zur Diagnostik und Differentialdiagnostik für Magersucht benannt. Zusammengefasst beinhalten diese eine extrem große Angst, dick zu werden und an Gewicht zuzunehmen, trotz bestehendem deutlichem Untergewicht, welches als solches so nicht wahrgenommen und geleugnet wird, denn für das Selbstwertgefühl ist allein eine sehr schlanke Figur wichtig.

Das DSM-5 unterscheidet bei der Magersucht einen restriktiven Typ – hierbei kommt es zu keinen Fressanfällen, es bestehen kein selbstinduziertes Erbrechen oder ein Missbrauch von abführenden Maßnahmen – und einen Binge-Eating-/Purging-Typ – mit regelmäßigen Essanfällen ohne und mit selbstinduziertem Erbrechen und Abführmittelmissbrauch.

Differenzialdiagnostisch muss bei allen Formen der Magersucht zuerst eine organische Erkrankung ausgeschlossen werden. Auch psychische Erkrankungen wie psychogenes Erbrechen, schwere Depressionen und vor allem Schizophrenien können mit Nahrungsverweigerung und selbstinduziertem Erbrechen einhergehen, bei z. B. wahnhafter Idee, das Essen sei vergiftet.

Dennoch gibt es trotz alledem »noch viel zu viele Patientinnen, die mit ihrer problematischen Essstörung nicht in die oben genannten Diagnosekriterien hineinpassen«, so das Fazit eines internationalen Kongresses für Essstörungen in Barcelona im Juni 2006. Hier berieten und diskutierten vier Tage lang insgesamt 600 Fachleute aus Wissenschaft und Praxis, ohne dass sie dabei zu wesentlich neuen Ergebnissen kamen. Dieser Kongress über Essstörungen, der erstmals in Europa stattfand, hatte sich zum Thema gemacht: »Essstörungen in der Welt – die Untersuchung von Ähnlichkeiten und Unterschieden«.

Alle vorausgegangenen Kongresse über Essstörungen fanden bisher ausschließlich in Nordamerika statt. Leider waren auch in Barcelona nur wenige deutsche Teilnehmer anwesend, weil sie wahrscheinlich wenig Neues erwarteten. Das wichtigste Ergebnis dieses Kongresses war die Feststellung, dass die genetischen Faktoren immer mehr in den Mittelpunkt der Ursachenforschung rücken. Die auf dem Kongress zitierten und an Zwillingen durchgeführten Studien liefern erste Beweise für eine angeborene Veranlagung im Persönlichkeitsprofil magersüchtiger Patienten.

3.8 Beispiele aus der Praxis – wie sich die Schicksale von Magersüchtigen gleichen

3.8.1 Mara, eine 23-jährige Frau, hochbegabt mit Rechenschwäche in der Schulzeit

Für Mara bedeutet Essen noch immer einen täglichen Kampf zwischen Kopf und Bauch. Mit einem Gewicht von 47 kg ist sie bei einer Größe von 1,65 m und einem BMI von 17,3 untergewichtig. Sie leidet unter großen emotionalen Stimmungsschwankungen mit depressiven Episoden, die zum Glück meist nur einige Stunden andauern. Mit der Zeit hat sie gelernt, sich durch ein bereits festgelegtes Beschäftigungsprogramm aus den depressiven »Löchern« selbst herauszuholen. Eine große Rolle spielen hierbei für Mara Musikhören, Tanzen, Spazierengehen, Telefonieren und sich mit Freunden treffen. Mara hat seit mehreren Jahren nur eine durch die Pille ausgelöste Regelblutung und sie befürchtet nicht ganz zu Unrecht, später einmal keine Kinder bekommen zu können.

Mara berichtet:

»Begonnen hat meine Essstörung mit der Vorbereitung auf das Abitur. Ich wollte Medizin studieren und brauchte ein »Einser«-Abitur. Ich hatte zwar immer gute Noten, nur musste ich mich dafür mehr anstrengen als die anderen. Ich vergaß zu viel und konnte das Gelernte nicht immer sofort abrufen, obwohl ich es wusste. Setzte ich mich zu sehr unter Druck, bekam ich einen Black-out, wovor ich tüchtig Angst hatte. Manchmal las ich Texte, deren Inhalt ich danach überhaupt nicht mehr wiedergeben konnte. Ich musste alles mehrfach durcharbeiten.

Zunehmend kam es dazu, dass ich unter Stress immer weniger essen konnte und am Morgen vor wichtigen schulischen Leistungskontrollen unter Übelkeit litt und erbrach. Ich nahm an Gewicht ab, was primär gar nicht beabsichtigt war, aber die Bewunderung und Anerkennung einiger Klassenkameraden zur Folge hatte. Auch meine ärgste Feindin lobte meine schöne und schlanke Figur und beneidete mich deshalb. Auch die Jungen meiner Klasse beachteten mich mit einem Mal. Manchmal wurde ich sogar mit einer bekannten Schauspielerin verglichen, was mir natürlich schmeichelte. Nun begann ich, auf Kalorien zu achten, und beschäftigte mich gedanklich mehr mit meinem Aussehen als mit meinen schulischen Leistungen, die aber nicht schlechter wurden.

Fette und süße Speisen waren von nun an tabu. Zunehmend konzentrierte ich mich darauf, was darf ich essen und was nicht, was hat die wenigsten Kalorien. Dadurch trat die Angst, vor Arbeiten oder in mündlichen Prüfungen zu versagen, weil mir das Gelernte nicht schnell genug einfallen könnte, in den Hintergrund. Die Angst, bloß nicht wieder an Gewicht zuzunehmen, wurde zum alles bestimmenden Gedanken. Nur meine Schwäche, in Mathematik zu versagen, blieb und bereitete mir weiterhin Stress. Ich beherrsche das eben Gelernte in Mathematik gut, aber Kopfrechnen und das Einmaleins sicher und schnell parat zu haben, war nicht immer möglich. Ich musste oft zeitraubend mir die Reihen auf einen Schmierzettel schreiben, wenn ich sie zum Lösen von Textaufgaben brauchte. Die Grundrechenarten mit ihren verschiedenen Rechenwegen hatte mein Gehirn nicht sofort verfügbar abgespeichert. Das Lösen von Rechenaufgaben dauerte bei mir meist länger als vorgesehen, ihr Anblick bedeutete Stress, dem manchmal Panik folgte. Mein Herz schlug dann schneller, ich bekam das typische beklemmende Bauchgefühl mit kurz dauernder Übelkeit und feuchten Händen. Meine Lehrerin meinte damals, bei mir würde sich das »Rechenkästchen« im Gehirn nicht schnell genug öffnen, was ich genauso empfand. So arbeitete ich mir immer ein Schema zum Lösen von Textaufgaben aus, um nicht zu versagen. Nach deren Lösung stellte ich meist fest, so schlimm war es gar nicht, aber die Angst davor blieb. Es war die ständig gespürte innere Verunsicherung mit den vielen Gedanken im Kopf, dem Zeitdruck und die Angst, ich könnte es nicht schaffen. Bei allen schulischen Anforderungen war es für mich das Wichtigste, unbedingt meine Gedanken unter Kontrolle zu behalten, Ruhe zu bewahren, um mich konzentrieren zu können. Solche Zettel mit Nebenrechnungen muss ich mir bis heute machen, wenn ich mal, was selten vorkommt, keinen Taschenrechner dabei habe.

Zu Hause nahm ich nicht mehr am gemeinsamen Essen teil, weil ich auch beim Essen lernen musste und unter Zeitdruck kaum Appetit verspürte. Manchmal vergaß ich das Essen und war froh, wieder Kalorien gespart zu haben. Ich begann ein Glücksgefühl zu spüren, wenn ich das Hungergefühl verdrängen konnte und nichts zu essen brauchte. Fette und sehr süße Speisen erzeugten bei mir das Gefühl des Ekels. Früher aß ich gern Süßigkeiten. Ich wurde immer dünner, was ich bestritt und durch legere Kleidung zu verbergen suchte. Meine Familie machte sich Sorgen und wollte mich einem Arzt vorstellen, was ich strikt ablehnte.

Erst vor dem Abitur merkte ich, dass ich immer weniger leistungsfähig war und meine Noten zusehends schlechter wurden. Ich wollte unbedingt Medizin studieren und so begann ich, mich mit dem Thema der Essstörung zu beschäftigen, vor der mich inzwischen alle aus meinem Umfeld warnten. Ich leugnete das konsequent. Hatten sie doch Recht? Inzwischen zog ich mich auch von allen Freunden zurück und ging nur noch regelmäßig, meist oft mit letzter Kraft, in die Schule. Mein eiserner Wille half mir, meine körperliche Schwäche zu verbergen. Zum Glück wurde mir klar, dass es so nicht weitergehen konnte. Ich zog die Notbremse, denn ich wollte meinen sehr guten Notenstand halten und die Schule mit einem sehr guten Abitur beenden.

Meine erste 5 in einer Mathearbeit erschreckte mich, ich begann an mir und meinem Verhalten zu zweifeln. Nun zwang ich mich, mehr zu essen, aber es ging nicht, mir wurde übel. Nach tagelangem Zögern entschloss ich mich, eine Psychologin aufzusuchen, bei der auch meine beste Freundin in Behandlung war. Sie empfahl dringend eine ärztliche Untersuchung wegen meines niedrigen Gewichts. Den Arzt sollte ich bei einer Selbsthilfegruppe erfragen. Wieder vergingen Wochen, in denen ich allein versuchte, an Ge-

3 Die Magersucht (Anorexia nervosa)

Abb. 3.3: Rechenaufgaben aus Maras früheren Schulheften mit den typischen schriftlichen Nebenrechnungen bei AD(H)S-bedingter fehlender Automatisierung von Rechenwegen. Hierbei handelt es sich um eine Rechenschwäche, wie sie selbst bei sehr begabten Kindern und Jugendlichen nicht selten vorkommt. Sie verfügen über ein gutes Zahlenverständnis, das ihnen das Lösen von Aufgaben aus der höheren Mathematik ermöglicht, wenn der Rechenweg verstanden, geübt und behalten wurde. Leider wird dieser bei der AD(H)S-bedingten Rechenschwäche zu schnell vergessen und ist dann nicht abrufbar.

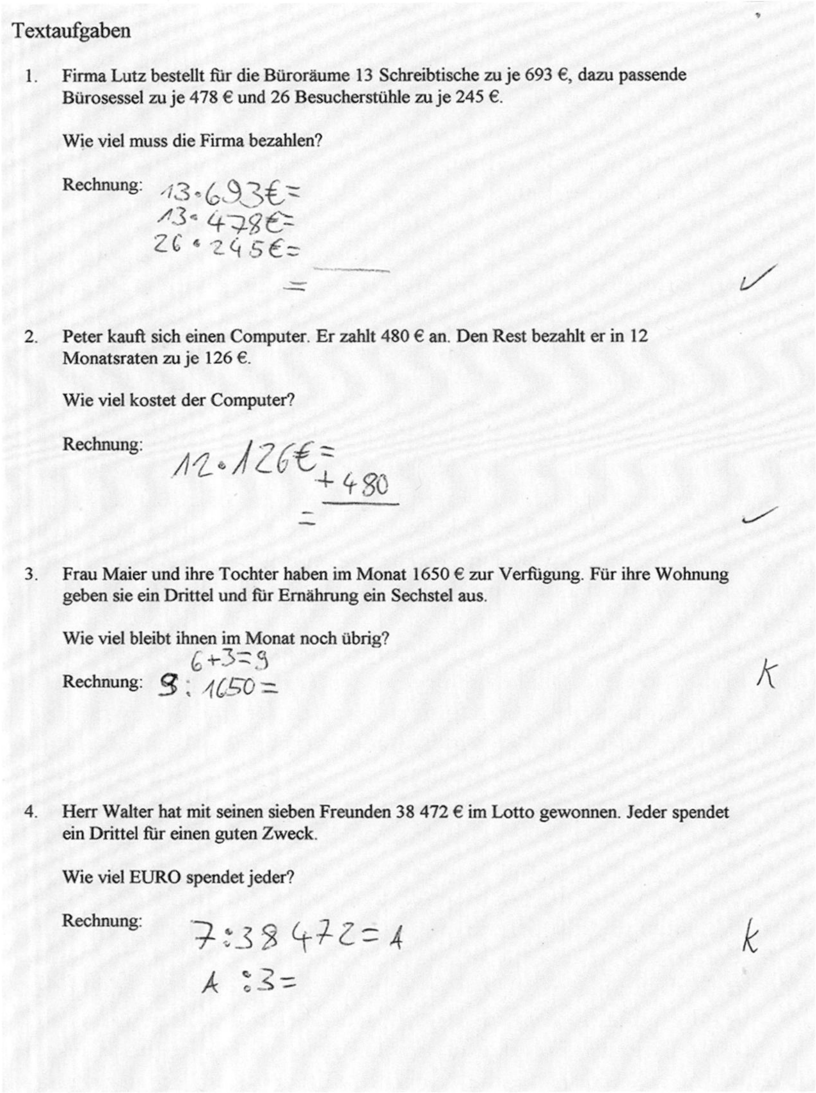

Textaufgaben

1. Firma Lutz bestellt für die Büroräume 13 Schreibtische zu je 693 €, dazu passende Bürosessel zu je 478 € und 26 Besucherstühle zu je 245 €.

   Wie viel muss die Firma bezahlen?

   Rechnung: 13 · 693 € =
   13 · 478 € =
   26 · 245 € =
   =

2. Peter kauft sich einen Computer. Er zahlt 480 € an. Den Rest bezahlt er in 12 Monatsraten zu je 126 €.

   Wie viel kostet der Computer?

   Rechnung: 12 · 126 € =
   + 480
   =

3. Frau Maier und ihre Tochter haben im Monat 1650 € zur Verfügung. Für ihre Wohnung geben sie ein Drittel und für Ernährung ein Sechstel aus.

   Wie viel bleibt ihnen im Monat noch übrig?

   Rechnung: 6 + 3 = 9
   9 : 1650 =

4. Herr Walter hat mit seinen sieben Freunden 38 472 € im Lotto gewonnen. Jeder spendet ein Drittel für einen guten Zweck.

   Wie viel EURO spendet jeder?

   Rechnung: 7 : 38 472 = A
   A : 3 =

Abb. 3.3a: Der Lösungsweg der Textaufgabe soll aufgeschrieben werden (Mara ist dabei unkonzentriert)

3.8 Beispiele aus der Praxis – wie sich die Schicksale von Magersüchtigen gleichen

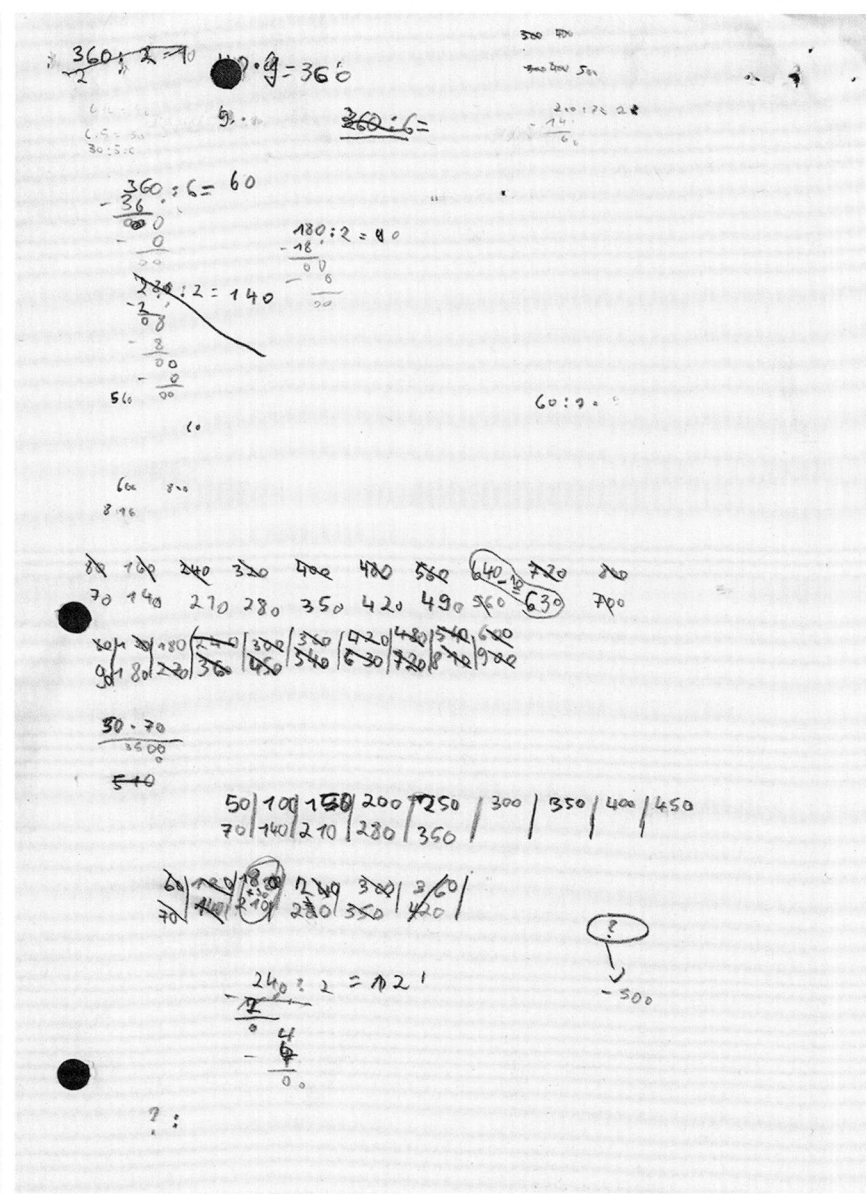

Abb. 3.3b: Arbeitsblatt mit Nebenrechnungen zum Lösen von Rechenaufgaben (die Lösung einfacher Rechenaufgaben ist für Mara nicht abrufbar)

3 Die Magersucht (Anorexia nervosa)

Abb. 3.4: Maras Zeichnungen im Rechenheft. Als Mara in der Praxis Textaufgaben mit Brüchen rechnen sollte, fing sie gar nicht erst damit an, sondern begann wie damals in der Schule gleich zu malen, einfach so, aber doch nicht ganz zufällig.

wicht zuzunehmen. Es gelang nicht und ich beschloss, lieber gleich in eine Klinik zu gehen, was ich dann auch tat. Meine Eltern halfen mir dabei und waren darüber sehr erleichtert. Inzwischen war ich schon 19 Jahre alt und bestand auf meinem Selbstbestimmungsrecht.

Mein Klinikaufenthalt dauerte drei Monate. Während der ersten 14 Tage durfte ich keinen persönlichen Kontakt zur Außenwelt haben. Ich sollte mir Klarheit über meine Situation verschaffen und wurde psychologisch betreut. Wegen meines schlechten Allgemeinzustandes bekam ich anfangs Infusionen und wurde später einige Zeit mittels Dauersonde ernährt, bis mein Körper wieder ausreichend Nahrung aufnehmen und verarbeiten konnte. Danach musste ich, so wie alle anderen Patienten, an den gemeinsamen Mahlzeiten teilnehmen. Jeder bekam einen individuellen Ernährungsplan mit einer Mindestmenge an Nahrung, die er essen sollte.

Ich lernte allmählich wieder essen, wenn auch ohne Genuss und nicht selten mit großer Überwindung. Wollte ich doch unbedingt wieder gesund werden und weiter studieren. Sport und unkontrollierte Aufenthalte außerhalb der Klinik waren anfangs nicht gestattet zur Vermeidung gewichtreduzierender Tätigkeiten. In der Klinik wurde mit mir ein Vertrag »ausgehandelt«, den ich unterschreiben und einhalten musste. Wer sich nicht daran hielt, wurde entlassen. Der Vertrag beinhaltete Maßnahmen zur langsamen, aber regelmäßigen Gewichtszunahme. Ich war hier unter Gleichen und ich begann mich wohl zu fühlen. Durch meine gute Motivation, wieder gesund zu werden, wurde ich bald zum Vorbild für andere. Was ich sehr genoss. Optimistisch verließ ich mit 50 kg Gewicht und vielen Erfahrungen, Hinweisen und guten Wünschen die Klinik. Das Beste war, ich hatte Freundinnen gefunden, die mich verstanden, und ich hatte es geschafft, vom Zwang zum Hungern wegzukommen. So sollte es auch bleiben, was aber leider nicht gelang.

Mit dem Alltag kamen auch die Sorgen wieder. Ich war noch immer viel zu empfindlich und zweifelte schnell an meinen Fähigkeiten. Der alte Stress machte sich wieder breit, ich fühlte mich allein und hilflos, depressive Gedanken mit Versagensängsten und Selbstzweifeln plagten mich immer häufiger. Dann konnte ich immer öfter nichts mehr essen, mein Hals war wie zugeschnürt. Aber ich musste das Abitur schaffen. Ich arbeitete Tag und Nacht und zog mich von allem zurück. Am Ende des Abiturs war ich extrem abgemagert und ging wieder in meine Klinik. Dort wurde ich erneut erfolgreich behandelt, schließlich war ich eine einsichtige Patientin, die unbedingt gesund werden und sich nicht von der Krankheit beherrschen lassen wollte. Meine Wahrnehmung war zum Glück noch einigermaßen unbeschädigt. Wieder war ich drei Monate in der Klinik und lernte Maria kennen. Sie war eine Mitpatientin und wurde meine beste Freundin, nicht nur weil sich unsere Leidensgeschichten sehr ähnelten. Nur sie hatte für vieles eine Erklärung, die mir bisher fehlte. Auf meine Frage, warum reagiere ich so, konnte mir bisher keiner eine für mich akzeptable Erklärung geben. Von Maria erfuhr ich etwas über eine angeborene Andersartigkeit in der Informationsverarbeitung, die neben vielen Vorteilen auch Nachteile hat. Es waren genau die Symptome, unter denen ich auch nach diesem zweiten Klinikaufenthalt noch litt. Das Gewicht war wieder im grünen Bereich, aber mich plagten:

- meine zu große Empfindlichkeit,
- mein zu geringes Selbstvertrauen,
- meine innere Unruhe,
- meine vielen Gedanken, die mein Gehirn voll in Beschlag nehmen und ein geordnetes Denken schnell unterbrechen,
- meine Neigung zu extremen Stimmungsschwankungen,
- meine ständigen Zweifel am eigenen Können,
- meine Angst, unter psychischer Belastung nicht schnell und angepasst genug reagieren zu können.

Maria erzählte mir von ihrem Aufmerksamkeitsdefizit-Syndrom, ADS genannt, was es nicht nur als hyperaktive Variante gäbe. Zum ersten Mal spürte ich ein Aha-Erlebnis, da ich plötzlich viele Fragen zu meinem Verhalten beantworten konnte. In der Klinik ging man wenig auf das ADS und seinen Zusammenhang mit der Essstörung ein, letzterer wurde eher verneint. Mich jedoch ließ dieser Gedanke, vielleicht ein ADS zu haben, nicht mehr los, denn Maria und ich hatten zu vieles gemeinsam. Wenn sie ein sog. ADS hat, müsste ich es auch haben – so meine Überlegung. Deshalb nahm ich zu einer Selbsthilfegruppe Kontakt auf. Dort lernte ich Menschen kennen, denen es ähnlich wie mir geht oder ging. Einige hatten oder haben noch immer eine Essstörung, deren Spektrum von viel zu dick bis zu dünn reicht. In der Selbsthilfegruppe fand ich mich aufgehoben und anerkannt.

Heute weiß ich, dass die eigentliche Ursache meiner Essstörung ein ADS ohne Hyperaktivität ist, auch wenn es von vielen noch nicht so gesehen wird. Nach meinem zweiten Klinikaufenthalt ging ich zu einem Spezialisten für AD(H)S, der sich auch mit Erwachsenen auskennt, und seitdem wird meine Essstörung erfolgreich behandelt. Ich kenne jetzt die Ursachen für mein Anderssein und fühle mich nicht mehr so hilflos. Ich lernte, mit meinen Stärken und Schwächen bewusst umzugehen, und kann endlich dank der Medikamente viel besser mit Stress und meinen Gefühlsschwankungen umgehen. So wurde meine Essstörung zu einer Etappe meines Lebens, die der Selbstbehandlung diente, da ich damals nicht anders reagieren konnte. Ich habe viel über AD(H)S gelesen, um mein bisheriges Denken und Handeln besser zu verstehen. Nun weiß ich, warum ich so bin und was genau ich ändern sollte. Jetzt sah ich eine reale Chance, die Ursache samt deren Folgen gezielt zu behandeln. Plötzlich war die Ungewissheit weg, ein Riesengewinn für mich!«

3.8.2 Svenja, eine 17-jährige Gymnasiastin, die sich nicht wiegen lassen wollte

Svenja kam zur Behandlung wegen Lernschwierigkeiten und weil sie in der Schule gemobbt wurde. Sie war untergewichtig, blass und wollte sich auf keinem Fall wiegen lassen. Drei Monate zuvor war ein Wohnortwechsel erfolgt, da die Mutter endlich eine Arbeitsstelle gefunden hatte. Die Trennung der Familie wurde erforderlich, da der arbeitslose Vater und die jüngere Tochter im Eigenheim wohnen blieben. Die jüngere Schwester wollte das so und sie war für den Vater weniger kompliziert und besser zu betreuen. Svenja wehrte sich sehr gegen den Umzug, weil sie sich von ihrer einzigen Freundin trennen musste und nur in den Ferien und an den Feiertagen wieder nach Hause konnte.

Die Mutter konzentrierte sich auf den Umzug, das Einrichten der gemeinsamen Wohnung und auf die neue Arbeit. Svenja kam erst einige Wochen später nach. Die Mutter war jetzt über das Aussehen des Mädchens erschrocken und meinte, der Vater habe sich nicht ausreichend um seine Tochter gekümmert, was sie jetzt unbedingt nachholen müsse. Aber Svenja aß weiterhin sehr wenig, sehr kalorienbewusst und zitierte immer wieder den Hausarzt, der sie wegen ihrer Figur gelobt habe. Auch die Klassenkameraden ihrer alten Schule beneideten sie deshalb. Ihren Eltern versicherte sie, sie würde genug essen, sich gut fühlen und man brauche sich keine Sorgen ihretwegen zu machen.

In der neuen Schule gefiel es Svenja von Anfang an nicht. Die Mädchen seien alle so eingebildet und würden sie ablehnen, weil sie sich anders verhielt und nicht so »auftakelte«.

3.8 Beispiele aus der Praxis – wie sich die Schicksale von Magersüchtigen gleichen

Svenja war schon immer ein sehr ängstliches Kind. Sie blieb nicht gern allein im Haus und hatte Angst vor Einbrechern. Beim Einschlafen hörte sie es im Haus immer spuken, sodass sie am liebsten mit der Schwester in einem Bett schlief. Morgens fiel ihr das Aufstehen schwer, sie motzte, trödelte und wollte am liebsten nicht in die Schule gehen. Oft klagte sie schon morgens über Bauchschmerzen, die sich aber im Laufe des Vormittags besserten.

In der Schule, sie besucht mittlerweile die 10. Klasse eines Gymnasiums, wurden ihre Schulleistungen schlechter, obwohl sie fleißig lernte und sich auch von der Mutter abfragen ließ. Besonders ihre Noten in den Lernfächern Geschichte, Erdkunde und Biologie zeigten eine Tendenz nach unten. Es fiel ihr schwer, lange Texte zu lesen und deren Inhalt wiederzugeben. Interessante Nebensächlichkeiten konnte sie sich gut merken, aber das Wichtigste konnte sie oft nicht herausfinden und behalten. Die Mitarbeit im Unterricht war für Svenja schon immer problematisch. Bevor sie die Frage des Lehrers verstand und die passende Antwort fand, verging viel zu viel Zeit. Inzwischen wurde die Frage von den anderen Mitschülern längst beantwortet. Das schnelle und richtige Reagieren war es, was ihr schwer fiel und das sie trotz Anstrengung nicht ändern konnte. Sie hasste es, wenn der Lehrer sie aufrief und von ihr eine Antwort forderte. Manchmal erwischte er sie beim Träumen. Ohne es zu bemerken, war sie mit ihren Gedanken weit weg, nur nicht beim Unterricht.

In der Klasse war Svenja eher eine Außenseiterin, womit sie sich abfand. Wurde sie geärgert, konnte sie nicht gleich angemessen reagieren. Was sie hätte sagen wollen, fiel ihr oft erst Stunden später ein. Sie grübelte viel und hielt sich für einen Versager. Ihre Überempfindlichkeit führte schnell zu verletzten Gefühlen. Wenn sie sich aufregte oder unter Stress stand, ging gar nichts. Dann traten oft Tränen in ihre Augen, die sie nicht unterdrücken konnte. Davon wussten ihre Eltern nichts, hatten sie doch wegen ihrer Arbeitslosigkeit schon eigene Probleme genug.

Weil Svenja häufig über Bauchschmerzen klagte, besonders morgens und vor den Regelblutungen, zunehmend appetitlos und dünner wurde, stellte die Mutter sie dem Hausarzt vor. Der fand, außer dass sie sehr schlank sei, nichts Krankhaftes. Er sah das Untergewicht sogar eher positiv, seien doch die meisten Jugendlichen heutzutage viel zu dick.

Svenja aß danach noch weniger, nahm nicht mehr an den gemeinsamen Mahlzeiten teil und verschwieg das Ausbleiben ihrer Regelblutungen, was ihr weniger Bauchschmerzen bereitete. Der Mutter gegenüber behauptete sie, ausreichend zu essen, und sie kochte für die Mutter mit Begeisterung. Sie selbst war dann immer schon vom Probieren satt. Sie begann sich leger zu kleiden und war trotz ihrer Magerkeit sehr aktiv und bewegungsfreudig. Sie begann zu joggen und war stolz auf ihre Ausdauer dabei. Psychisch schien es ihr besser zu gehen, sie erschien der Mutter nicht mehr so antriebsarm und traurig.

Die psychiatrische Untersuchung von Svenja ergab ein Aufmerksamkeitsdefizit-Syndrom ohne Hyperaktivität mit Lernproblemen, Selbstwertproblematik und restriktiver Essstörung.

3.9 Ein Wechselspiel von Persönlichkeitsprofil und Belastung

Das über Jahre dauernde Wechselspiel zwischen Wollen und Nichtkönnen, das in unterschiedlichen Anlagen und Strukturen der individuellen Persönlichkeit wurzelt, kann zum Ausbilden einer Magersucht führen, weil in deren Kontext über die mangelnde bzw. verweigerte Nahrungsaufnahme aus dem Nichtkönnen ein Können wird.

Welches Persönlichkeitsprofil und welche inneren sowie äußeren Belastungen sind erforderlich, damit es bei Kindern und Jugendlichen zur Magersucht kommt? Könnten wir diese Frage hinreichend beantworten, verfügten wir über einen entscheidenden Schlüssel, eine Magersucht zu verhindern bzw. erfolgreich zu behandeln. Allgemeine innere und äußere Bedingungen sind für die Entwicklung einer ganz bestimmten individuellen Reaktionsweise verantwortlich, deren Bedeutung bisher nicht entsprechend erkannt und bewertet wurden. Erst die neurobiologischen Forschungsergebnisse der letzten Jahre, die der Einsatz komplizierter bildgebender Verfahren ermöglichte, haben Hinweise auf entwicklungsbedingte Voraussetzungen gegeben, die die Funktionsfähigkeit des Stirnhirns und der Botenstoffe betreffen und die für eine schnelle und richtige Verarbeitung von Informationen wesentlich sind. Diese neurobiologischen Phänomene können unter ganz bestimmten persönlichen und sozialen Voraussetzungen das Entstehen von Essstörungen begünstigen.

Magersüchtige haben infolge einer veränderten Wahrnehmungsverarbeitung mit nur unzulänglicher Automatisierung im Leistungs- und Verhaltensbereich kein Vertrauen in ihre eigenen Fähigkeiten und Empfindungen und reagieren viel zu empfindlich.

Bei Kindern und Jugendlichen, bei denen eine veränderte, zumeist angeborene Störung der Informationsverarbeitung vorliegt, kommt es häufig zu massiven Problemen der sozialen Reife, des Selbstwertgefühls, der Beziehungsgestaltung, des Leistungsvermögens, des familiären Rollenverständnisses und vor allem zu einer fehlenden Krankheitseinsicht.

> Im Rahmen der herkömmlichen Behandlung von Magersüchtigen liegt der Schwerpunkt noch immer in der Bearbeitung dieser sekundären Konfliktbereiche mit dem Ziel, Körperwahrnehmung und Gewicht zu verbessern. Bei fast allen Essgestörten sind Wahrnehmen und Erleben der Umwelt jedoch von Anfang an durch eine angeborene Regulationsstörung in der Informationsverarbeitung verändert. Ihr Gehirn ist in einigen Bereichen anders »verdrahtet«, wichtige Gedächtnisbahnen sind teilweise nur unzulänglich angelegt und entwickelt. Diese primär neurobiologische Ursache mit entwicklungspsychologischer Symptomatik sollte so früh wie möglich erkannt und durch spezielle Fördermaßnahmen behandelt werden.

Leider sind das Aufmerksamkeitsdefizit-Syndrom (ADHS) und besonders sein Subtyp ohne ausgeprägte Hyperaktivität – der wissenschaftlich jetzt als Unaufmerksamer AD(H)S-Typ bezeichnet wird – mit dessen typisch veränderter Informationsverarbeitung in der Medizin der Erwachsenen und deren Forschung noch längst nicht überall angekommen.

Je länger der ausgeprägte Drang zum Abnehmen besteht, umso stärker automatisieren sich Gedanken und Handlungen, bis sie schließlich zwanghaft werden. Diese dann schwer zu beeinflussenden Zwänge werden immer mehr zum festen Bestandteil einer Magersucht und sind der Beginn eines chronischen Verlaufs mit sodann echtem Suchtcharakter. Damit es bei einer ganz bestimmten genetischen Veranlagung aber zur Magersucht kommt, sind eine Reihe weiterer innerer und äußerer Bedingungen erforderlich. Diese erkennen und verändern zu können, damit die Betroffenen ihnen nicht hilflos ausgeliefert sind, sollte zum Inhalt eines neuen erfolgreicheren Therapieansatzes werden. Das Therapieziel bleibt dabei das gleiche, nämlich die Verhinderung einer psychosomatischen Erkrankung und das Erlangen psychischer und körperlicher Gesundheit mit guter Lebensqualität, Zufriedenheit und Leistungsfähigkeit.

Dieser neue, etwas andere Therapieansatz beginnt zuerst mit der Verbesserung des Selbstwertgefühls und der sozialen Kompetenz, was für die Betroffenen konkret spürbar und praktikabel sein sollte.

Magersucht ist das Ergebnis einer Summe von Faktoren, deren Ursache in den meisten Fällen eine angeborene, spezifische Form der Informationsverarbeitung ist, die die Vernetzung der Nervenbahnen im Gehirn – und damit auch die psychische Entwicklung – nachhaltig beeinflusst und verändert. Kinder und Jugendliche, die hiervon betroffen sind, entwickeln als Reaktion auf innere und äußere Einflüsse bestimmte Fehlverhaltensmuster, die der psychischen Stabilisierung dienen.

3.10 Weitere Faktoren, die die Entwicklung einer Magersucht begünstigen

3.10.1 Soziokulturelle Faktoren

Bestimmte soziokulturelle Faktoren, das heißt in unserer Gesellschaft und Kultur verbreitete Phänomene, können dazu beitragen, dass Kinder und Jugendliche an Magersucht erkranken. Solche Faktoren sind beispielsweise ein bei weiten Kreisen der Bevölkerung bestehender Überfluss an Nahrungsmitteln sowie eine unverhältnismäßig hohe Kalorienzufuhr bei gleichzeitigem Bewegungsmangel, die bei vielen (und immer mehr) Menschen zu Übergewicht führt. Eine besonders schlanke Figur ist sodann nicht mehr – wie in früheren Zeiten – die Folge von ungewolltem Hunger, schwerer körperlicher Arbeit oder wirtschaftlicher Armut,

65

sondern die Konsequenz eines bewussten bzw. auch unbewussten individuellen Verhaltens.

Das extreme Schlanksein wird zur Besonderheit stilisiert, mit der man sich von der »breiten Masse« abhebt.

Damit aber Superschlanksein zur krankmachenden Sucht wird, müssen in aller Regel noch weitere soziokulturelle Faktoren hinzukommen:

- (Super-)Schlanksein wird zum Traumziel einer Generation, um sich Bewunderung, Anerkennung und Vorteile zu verschaffen.
- Das »gute« Aussehen eines jungen Menschen zählt mehr als seine inneren Werte wie Ehrlichkeit, Hilfsbereitschaft, Leistungsfähigkeit und Respekt – Verhaltenseinstellungen und Tugenden, die dem äußeren Erscheinungsbild des betreffenden Mädchens oder Jungen gleichgesetzt oder gar untergeordnet werden.
- Popstars, Schlagersänger, Models und Schauspieler, die vorrangig auf ihr Aussehen und ihre Außenwirkung konzentriert sind, werden idealisiert und der Jugend als gesellschaftliche Vorbilder präsentiert, gleichgültig, welche Wertvorstellungen und Verhaltensweisen sie an den Tag legen und ob sie beispielsweise selber unter einer Essstörung leiden oder regelmäßig Drogen konsumieren.
- Über Modellvorgaben wird in den Medien (Zeitschriften, Fernsehen, Kino, Internet etc.) bereits jungen Mädchen und Frauen suggeriert, dass erfolgreiche Frauen schlank, attraktiv und jugendlich aussehen müssen.
- Junge Frauen werden im Berufsleben weiterhin häufig benachteiligt: Bei gleicher Qualifikation wird von ihnen besonders in den oberen Leitungsebenen einiger Unternehmen mehr als von ihren männlichen Arbeitskollegen erwartet.
- Viele Mütter leben ihren Töchtern in der Familie eine ständiges Unzufriedenheit mit ihrer eigenen Figur vor: Sie machen eine Diät nach der anderen, um endlich erfolgreich abzunehmen.
- Ihr Aussehen ist vielen Menschen wichtiger als ihre inneren Werte und ihre Leistungen, der Schein bedeutet manchen mehr als das Sein.
- Nicht wenige Sport- oder Berufskarrieren erfordern eine schlanke Figur, Magersein wird hierfür zur wichtigen Voraussetzung.

3.10.2 Individuelle und personenzentrierte Faktoren

Folgende, meist anlagebedingte Faktoren spielen bei der Entstehung und Aufrechterhaltung einer Magersucht eine wichtige Rolle.

- Viele betroffene Kinder und Jugendliche reagieren rasch mit Überempfindlichkeit und Impulssteuerungsschwäche, die auf eine veränderte Wahrnehmung zurückzuführen sind.
- Es besteht bei vielen Betroffenen eine über Jahre als psychisch belastend empfundene Vorgeschichte.

3.10 Weitere Faktoren, die die Entwicklung einer Magersucht begünstigen

- In der Pubertät geraten die Jugendlichen in eine besondere Entwicklungsphase, der sie aufgrund eines Reiferückstandes in ihrer Persönlichkeitsentwicklung nicht vollständig gewachsen sind und in der ihre Ressourcen zur Konfliktbewältigung aufgebraucht sind.
- Leistungsorientierte und begabte Schüler spüren plötzlich die Grenzen ihrer Leistungsfähigkeit und können dies weder erklären noch ändern.
  Der Intelligenzquotient zeigt oft eine große Differenz zwischen dem Wissensteil und dem Handlungsteil. Dabei liegt der IQ-Wert des Wissensteils weit über der Altersnorm, der des Handlungsteils dagegen weit darunter. Dieser Befund ist häufig bei AD(H)S anzutreffen und hier Folge der besonderen Art der neuronalen Vernetzung, was die Arbeitsgeschwindigkeit und schnelles Reagieren beeinträchtigt. Die Betroffenen leiden umso mehr, je größer diese Differenz ist und je intelligenter sie sind, d. h. je höher ihr IQ-Wert im Wissensteil ist.
- Die betroffenen Mädchen und Jungen haben einen hohen Selbstanspruch, denn sie sind zumeist überdurchschnittlich begabt. Häufig liegt ihr Intelligenzquotient im Hochbegabtenbereich, obgleich nur die wenigsten hiervon wissen. Die sehr gute intellektuelle Ausstattung wirkt sich oft nachteilig aus, wenn die Betroffenen täglich erfahren, dass ihre gespürten Fähigkeiten im Schulalltag nicht zu Erfolg und Anerkennung führen. Dass sie sich zu oft unverstanden fühlen, verunsichert sie noch zusätzlich. Die Umgebung empfindet das Verhalten dieser Jugendlichen als unangepasst und hilflos.
- Der hohe Selbstanspruch wird bei vielen jungen Menschen zur psychischen Belastung, die Frust und Dauerstress erzeugt, der nicht unbegrenzt kompensiert werden kann.
- Für ihr »Versagen« und die fehlende Anerkennung machen die Jugendlichen ihr Aussehen verantwortlich. Sie projizieren ihre negativen Erfahrungen und Gefühle auf bestimmte Körperteile, die sie zu »hassen« beginnen. Sie empfinden sich als dick, obwohl sie das nicht sind.
- Der eigene Körper dient als letzter Ausweg dazu, um mittels »Selbsthandlung« wieder das seelische Gleichgewicht zu finden: Sie spüren, dass ihnen hungern leicht fällt und sie erfolgreicher als alle anderen abnehmen können. Sie machen dabei die für sie stimulierende Erfahrung, dass sie nur ihren starken Willen einzusetzen brauchen, um dieses Ziel zu erreichen.

Diese und weitere individuelle Faktoren, die Stress und Frust verstärken, zu Selbstzweifeln führen und in ihrer Summe als »Mikrotraumen« wirken, sind für die Entwicklung von Essstörungen (mit)verantwortlich. Sie verursachen eine individuell unterschiedliche Symptomatik, die sich zeitversetzt von der frühen Kindheit bis hin zum jungen Erwachsenenalter nachweisen lässt.

> Dem Ausbruch einer Magersucht geht in aller Regel ein jahrelanger Kampf zwischen Wollen und Können voraus, der zu Selbstzweifeln und dem Gefühl der Hilflosigkeit führt. An dessen Ende wird die Essstörung zu einer Art Selbstbehandlung. Sie soll das Selbstwertgefühl verbessern, soziale Anerkennung bringen und das Gefühl der Hilflosigkeit vermindern.

> Super)Schlanksein bedeutet für die Betroffenen: Endlich werde ich wahrgenommen, endlich erhalte ich durch mein erfolgreicheres Abnehmen die von mir so lange ersehnte Anerkennung der anderen.

3.10.3 Krankheitsbedingte Besonderheiten

Die Magersucht ist eine besondere Krankheit, da sie von den betroffenen Kindern und Jugendlichen nicht als Krankheit, sondern als etwas Positives empfunden wird. Weil sie die Krankheit zur Aufrechterhaltung ihres (scheinbaren) seelischen Gleichgewichts brauchen, halten sie an deren Symptomen fest und rechtfertigen ihr Verhalten mit allen ihnen zur Verfügung stehenden Mitteln. Dabei können sie eine enorme Energie und einen starken Willen entwickeln, die beide ganz im Gegensatz zu ihrem sonst so schwachen Selbstwertgefühl und ihrer allgemeinen Unsicherheit stehen. Jede noch so gut gemeinte Therapie erleben sie als einen persönlichen Angriff auf ihre Identität. Mit ihrer gezielten Abwehr und ihrem bewussten Widerstand gegen jegliche medizinische und psychologische Behandlungsversuche (sog. Therapieresistenz) ist eine Tendenz zur Chronifizierung der Erkrankung verbunden, die nur schwer zu durchbrechen ist und deren Eigendynamik den Suchtcharakter unterstreicht. Die Betroffenen können und wollen sich nicht wirklich von dem trennen, was ihnen wichtig ist und ihnen wenigstens vorübergehend scheinbar gut tut. Denn erfolgreiches Abnehmen hilft ihnen (kurzfristig und vorübergehend), ihr psychisches Gleichgewicht einigermaßen zu stabilisieren. Deshalb können sie sich auf alle auch noch so gut gemeinten und vereinbarten Therapien nur halbherzig einlassen. Diese Möglichkeit, die ihnen geblieben ist, sich zu behaupten und den anderen zu beweisen, wie stark und erfolgreich sie sind, wollen sie sich von niemandem nehmen lassen. Dabei sind sie auch bereit, zu Tricks und Unwahrheiten zu greifen.

> Aufgrund des hohen Grades an Therapieresistenz wird die Behandlung der Magersucht zum »Spiel mit verdeckten Karten«, bei dem jede Seite (Therapeut, Patient) darauf wartet, dass die andere als erste aufgibt.

Der Therapeut muss im Rahmen der Behandlung von magersüchtigen Kindern und Jugendlichen akzeptieren, dass die Betroffenen nicht anders handeln *können*, und die Patienten müssen begreifen, dass ihre Essstörung ein *krankmachender* und selbstschädigender Versuch ist, um schwerwiegende Hintergrundprobleme zu verdrängen.

Defizite, bedingt durch eine andere Art der Informationsverarbeitung im Gehirn, können in ihrer Summe bei kontinuierlicher Wirkung zur psychischen Dekompensation mit körperlicher Symptomatik führen. Leider gibt es bisher kein einheitliches Diagnosemanual, das diese seit der frühesten Kindheit wirksamen Faktoren erfasst, die in der Pubertät und noch später Essstörungen auslösen können.

3.10 Weitere Faktoren, die die Entwicklung einer Magersucht begünstigen

Um den Anforderungen der vorbeugenden Behandlung von Essstörungen gerecht werden zu können, sind entwicklungsneurologische Kenntnisse erforderlich. Essstörungen in ihrem neurobiologischen und psychodynamischen Zusammenhang zu begreifen ist schwierig, da die Anfangssymptomatik sehr vielfältig ist und die Übergänge der einzelnen Entwicklungsstufen fließend sind. Die Betroffenen können sehr unterschiedliche psychische und körperliche Symptome nacheinander oder gleichzeitig aufweisen, aber immer bestehen eine Selbstwertproblematik mit hohem Selbstanspruch bei zu großer Empfindlichkeit und Schwierigkeiten im Umgang mit Stress.

> Bewusst hungern, zu viel essen, um es wieder zu erbrechen, oder ständig essen müssen, haben neurobiologisch und psychodynamisch betrachtet die Zwanghaftigkeit gemeinsam.

Eine Besonderheit jeder Essstörung ist, dass ihr Ausgang zu Beginn völlig offen ist. Das heißt, man kann nicht voraussagen, ob aus der sich langsam entwickelnden Symptomatik eine schwerwiegende und chronische Krankheit wird oder ob alles nur eine vorübergehende Erscheinung ist. Wird die Essstörung als solche bemerkt, hat ihr chronischer Verlauf bereits begonnen.

Krankheitswert hat jede Essstörung, die von Zwängen beherrscht wird. Diese Zwänge sind es, die jede Behandlung erschweren. Sie tragen entscheidend zu einer Chronifizierung mit schwer zu beeinflussenden Rezidiven bei, die eine jahrelange Behandlung mit ungewissem Ausgang erforderlich machen.

Jede länger andauernde Essstörung bedeutet für den Körper eine außerordentliche Belastung mit zum Teil schweren und bleibenden körperlichen und auch psychischen Folgen.

> Viele erwachsene Frauen, die sich wegen einer vorhandenen AD(H)S-Problematik in fachärztliche Behandlung begeben, haben früher an einer Essstörung gelitten, die sie meist aus eigener Kraft überwinden konnten. Manche leiden nach wie vor an abgeschwächten Formen der Essstörung. Ihr Gewicht liegt an der unteren Grenze der Altersnorm, sie essen sehr bewusst kalorienarm, sind häufig Vegetarier oder Veganer und treiben meist sehr viel Sport. Andere wiederum sind durch Frustessen oder Esssucht übergewichtig.

Beobachten lässt sich in den letzten Jahren, dass Essstörungen bei Kindern, Jugendlichen und Erwachsenen in unserer deutschen und mitteleuropäischen Gesellschaft an Häufigkeit und Schwere zunehmen. Sie stellen damit sowohl für die betroffenen Familien und die Gesellschaft als auch für die medizinisch-psychologische Praxis und Wissenschaft eine besondere Herausforderung dar.

Die Ergebnisse der jüngeren neurobiologischen Forschung erfordern, manche seit vielen Jahren weitverbreiteten Überzeugungen zu den Ursachen, Wirkmechanismen und daraus folgenden Behandlungsstrategien der Essstörungen kritisch infrage zu stellen. Notwendig sind hier neue Denkansätze, die auf innovative und wertvolle Beobachtungen und Erfahrungen der Praxis aufbauen, um den vielerorts herrschenden Stillstand bei der Diagnostik und Behandlung von Essstörungen zu beseitigen. So können z. B. der große Bewegungsdrang und der Mangel an Daueraufmerksamkeit bei Magersucht nicht deren Folge, sondern Teil der ursächlichen Problematik sein.

> **Eine Essstörung mit Suchtcharakter geht fast immer einher mit**
>
> - einem schlechten Selbstwertgefühl,
> - sich wiederholenden Enttäuschungen bei meist hohem Selbstanspruch,
> - zu großer Empfindlichkeit verbunden mit innerer Verunsicherung,
> - einem zwanghaft perfektionistischen Verhalten,
> - einer reaktiv veränderten Wahrnehmung,
> - zu großer Empfindlichkeit gegenüber Stress,
> - dem Gefühl, anders zu sein und nicht verstanden zu werden,
> - fehlender Anerkennung.

3.11 Viele Gemeinsamkeiten in den Krankengeschichten – das kann kein Zufall sein!

3.11.1 Das Wesen von Magersüchtigen gleicht einer anspruchsvollen, empfindlichen Blume

Magersüchtige ähneln in ihrem Wesen einer sehr schönen exotischen, aber extrem empfindlichen und deshalb sehr anspruchsvollen Blume. Man könnte sie mit der nachfolgend abgebildeten Blume vergleichen, der *Medinilla magnifica*.

Die *Medinilla magnifica* wird auch die »Prächtige« genannt: Sie ist eine tropische Pflanze mit einer rosarot bis hellvioletten Blüte, die von zartrosaweißen Hüllblättern umgeben wird. Eine wunderschöne Blume, die eigentlich eine Rose werden wollte, aber der Belastung nicht Stand hielt, da ihr die Stacheln fehlten. Mit ihrer Schönheit, ihrer »zarten Seele«, ihrer großen Empfindlichkeit, ihrem hohen Selbstanspruch scheint sie von einem anderen Stern zu sein. Der Härte des Lebens kann sie sich nur mühsam stellen, es fehlt ihr an Selbstvertrauen, Mut und Durchsetzungsvermögen. Durch ihre ständige Erfahrung und der sich immer wiederholenden Enttäuschung darüber, dass ihr Wunsch nach Anerkennung und Geborgenheit unerfüllt bleibt, beugt sich diese wunderschöne Blüte nach unten, sie resigniert. Zwischen ihren breiten und dicken lederartigen Blättern und den weit ausladenden Ästen sucht sie Schutz.

3.11 Viele Gemeinsamkeiten in den Krankengeschichten – das kann kein Zufall sein!

Abb. 3.5: Das Wesen *jeder* Magersüchtigen gleicht einer anspruchsvollen, sehr empfindlichen Blume

Medinilla magnifica ist eine anspruchsvolle Pflanzendiva, die hohe Anforderungen an sich, aber auch an das sie umgebende Milieu stellt. Es kostet sehr viel Mühe, es ihr Recht zu machen, denn sie spürt genau, ob man sie mag und ob man sich bemüht, ihren Ansprüchen gerecht zu werden. Sie benötigt viel Licht und gleichmäßige Wärme, verträgt jedoch keine direkte Sonnenbestrahlung. Sie liebt den Schutz anderer Pflanzen, mag weder Zugluft, schroffe Temperaturunterschiede und vor allem keinen Standortwechsel. Ihr Gießwasser muss immer weich, lauwarm, reichlich und dennoch wohl dosiert sein. Schon auf die geringste Unachtsamkeit reagiert sie gekränkt, fühlt sich ungeliebt und vernachlässigt. Dann wirft sie ihre prächtigen Blüten ab, ihre einst großen grünen Blätter werden unansehnlich welk, fleckig und trocken. Kommt es erst so weit, erholt sie sich davon kaum wieder, das heißt, ihre ehemalige wunderschöne Ausstrahlungskraft verliert für immer an Glanz.

Erinnert diese Pflanze nicht an das Wesen von Jugendlichen mit Magersucht? Haben beide nicht viele Gemeinsamkeiten? Auch Magersüchtige sind hochkomplizierte Wesen mit hohem Anspruch an sich selbst und andere, dem weder sie noch ihre Umgebung gewachsen zu sein scheinen. Das führt zur Enttäuschung und Verunsicherung auf beiden Seiten. Bei der ihnen eigenen Überempfindlichkeit entsteht schnell ein Gefühl, nicht geliebt und verstanden zu werden, dessen Folgen dann Hilflosigkeit, Versagensängste und Selbstzweifel sind.

Magersüchtige sind sehr sensible und komplizierte Persönlichkeiten mit einem hohen Selbstanspruch und der ständigen bitteren Erfahrung, diesem trotz intensiven Bemühens auf Dauer nicht gerecht werden zu können. Schon ihre schulische Laufbahn kann geprägt sein von sich ständig wiederholenden Enttäuschungen, die so von anderen nicht wahrgenommen und auch nicht vermutet werden. Immer wieder spüren diese Kinder und Jugendlichen ihre Grenzen, sowohl im sozialen als auch im Leistungsbereich. Sie fühlen sich von anderen nicht ausreichend akzeptiert, verstanden und anerkannt. Da sie zumeist weit überdurchschnittlich begabt oder hochbegabt sind, verfügen sie im schulischen

3 Die Magersucht (Anorexia nervosa)

Leistungsbereich über große Reserven und können über lange Jahre Bestleistungen erreichen. Das allein reicht ihnen aber nicht, sie spüren ihren sozialen Reiferückstand und leiden darunter. So hatte Annika, eine 16-jährige Magersüchtige, schon im Alter von zehn Jahren in ihr Tagebuch geschrieben: »Mich stört, dass ich nicht bemerkt werde.«

Annika wollte von ihren Mitschülern und Lehrern mehr wahrgenommen werden. Sie wünschte sich schon damals mehr Akzeptanz und Anerkennung von ihren Klassenkameraden und war mit ihren schulischen Leistungen unzufrieden.

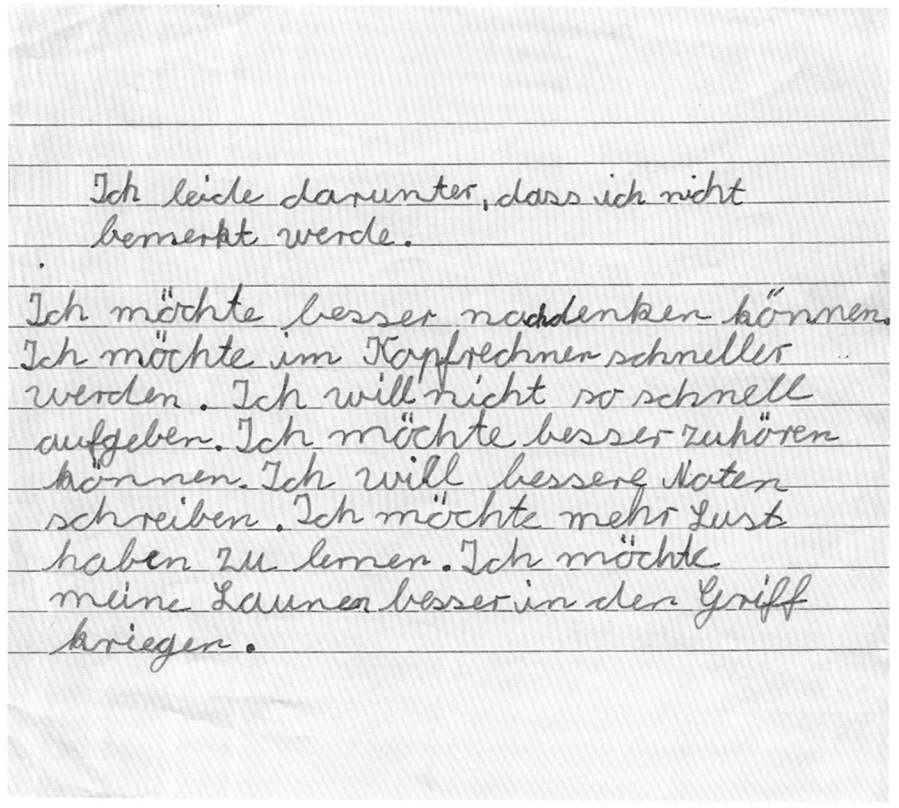

Abb. 3.6: »Worunter ich leide« – die zehnjährige Annika beschreibt ihren Kummer

3.11.2 Selbstwertgefühl und soziale Kompetenz

Essgestörten Kindern, Jugendlichen und Erwachsenen mangelt es an Selbstwertgefühl und sozialer Kompetenz. Was bedeutet es, über eine gute »soziale Kompetenz« zu verfügen?

3.11 Viele Gemeinsamkeiten in den Krankengeschichten – das kann kein Zufall sein!

- In sozialen Situationen selbstsicher zu reagieren
- Angstfrei und aufgeschlossen Kontakte knüpfen und aufrechterhalten zu können
- Das eigene Verhalten und die eigenen verbalen Äußerungen kontrollieren zu können
- Eigene Ziele sozial angepasst verwirklichen zu können
- Mit Bedacht eigene Entscheidungen zu treffen
- Sich psychisch stabil und motiviert sozialen, schulischen und beruflichen Anforderungen stellen zu können
- Sich von anderen abgrenzen und eine eigene Meinung vertreten zu können

Viele Magersüchtige verfügen über eine nur unzureichende soziale Kompetenz. Sie versuchen, diesen Mangel zu kompensieren, wissen aber nicht wie. Sie spüren, dass sie anders reagieren, und denken, dass ihr Verhalten von den anderen oft nicht so verstanden wird, wie sie es eigentlich meinen. Sie leiden darunter, dass es ihnen nicht gelingt, so wie die anderen zu sein. Sie sind verunsichert, ziehen sich dann zurück und resignieren. Trotz ihrer Verschlossenheit sind sie sehr fleißig und immer bemüht, es allen recht zu machen. Innerlich getrieben sind sie ständig auf der Suche nach mehr Beachtung und Anerkennung. Ihre schulischen Leistungen sind meist gut bis sehr gut, aber ihr Verhalten ist für ihr soziales Umfeld oft rätselhaft. Bei Auseinandersetzungen und unter Stress reagieren

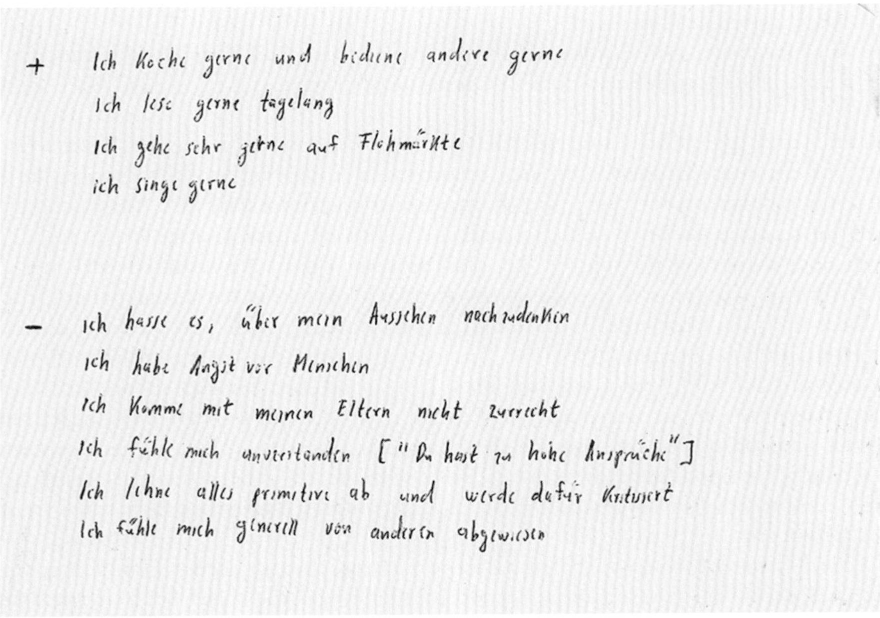

Abb. 3.7: »Was finde ich gut an mir und was hätte ich gern geändert?« – Eine 15-Jährige berichtet

sie nicht angemessen, entweder zu impulsiv oder mit Rückzug und Selbstvorwürfen. »Was habe ich jetzt schon wieder falsch gemacht?«, fragen sie sich dann, die Schuld immer zuerst bei sich selber suchend. Ihre Wahrnehmung erfolgt zunehmend durch eine Lupe, die nur Negatives durchlässt, was sodann besonders aufmerksam registriert und überbewertet wird. So gerät ihr Selbstwertgefühl langsam aber stetig in eine Negativspirale. Dabei wäre ein gutes Selbstwertgefühl die wichtigste Voraussetzung für psychische Stabilität und Gesundheit. Ein gutes Selbstwertgefühl und ein stabiles seelisches Gleichgewicht entwickeln sich in der Regel zwischen dem achten und zwölften Lebensjahr als die wertvollste Gabe, die wir aus dieser Zeit mit ins weitere Leben nehmen.

Was bedeutet es, ein gutes »Selbstwertgefühl« zu haben? Kinder und Jugendliche mit einem guten Selbstwertgefühl sind sozial eingebunden, haben Freunde, sind glücklich und mit sich zufrieden sowie anderen gegenüber offen und kritisch. Sie zeichnen sich dadurch aus, dass sie seelisch und körperlich robust sind, d. h. sie sind in der Lage, sich vor geistigen, seelischen und körperlichen Angriffen anderer zu schützen, deren Grenzüberschreitungen sie erkennen und abwehren können.

Ein gutes Selbstwertgefühl entwickelt sich

- auf der Grundlage einer für die Entwicklung positiven genetischen Veranlagung,
- durch tägliche Erfahrungen, die jeder macht, sammelt und für sich auswertet,
- durch Anerkennung und Akzeptanz, die man von Gleichaltrigen oder Autoritätspersonen erfährt,
- über Intensität und Einflussnahme auf das Denken und Handeln der anderen,
- durch Erfüllung der an sich selbst gestellten Aufgaben.

Kinder und Jugendliche mit einer Essstörung haben meist kein gutes Selbstwertgefühl. Sie sind chronisch mit sich unzufrieden und können Anerkennung und Erfolge nicht genießen, weil ihre Wahrnehmung verzerrt und ihre Ansprüche an sich und andere zu hoch sind. So gerät ihr Selbstvertrauen in eine Negativspirale, was aber keiner, so ihr starker Wunsch, bemerken darf. Nach außen wirken die betroffenen Kinder und Jugendlichen oberflächlich betrachtet ausgeglichen, ihre Überempfindlichkeit und ihren hohen Eigenanspruch verstecken sie unter einem starren äußeren Panzer. Von ihrer Umgebung werden sie als freundlich, immer hilfsbereit, überangepasst, harmoniebedürftig und eher zurückhaltend beschrieben. Sie haben meist nur eine feste Freundin, zu der ein sehr enger Kontakt besteht. Über ihre Probleme, soweit diese zugelassen und wahrgenommen werden, sprechen sie nur selten. Ihr innerer Stolz verbietet es ihnen und die Meinung, dass ihnen sowieso keiner helfen kann. Letztendlich finden sie sich mit ihrem Schicksal ab.

Sie können in ihrer verbalen Kommunikation und in ihrem Handeln nicht schnell genug reagieren und sie lernen in aller Regel nicht aus Fehlern, weil sie sich in der aktuellen Situation nicht sofort an das erinnern, was sie eigentlich besser oder anders machen wollten.

3.11 Viele Gemeinsamkeiten in den Krankengeschichten – das kann kein Zufall sein!

In der Schule können diese Kinder und Jugendlichen vom Lehrer gestellte Fragen oft nicht so schnell und gut beantworten wie ihre Klassenkameraden. Es dauert bei ihnen länger, bis sie die richtige Antwort finden, weil es in ihrem Gehirn zu wenig »Schnellstraßen« gibt und die Frage des Lehrers erst auf Umwegen in das entsprechende »Bearbeitungszentrum« gelangt. Haben sie die Frage schließlich genau verstanden, kommen ihnen für deren Beantwortung alle möglichen Ideen, die sie jedoch erst einmal sortieren müssen. Sie brauchen Zeit, bis sie sich entscheiden können, welche Antwort wohl die beste sei. Sie wollen sich vor ihrem Lehrer auf keinen Fall blamieren oder von ihren Mitschülern gar ausgelacht werden. Haben sie sich endlich für eine »passende« Antwort entschieden, wurde die Frage schon längst von ihren Klassenkameraden beantwortet. Sie sind sodann erstaunt, wie die anderen diese Antwort so viel schneller fanden und wie einfach die Frage zu beantworten war. »Warum bin ich nicht so schnell darauf gekommen?« – Eine Frage, die sie sich dann immer wieder stellen, aber nicht beantworten können.

> Damit das Selbstwertgefühl von Kindern und Jugendlichen nicht leidet, ist es wichtig, schnell, sozial angepasst, richtig und zur eigenen Zufriedenheit reagieren zu können!

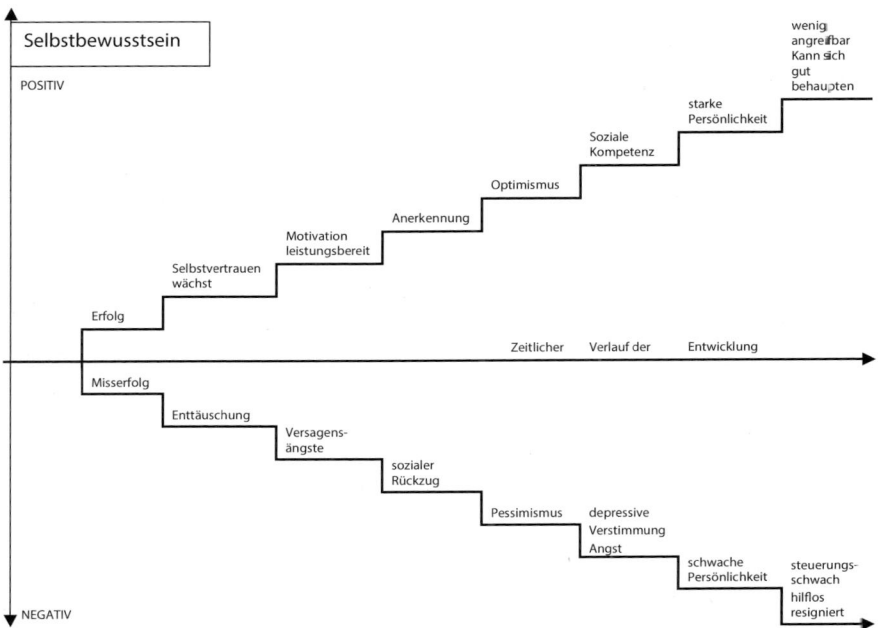

Abb. 3.8: Selbstwertgefühl und soziale Kompetenz beeinflussen sich gegenseitig

Mangelnde soziale Kompetenz und ein schwaches, unsicheres Selbstwertgefühl führen zu sich ständig wiederholenden belastenden und traumatisierenden Erfahrungen. Solche Mikrotraumen können entscheidend dazu beitragen, dass Kinder und Jugendliche im Verlauf vieler Jahre eine psychische Dekompensation mit der Symptomatik einer Essstörung entwickeln. Zu den vorrangigen Therapiezielen einer Essstörung gehört deshalb die Verbesserung von Selbstwertgefühl und sozialer Kompetenz.

3.11.3 Gemeinsamkeiten in den Biographien von Magersüchtigen deuten auf eine gemeinsame Ursache

Die Biographien, also die Lebensgeschichten, von Magersüchtigen weisen sehr häufig eine große Anzahl gemeinsamer Symptome auf, die gemeinsame Ursachen der Essstörung vermuten lassen. Zu diesen Symptomen zählen:

- *Reizüberflutung:* Magersüchtige klagen über zu viele Gedanken im Kopf, die sie nur schlecht kontrollieren und sortieren können
- *Niedrige Stresstoleranz:* Unter Stress ist die Handlungsfähigkeit von Magersüchtigen eingeschränkt und unangepasst
- *Schwaches Selbstvertrauen* aufgrund sich wiederholender negativer Erfahrungen, die auf Defiziten in der Informationsverarbeitung des Gehirns beruhen
- *Auffälligkeiten in der Kindheit in verschiedenen motorischen Bereichen* wie Fein-, Grapho-, Sprach- oder Augenmotorik, manchmal auch in der motorischen Koordination
- *Mangelnde soziale Integration:* Magersüchtige haben zumeist nur eine(n) feste(n) Freund(in) und nur einen sehr kleinen Freundeskreis; sie können sich nur schlecht und nicht dauerhaft in Gruppen einfügen
- *Großes soziales Harmoniebedürfnis:* Magersüchtige klammern sich an ihren einzigen Freund bzw. an ihre einzige Freundin, um ihr großes Bedürfnis an Anlehnung und Verständnis zu befriedigen; geht ihre enge Bindung an die betreffende Person verloren, leiden Magersüchtige sehr darunter und ihr Gefühl sozialer Isolation nimmt stark zu
- *Rückzugsverhalten:* Magersüchtige beschäftigen sich viel mit sich selber und allein, sie genießen beispielsweise gern in Ruhe die Natur
- *Unfähig schnell und angepasst zu reagieren:* Auf bereits Gelerntes und schon gemachte Erfahrungen, die im Gehirn abgespeichert sind, können Magersüchtige im Bedarfsfall nicht schnell genug zurückgreifen
- *Entscheidungsschwäche:* Magersüchtige können sich nur schwer (spontan) entscheiden
- *Mangelnde Konflikt- und Kommunikationskompetenz:* Magersüchtige können sich bei Konflikten nicht angemessen verbal verteidigen
- *Überempfindlichkeit:* Magersüchtige reagieren auf Kritik anderer hochempfindlich, sie geraten schnell aus dem psychischen Gleichgewicht. Kritik wird persönlich genommen und von der Sach- auf die Beziehungsebene projiziert.

3.11 Viele Gemeinsamkeiten in den Krankengeschichten – das kann kein Zufall sein!

- *Häufig vorhandene überdurchschnittliche Intelligenz*, über die die Betroffenen jedoch nicht immer auf Anhieb verfügen können
- *Probleme in der Konzentration, Daueraufmerksamkeit und kognitiven Informationsverarbeitung*: Magersüchtige leiden trotz häufig hoher Intelligenz unter Leistungsproblemen in der Schule
- *Nicht altersgerechtes Sozialverhalten*: Magersüchtige benehmen sich häufig nicht altersgerecht; ihr Verhalten wird von anderen oft als kindlich und überangepasst eingeschätzt
- *Ungenügendes soziales Reaktionsvermögen*: Magersüchtige reagieren weitaus langsamer als ihre Altersgenossen, sie handeln häufig unüberlegt und sind unter Stress ängstlich blockiert, was bei ihnen zu Frustgefühlen führt, ohne ihr Verhalten wirksam ändern zu können
- *Hohe, jedoch nicht erfüllte Ansprüche an die eigene Person*: Werden Magersüchtige trotz großer Anstrengungen ihrem Selbstanspruch nicht gerecht und verfestigen sich die daraus ergebenden Enttäuschungen, gerät ihr Selbstwertgefühl in eine Negativspirale
- *Nicht durch die Realität gedeckte subjektive, pauschale Wahrnehmung der Umwelt*: Magersüchtige neigen dazu, ihr soziales Umfeld als allgemein und prinzipiell gegen sich gerichtet zu empfinden. Sie urteilen »schwarz/weiß«, sind wenig kompromissbereit. Selbst bei starkem Untergewicht fühlen sie sich noch zu dick.
- *Negatives Selbstwertgefühl*: Magersüchtige entwickeln ein negatives Bild von sich selber, sie sind innerlich verunsichert und voller Versagensängste, die zu Resignation und Rückzug führen
- *Gefühl der psychischen Überforderung*: Magersüchtige sind in aller Regel psychisch überfordert. Die Überforderung mündet in Dauerfrust, Antriebsschwäche und mangelnde Motivation
- *Weitere psychische Störungen*: Magersüchtige tendieren dazu, den sich aus der permanenten psychischen Überforderung ergebenden Dauerfrust zusätzlich mittels Aggressionen, Rauchen, Alkohol, selbstverletzendem Verhalten (z. B. sich Ritzen), Zwängen oder auch perfektionistischem Verhalten abzubauen
- *Schlafprobleme*: Bei Magersüchtigen ist das Einschlafen oft durch ständiges Grübeln und das Aufstehen durch Kraftlosigkeit und Müdigkeit erschwert

Jedes einzelne Symptom entspricht einem Puzzleteil, das erst in der Summe und im Laufe einer meist jahrelangen Entwicklung mit reaktiver Veränderung in der Eigen- und Fremdwahrnehmung bei angeborener zu großer Empfindlichkeit zur Essstörung führen kann. Durch eine zunehmend negative Sichtweise wird die Realität verändert wahrgenommen und diese neu gewonnene individuelle Sichtweise hartnäckig verteidigt, denn sie dient der Aufrechterhaltung eines (scheinbar vorhandenen) psychischen Gleichgewichts.

Wird der ständige Leidensdruck zu groß, kann dieser im Alltag nicht mehr mit den herkömmlichen Mitteln kompensiert werden. Risiko und Wahrscheinlichkeit steigen, eine psychische Störung zu entwickeln. Diese stellt immer nur das Ende einer langen Entwicklung und die Spitze eines Eisbergs dar, unter dessen sichtbarer Oberfläche häufig ein Vulkan der Verzweiflung über die eigene

3 Die Magersucht (Anorexia nervosa)

Hilflosigkeit brodelt. »Warum geht es mir so und was kann ich tun?« – Fragen, die sich die Betroffenen in dieser Lage immer wieder stellen.

> Hinter sehr vielen Essstörungen, und das gilt besonders für die Magersucht, verbirgt sich eine schon jahrelang bestehende Selbstwertproblematik und das Gefühl, nicht verstanden zu werden, anders zu sein, sowie die ständige Angst, zu versagen und nichts zu taugen.

Diese Wahrnehmungen werden aus der Perspektive der Betroffenen immer mehr zur Gewissheit, weil es ihnen nicht gelingt, ihre Schwierigkeiten mit sich selber und ihrem Umfeld aus eigener Kraft zu verändern. Ein (zu) hoher Selbstanspruch, den die meisten an sich und ihre Umwelt stellen, gepaart mit großer Verletzlichkeit, erschwert ihnen das Leben und verursacht Dauerstress. Dieser trifft bei den betroffenen Kindern und Jugendlichen auf eine angeborene Stressüberempfindlichkeit und ein Gefühl der ständigen inneren Unruhe. Infolge einer angeborenen andersartigen kognitiven Informationsverarbeitung entgehen ihnen wichtige Signale, die von sie umgebenden Menschen mittels Körpersprache ausgesendet werden. Durch ihre negative Erwartungshaltung und ihre Überempfindlichkeit gegenüber Kritik reagieren die Betroffenen meistens unangemessen heftig oder sie ziehen sich für ihre Umgebung nicht nachvollziehbar beleidigt zurück.

So entsteht eine Eigendynamik von Verletzlichkeit, Unsicherheit, Unverständnis und Rückzug, die die psychische und soziale Entwicklung der Kinder und Jugendlichen prägt, die lange Zeit, manchmal sogar lebenslang, als gegeben hingenommen wird, besonders wenn die Betroffenen in einer Familie aufwachsen, in der weitere Mitglieder die gleiche Veranlagung haben.

Denn die Ursache der besonderen Art der Informationsverarbeitung im Gehirn der betroffenen Kinder und Jugendlichen ist an verschiedene Gene gekoppelt, sodass die Betroffenen nicht selten in eine Familie hineingeboren werden, in der Eltern oder Geschwister eine ähnliche Problematik haben. Dies kann den Entwicklungsverlauf der Essstörung sowohl positiv als auch negativ beeinflussen. Von Vorteil ist, wenn die Andersartigkeit der Informationsverarbeitung erkannt wird, die Familie Verständnis zeigt und gemeinsam mit professionellen Helfern ihrem Kind Strukturen und Lösungsstrategien zur Bewältigung anbietet und vermittelt.

Einige Wissenschaftler vermuten, dass in der Pubertät einige Gene aktiv werden, die die Entwicklung der Betroffenen negativ beeinflussen (Burger 2007).

Negativ wirkt es sich aus, wenn die Familie dem seelischen Leiden und den psychischen Schwierigkeiten ihres Kindes hilflos gegenüber steht oder mit Schuldzuweisungen reagiert. Obwohl Eltern immer die besten Vorsätze haben, ihre Kinder in Liebe und gegenseitiger Achtung zu erziehen, werden sie manchmal von deren Verhalten überrascht und in der Erziehung überfordert. Dann beginnen sie an ihrer Erziehungsfähigkeit zu zweifeln und suchen nach Lösungen. Wenn es ihnen auch mit professioneller Hilfe nicht gelingt, eine Erklärung für das Verhalten ihres Kindes zu finden, beginnen sie, es entweder zu verwöhnen oder für sein Handeln zu bestrafen. Beides ist für die kindliche Entwicklung jedoch ungünstig. Ein dynamischer Prozess wird dabei ausgelöst, der für beide Seiten zunehmend zur Belastung wird und die innerfamiliären Beziehungen beeinträchtigt.

> Damit es zur Essstörung kommt, sind sowohl bestimmte Eigenschaften auf Seiten des Kindes als auch ganz bestimmte Reaktionen des sozialen Umfeldes erforderlich. Schon früh beginnt eine Dynamik, die sich manchmal erst über ein Jahrzehnt später als Essstörung manifestiert.

3.12 Gibt es eine gemeinsame genetisch bedingte Veranlagung?

Kinder und Jugendliche, die eine Magersucht (Anorexie), eine Ess-Brech-Sucht (Bulimie) oder Essanfälle ohne Erbrechen (Binge-Eating-Störung) entwickeln, weisen in ihrer Biographie auffallend viele Gemeinsamkeiten auf, was eine gemeinsame Ursache vermuten lässt.

Die in der Fachliteratur bislang am häufigsten genannten Ursachen für eine Pubertätsmagersucht – sexueller Missbrauch, Beziehungsstörungen zwischen Kind und Eltern, Kommunikationsstörungen in der Familie – reichen schon lange nicht mehr als Erklärungsmuster aus. Die herkömmliche Sicht auf die Ursachen hat nicht dazu beitragen können, die Therapie von essgestörten Jugendlichen in ausreichendem Maße erfolgreich zu gestalten und Rückfälle zu vermeiden.

Tatsächlich bedeutet die Behandlung von Jugendlichen mit einer Pubertätsmagersucht für jeden Therapeuten eine große Herausforderung, denn die Betroffenen haben meist keine Krankheitseinsicht, bagatellisieren die Symptome und verleugnen beharrlich alle Probleme. Sie befürchten, dass ihnen durch die Therapie ein für sie sehr wichtiger Teil zur Stabilisierung ihrer Persönlichkeit verloren gehen könnte. Obwohl sie viel zu wenig und zu kalorienarm essen, sind sie trotzdem vom Gegenteil überzeugt und der Meinung, viel zu dick zu sein. Die Wahrnehmung des eigenen Körpers ist durch die erfolgte reaktive Fehlentwicklung verzerrt. So stehen sie jeder empfohlenen Gewichtszunahme grundsätzlich skeptisch und ablehnend gegenüber. Vom Therapeuten erwarten sie in erster Linie Verständnis und eine Erklärung für ihre Probleme, die sie zumeist seit vielen Jahren im kognitiven, emotionalen und sozialen Bereich haben. Einen möglichen Zusammenhang zwischen diesen Schwierigkeiten und ihrem Essverhalten sehen sie nicht, ja sie verleugnen einen solchen beharrlich. Über ihr Essverhalten oder gar über ihr Gewicht sprechen sie nur ungern, wohl aber über ihre Probleme, unter denen sie schon seit früher Kindheit leiden. Sie sind froh, jemanden gefunden zu haben, der sie versteht und ihnen keine Vorwürfe macht. Über diesen Weg bestehen Möglichkeiten für Therapeuten, das Vertrauen der sehr sensiblen und anspruchsvollen Jugendlichen zu erlangen. Sie wünschen sich eine verständliche und akzeptable Erklärung für ihr Anderssein und für ihre aktuellen Probleme. Sie erwarten Hilfe, soweit sie nicht primär ihr Essverhalten betrifft. Mit dieser Forderung stellen sie die Fähigkeit eines jeden Therapeuten auf die Probe. Entspricht er ihren Erwartungen, beginnen sie ihm zu vertrauen, ganz langsam, mit einem ständigem »Ja, aber«. Reagiert der behandelnde Arzt oder Psychologe in dieser Situation jedoch wie die Eltern oder wie jene Therapeuten, die als erstes konsequent eine Gewichtszunahme einfordern, wenden sich die Jugendlichen schnell wieder ab.

> Ihr Gewicht ändern, gerade das wollen und können Jugendliche mit einer Essstörung nicht. Sie erwarten von Therapeuten zuallererst Verständnis und Anerkennung für ihr bisheriges Verhalten, das ihnen in der Vergangenheit (scheinbar) half, ihr psychisches Gleichgewicht wieder zu erlangen. Aus ihrer subjektiven Sicht blieb den Jugendlichen keine andere Wahl als so zu handeln, weshalb sie zunächst alle Anstrengungen darauf legen, ihr bisheriges Verhalten beizubehalten.

Die betroffenen Jugendlichen suchen nach plausiblen Erklärungen dafür, warum sie so wenig Selbstvertrauen haben und so häufig anders als ihr soziales Umfeld reagieren. Sie prüfen ganz genau, ob die Erklärungen für sie schlüssig sind. Wenn dies der Fall ist, beginnen sie gegenüber dem Arzt oder Psychologen Vertrauen aufzubauen und berichten diesem zögernd über ihre Probleme aus der Vergangenheit. Das Problem »Essstörung« sollte anfangs nicht erwähnt werden, erst wenn die Jugendlichen selbst davon sprechen.

> Essgestörte Jugendliche sehnen sich danach, plausible Erklärungen für ihr Anderssein zu erfahren. Im Innersten ihres Wesens wünschen sie sich zu hören, was sie tun können, um in Zukunft mit ihrer eigenen Person und ihrem sozialem Umfeld in Harmonie leben zu können, mehr Anerkennung zu erfahren und erfolgreicher zu sein.

Die Magersucht stellt letztlich den verzweifelten Versuch einer (misslingenden) Selbstbehandlung von Kindern und Jugendlichen dar, die aufgrund bestimmter genetisch-neurobiologischer Faktoren über ein nur sehr geringes Selbstwertgefühl und keine altersentsprechende soziale Kompetenz verfügen. Kennt man diesen grundsätzlichen Zusammenhang, stellen sich die Fragen: »Wie kann es dazu kommen und was sind die Hintergründe dafür?« Ist die Ursache bekannt, kann nach Frühsymptomen gesucht werden. Daraus ergibt sich die Chance, die Entwicklung zur Magersucht mithilfe geeigneter Maßnahmen bereits zu Beginn zu unterbrechen oder zumindest entscheidend abzumildern, noch lange bevor es zur zwanghaft bedingten Pubertätsmagersucht kommt. In der Praxis zeigt dieser vorbeugende therapeutische Ansatz, dort wo er praktiziert wird, schon Erfolge.

3.13 Herkömmliche Erklärungsmuster zur Entstehung von Magersucht

3.13.1 Die Beziehungsstörung

Liegt bei Kindern eine angeborene Art einer veränderten Wahrnehmungsverarbeitung vor, kann diese deren Interaktion mit den Eltern von Anfang an beeinträchtigen. So reagieren die Eltern hierauf häufig hilflos und überfordert, während sich das Kind unverstanden fühlt. Ein harmonisches Miteinander kann sich in der Regel nicht entwickeln, da beide Seiten die Beziehung unbewusst zu oft stören. Dies als Folge einer von den Eltern verantworteten *einseitigen* Beziehungsstörung anzusehen, belastet deren Verhältnis zum Kind noch zusätzlich. Die Annahme, dass eine gestörte Beziehung der Eltern zu ihrem Kind primäre Ursache für dessen spätere Essstörung sei, entstammt einer Zeit, die mangels (heute vorhandener) bildgebender diagnostischer Verfahren über keinerlei neurobiologische Kenntnisse verfügte. So konnte vieles nur vermutet werden. Heute weiß man, dass eine Beziehungsstörung primär auch vom Kind ausgehen und unterhalten werden kann, wenn deren Ursache nicht früh genug erkannt und professionell behandelt wird.

3.13.2 Psychische Traumen in der Kindheit

In der Vergangenheit wurden psychische und körperliche Beschwerden streng voneinander getrennt, nicht nur in der medizinischen und psychologischen Praxis, sondern auch in der Forschung. Auf der Suche nach den Ursachen für frühe psychische Störungen setzte man bei den Träumen und Erinnerungen der Kinder an, um Hinweise auf mögliche Konflikte zu finden. Nicht selten jedoch wurden den betroffenen Kindern dabei Erinnerungen suggeriert, die so als Tatsachen niemals existierten. Heute weiß man, dass Erinnerungen sich im Laufe der Zeit ändern können und beeinflussbar sind.

Insbesondere die Psychoanalyse (nach und in Folge von Sigmund Freud) übte großen Einfluss auf die Diagnose und Behandlung seelischer Leiden bei Kindern und Jugendlichen aus. So sah Freud einen Schlüssel für die Aufdeckung psychischer Störungen darin, bei seinen Patienten verdrängte Konflikte aus der Kindheit aus dem Unterbewusstsein hervorzuholen und zu verbalisieren. Sein Behandlungsansatz bestand sodann darin, diese vermeintlichen Kindheitskonflikte therapeutisch zu bearbeiten und zu inaktivieren.

So wurde der sog. Ödipuskomplex als zentraler Erklärungsansatz psychischer Störungen zu einem Glaubensgrundsatz erhoben, der von manchem psychoanalytisch bzw. tiefenpsychologisch ausgerichteten Therapeuten bis in die Gegenwart vertreten wird. Vor dem Hintergrund der Fortschritte, die die psychologische und psychiatrische Forschung und Praxis der vergangenen Jahrzehnte erbracht haben, lässt sich dieses Dogma jedoch nicht mehr aufrechterhalten. Auch die psychoanalytische Theorie vom sog. Penisneid der Mädchen konnte inzwischen von der modernen Gender-Forschung eindeutig widerlegt werden. Beide Hypothesen sollten aus dem Ursachenkatalog für psychische Störungen in der Kindheit endgültig gestrichen werden.

Auch der sexuelle Missbrauch, die Angst vor der Rolle als Frau und die Ablehnung der Sexualität konnten inzwischen als *alleinige* Ursachen für die Entstehung einer Magersucht widerlegt werden. Sie alle sind durchaus von (gewichtiger und tragischer) Relevanz – im Hinblick auf ihre Häufigkeit bei der Entstehung einer Essstörung spielen sie eine geringe Rolle.

Exkurs – Von der Psychoanalyse zur Verhaltenstherapie

Vor dem Hintergrund der jüngeren neurobiologischen Forschungen und der modernen klinisch-psychologischen und psychiatrischen Praxis hat sich die analytische und tiefenpsychologische Therapie in den letzten Jahren vielerorts zu einer psychodynamischen, problemorientierten Gesprächstherapie fortentwickelt, die bei der Behandlung von Essstörungen verhaltenstherapeutische Strategien integriert.

Dabei setzt die Verhaltenstherapie nicht in der frühen, »verdrängten« Kindheit, sondern im Hier und Jetzt an. Persönlichkeitszentriert und symptomorientiert werden mit dem betroffenen Jugendlichen dabei einzelne konkrete Schritte erarbeitet, um gemeinsam vereinbarte therapeutische Ziele zu erreichen. Die Verhaltenstherapie einer Essstörung sollte neurobiologisch und kognitiv ausgerichtet sein, nicht mehr analytisch.

3.13.3 Das »Steinzeit-Gen« und seine vermeintliche Rolle bei der Entstehung von Essstörungen

Psychiatrische Forscher der Stanford-Universität in England machten vor einigen Jahren darauf aufmerksam, dass bei der Magersucht das krankhafte Fasten mit einem starken Willen und einem hohen Grad an Zielstrebigkeit und Euphorie einhergeht (Burger 2007). Dieses Phänomen erklärten sie so: Hinter der Magersucht stecke ein neurobiologisches Programm, das auf Genen beruhe, die von unseren Vorfahren bereits in der Steinzeit erworben wurden. Diese Gene hätten vor tausenden Jahren Menschen veranlasst, im Falle länger anhaltenden Hungers nicht in Antriebslosigkeit zu verfallen, sondern loszuziehen, um z. B. Mammuts zu jagen. Erst eine solche genetische Veranlagung habe die damaligen Menschen befähigt, unter Stress ihre Schwächen ignorieren und ihre ausgemergelten Körper aktivieren zu können. Demnach, so die britischen Forscher, sei der Auslöser der Magersucht in der Erbsubstanz des Menschen zu suchen. »Magersucht als Erbe der Steinzeit«, so lautet auch der Titel des Artikels, in dem es weiter heißt: »Vermutlich trugen nicht alle unsere Vorfahren solche Gene. Der Großteil der Menschen bewegte sich in Hungerzeiten wohl kaum, um Energie zu sparen, genau wie viele Menschen heute, die wegen Nahrungsmangel nicht freiwillig hungern.«

Ist es wirklich ein »Steinzeit-Gen«, das Magersucht (mit)verursacht? Welchen Zusammenhang gibt es zu dem Gen, das im menschlichen Gehirn für eine veränderte Informationsverarbeitung mit weitreichenden sozialen Auswirkungen sorgt? Vielleicht gab es ein solches Gen tatsächlich schon in der frühen Menschheit, es prägte Temperament und Charakter der damaligen Menschen, die zu einem Teil als Sammler, zum anderen Teil als Jäger lebten (Hartmann 1997).

Hieraus ergibt sich ein Hinweis, eine auffällige Parallele zum Aufmerksamkeitsdefizit-Syndrom: Während Menschen, die unter der hyperaktiven Form des ADS leiden (ADHS), dem rastlosen »Jägertyp« entsprechen, weist das Verhalten von Menschen mit einem ADS ohne Hyperaktivität – also vom Unaufmerksamen Typ – Symptome auf, die eher dem »Sammlertyp« nahe kommen. Letztere sind es auch, die manchmal zu »Messies« werden.

3.13.4 Die Bedeutung der veränderten Informationsverarbeitung für die Persönlichkeitsentwicklung

Scheinbar nur kleine, geringfügige Auffälligkeiten der kognitiven Entwicklung (Denk- und Merkfähigkeit), des Verhaltens und der Gefühlssteuerung ergeben in der Summe biographisch betrachtet oft wichtige Hinweise auf das mögliche Vorliegen einer veränderten Informationsverarbeitung auf neurobiologischer Basis. Das heißt, die Weiterleitung und Verarbeitung von Informationen weicht im Gehirn mehr oder weniger deutlich von der der Mehrheit der Bevölkerung ab. Die durch die veränderte Form der Informationsverarbeitung verursachten möglichen Defizite können die Entwicklung des Kindes belasten und negative psychische Folgen haben. Diese Defizite gehen aber vom Betroffenen selbst aus und müssen deutlich von Traumatisierungen unterschieden werden, die das soziale Umfeld verursacht. Ein Kind oder ein Jugendlicher reagiert mit einer veränderten Wahrnehmung anders und dabei oft viel sensibler auf seine Umwelt als nicht betroffene Gleichaltrige. Gerade hier sollten Diagnostik und Behandlung beginnen, indem man den Betroffenen hilft, ihre inneren und äußeren Wahrnehmungen altersgerecht und situationsangepasst verarbeiten zu können. Leider werden bis heute psychische Krankheiten noch viel zu häufig als Folge einer verdrängten Traumatisierung interpretiert, die Eltern oder das soziale Umfeld – so die herkömmliche Ansicht – Kindern zugefügt hätten. Dem Betroffenen wird dabei nicht selten als mögliche Ursache für seine psychischen Probleme etwas suggeriert, was so in der Realität nie stattfand. Therapeut und Patient suchen nach einer Erklärung, aber ohne neurobiologische Befunde in der Diagnostik zu berücksichtigen. Meist sind es ganz andere Hintergründe, die vom Kind oder vom Jugendlichen selbst ausgehen. Als Folge einer jahrelangen psychischen Belastung verändern sich Wahrnehmung und Sichtweise, eine reaktive Fehlentwicklung beginnt, die soziale Reife entwickelt sich nicht altersgerecht. Dieser soziale Reiferückstand verbunden mit mangelndem Selbstvertrauen führt dazu, dass die betroffenen Jugendlichen den Anforderungen der Pubertät nicht gewachsen sind.

> Viele Kinder und Jugendliche mit einer angeborenen Regulationsstörung der Informationsverarbeitung benennen deshalb die Konflikte mit ihren Eltern als Ursache für ihre Probleme in der Pubertät. Sie fühlen sich von den Eltern und zum Teil auch von einigen Lehrern ungerecht behandelt, ohne zu begreifen, dass sie durch ihre andere Art zu reagieren, viele Konflikte selbst verursachen. Zu dieser Gruppe von Jugendlichen, die zumeist über Probleme im Umgang mit ihren Eltern, ihren Geschwistern, ihren Lehrern und Schulkameraden klagen, gehören auch sehr häufig Jugendliche mit einer Essstörung, egal, ob sie weiblich oder männlich sind.

Viele Symptome essgestörter Kinder und Jugendlicher lassen sich durch die veränderte Art der Informationsverarbeitung ihres Gehirns erklären. Dies wird im Hinblick auf die Diagnose und Behandlung der betroffenen Kinder von vielen Ärzten und Psychologen nach wie vor nicht (vollständig) erkannt und verstanden. So stellt z. B. die innere Unruhe, über die die betreffenden Kinder und Jugendlichen zumeist seit jeher klagen, nicht vorrangig eine Folge ihres ständigen Hungerns dar, sondern sie gehört vielmehr bei fast allen Magersüchtigen von Anfang an zu ihrem Persönlichkeitsprofil. Die innere Unruhe und ebenso ein ausgesprochener Bewegungsdrang sind also beide in erster Linie AD(H)S-bedingt und nicht Folge einer Essstörung.

3.14 Magersüchtige haben viele Persönlichkeitsmerkmale gemeinsam

Magersucht als Folge einer angeborenen veränderten Wahrnehmungsverarbeitung ist mit einer großen Anzahl von Besonderheiten verbunden, die die gesamte Entwicklung der betroffenen Kinder und Jugendlichen beeinträchtigen können und die sowohl gemeinsamer als auch individueller Natur sein können. Neurobiologische Ursachen bewirken psychische Auffälligkeiten, die in sehr ähnlicher Form in der Biographie und Psychodynamik der meisten Betroffenen immer wieder nachweisbar sind. So teilen die meisten Jugendlichen neben ihrer Magersucht folgende Persönlichkeitsmerkmale, die nicht zufällig dem AD(H)S sehr ähnlich sind:

3.14 Magersüchtige haben viele Persönlichkeitsmerkmale gemeinsam

- *Einen großen Bewegungsdrang* – magersüchtige Jugendliche treiben gern und übermäßig viel Sport, sie halten damit ihr Körpergewicht absichtlich auf einem möglichst niedrigen Niveau.
- *Eine große Angst,* (trotz erheblichen Untergewichts) zu dick zu sein oder es zu werden – magersüchtigen Jugendlichen ist eine verzerrte Körperwahrnehmung eigen.
- *Die Freude, für andere zu sorgen* – magersüchtige Jugendliche freuen sich, wenn es anderen schmeckt, während sie sich selbst nur wenige »abgezählte« Kalorien zugestehen und es am meisten genießen, selber gar nicht essen zu müssen, sondern darauf verzichten zu können.
- *Das Verleugnen ihres Hungerns und ihres wahren Körpergewichts* – magersüchtige Jugendliche nehmen zuweilen Abführmittel ein oder erbrechen heimlich, um ihr Gewicht zusätzlich zu reduzieren.
- *Eine überdurchschnittlich gute Intelligenz mit hohem Anspruch an die eigene Person* und an andere – magersüchtige Jugendliche, vor allem kluge, fleißige und ehrgeizige Mädchen, die nicht selten hochbegabt sind, verhalten sich in der Schule überangepasst: Sie bemühen sich, gute Schulleistungen zu erbringen und nicht aufzufallen. Aufgrund ihrer besonderen Informationsverarbeitung im Gehirn verfehlen sie jedoch die an sich selbst gestellten hohen Anforderungen, sodass es ihnen trotz großer Anstrengung nicht gelingt, so wie andere zu sein und zu reagieren.
- *Großer Fleiß und Strebsamkeit* – jugendliche Magersüchtige lernen fast perfektionistisch. Dabei lernen sie viel auswendig, da sie Auswendiggelerntes im Gehirn besser abspeichern und schneller wieder abrufen können.
- *Die mangelnde Fähigkeit zum strategischen und zukunftsorientierten Denken* – magersüchtige Jugendliche verfügen über mehr Detailwissen, da sie grundsätzlich mehr als andere auf Kleinigkeiten achten; Transferaufgaben jedoch bereiten ihnen mehr Probleme.
- *Einen starken Willen* – magersüchtige Jugendliche bemühen sich mit großer Willenskraft, hohe Ziele, die sie sich selber setzen, zu erreichen. Da ihnen jedoch dafür die Kraft fehlt, stoßen sie schnell an ihre Leistungsgrenzen, was sie frustriert und verunsichert; aus dem für sie unlösbaren Dilemma des »Wollen und nicht Können« heraus entwickeln sie nicht selten autoaggressive und unangepasste Verhaltensweisen (Ritzen, Extremverhalten mit der ständigen Suche nach dem »Kick«).
- *Große Hilfsbereitschaft* – magersüchtige Jugendliche sind zumeist sehr hilfsbereit, es fällt ihnen schwer, »nein« zu sagen.
- *Mangelnde Fähigkeit, den Tag zu strukturieren* – magersüchtige Jugendliche misslingt es aufgrund ihres schlechten Zeitgefühls, den Tagesablauf zu strukturieren.
- *Der Hang zur Beharrlichkeit und Zähigkeit sowie* zum Festhalten am Bestehenden – magersüchtige Jugendliche stehen jeder Veränderung skeptisch gegenüber.
- *Die Fähigkeit, Stimmungen anderer sehr gut wahrzunehmen* und zu erfassen, was der andere wohl denkt – hierfür sind magersüchtige Jugendliche mit einem Siebten Sinn ausgestattet.

3 Die Magersucht (Anorexia nervosa)

- *Ein gutes Gedächtnis für Erlebnisse*, die sie gefühlsmäßig in besonderer Weise berührt haben – magersüchtige Jugendliche merken sich gut mit starken (negativen wie positiven) Emotionen behaftete Erfahrungen wie Kränkungen, Ungerechtigkeiten, Lob und Anerkennungen.
- *Die Neigung, beständig unter Stress zu stehen* – magersüchtige Jugendliche setzen sich permanent unter Druck und Stress, da sie so gut wie nie mit ihren Leistungen und ihrem Verhalten zufrieden sind.
- *Unangemessene Handlungsstrategien* – magersüchtige Jugendliche denken und handeln häufig spontan, unüberlegt und wenig diplomatisch; sie lassen sich dabei oft von selbstentwickelten, perfektionistischen und zugleich unflexiblen, kompromisslosen Handlungsstrategien leiten; bei emotionaler Erregung und unter Stress kommt es rasch zu Blackout-Reaktionen.
- *Keine stabile soziale Kompetenz* – magersüchtige Jugendliche verfügen über keine geeigneten Problemlösungsstrategien, unter Stress sind sie überfordert, sie können nur unzureichend kommunikativ, nicht schnell genug, kontrolliert und sozial angepasst reagieren.
- *Eine mangelnde Fähigkeit, sich zu wehren* – magersüchtige Jugendliche wagen es aufgrund ihrer Selbstunsicherheit nicht, sich zu wehren. Überhäufig werden sie deshalb – im Vergleich zu anderen – zu Opfern von sexuellen Übergriffen.
- *Eine freundliche, nach innen gekehrte, introvertierte Haltung* – magersüchtige Jugendliche achten immer auf Distanz zu ihrem sozialen Umfeld und verbergen sorgfältig ihre Gefühle.
- *Ein Harmoniebedürfnis* – magersüchtige Jugendliche bemühen sich stets, in Familie oder Freundeskreis Konflikte zu vermeiden.
- *Eine hohe seelische Empfindlichkeit und Kränkbarkeit* – jugendliche Magersüchtige vertragen keine auch noch so gut gemeinte Kritik.
- *Die Angst vor sozialer Ablehnung* – ausgehend von ihrem schlechten Selbstwertgefühl fürchten magersüchtige Jugendliche, in Familie und Freundeskreis nicht positiv geachtet zu *werden*.
- *Das Gefühl, von anderen nicht anerkannt und verstanden zu werden* – magersüchtige Jugendliche neigen sehr früh dazu, für ihre mangelnde soziale Akzeptanz die Schuld bei sich selber, ihren Eltern oder auch (einzelnen) Lehrern zu suchen.
- *Eine große Sehnsucht nach sozialer Anerkennung* – magersüchtige Jugendliche glauben (und erfahren in der Realität zunächst tatsächlich), sich durch ihre Fähigkeit, erfolgreich abzunehmen, den Respekt (und zuweilen Neid) anderer verschaffen zu können; sie handeln dabei nach dem Motto: »Wenn ich auch nichts kann, abnehmen kann ich besser als all die anderen«.
- *Sie suchen Anerkennung, Verständnis und Gleichgesinnte, deshalb haben sie viele Facebook*-Freunde und Twitter-Kontakte.
- *Die Furcht, psychisch krank zu sein* – magersüchtige Jugendliche befürchten, als psychisch krank stigmatisiert zu werden. Sie verhalten sich deshalb möglichst unauffällig, bemühen sich, nicht anzuecken, widersprechen und klagen nicht.
- *Rückzugsverhalten und soziale Isolierung* – magersüchtige Jugendliche haben meist nur eine(n) feste(n) Freund(in) oder eine andere enge Bezugsperson; eine Trennung von dieser Person, an die sie sich häufig klammern, gleicht für sie einer Katastrophe und bringt sie aus dem psychischen Gleichgewicht.

- *Der Hang zu Resignation und depressiver Verstimmung* – magersüchtige Jugendliche resignieren schnell und gleiten mit ihren Gedanken in eine Traumwelt ab, mit deren Hilfe sie versuchen, ihr psychisches Gleichgewicht wieder herzustellen; sie neigen zu kurzzeitigen depressiven Verstimmungen, den depressiven Löchern, die unter anhaltender psychischer Belastung immer häufiger, stärker und länger werden.

Je zahlreicher und ausgeprägter diese Symptome vorhanden sind, umso stärker ist bei den betroffenen Jugendlichen die Tendenz zur Essstörung und umso bedrohlicher sind deren gesundheitlichen Folgen.

Die *Häufigkeit* des Auftretens von Magersucht wird bei Jugendlichen mit etwa mit 1–3 % angegeben, d. h. im Durchschnitt erkranken einer bis drei von einhundert Jugendlichen an dieser Krankheit. Die Tendenz, an Magersucht zu erkranken, ist nicht nur steigend, sondern es ist darüber hinaus von einer großen Dunkelziffer auszugehen. In manchen Risikogruppen, wie z. B. bei Balletttänzerinnen (7 %), Models und Schauspielerinnen, ist sie deutlich höher (Meermann und Borgart 2006). Die hohe Sterblichkeitsrate von etwa 23 % bei einer schweren chronischen Magersucht lässt keinen Zweifel daran, dass dringender vorbeugender und therapeutischer Handlungsbedarf besteht. Jeder Therapeut weiß, dass sich eine über längere Zeit bestehende Anorexie kaum mehr erfolgreich behandeln lässt. Es kommt dabei zur Stoffwechselentgleisung durch Unterernährung von Gehirn- und Körperzellen. Rationales Denken ist dann nicht mehr möglich und wird durch irrationale Zwänge mit verzerrter Wahrnehmung ersetzt. Zwangsgedanken, Zwangshandlungen und eine veränderte Wahrnehmung des eigenen Körpers beherrschen das Krankheitsbild. Wird ein kritischer Wert im Body-Mass-Index (BMI) erreicht, etwa von 14 und darunter, besteht Lebensgefahr. In diesem Fall sind die Betroffenen nicht mehr in der Lage, die kritische Situation selber vollständig erfassen zu können. Sie sind dann nicht mehr geschäftsfähig und sollten, gegebenenfalls auch gegen ihren Willen, in ärztliche Behandlung gebracht werden. Hierbei ist nicht allein der Body-Mass-Index entscheidend, sondern ebenso das Ausmaß der immer zugleich vorhandenen schweren körperlichen Schäden.

3.15 Der Body-Mass-Index (BMI)

Das Gewicht eines Menschen ist grundsätzlich von den drei Faktoren Köpergröße, Geschlecht und Alter abhängig. Um vergleichbare Gewichtsklassen zu erhalten, hat man in der Medizin den sog. Body-Mass-Index (BMI) geschaffen. Errechnet wird dieser Index dadurch, dass das Gewicht in kg (die Körpermasse) durch das Quadrat der Körperlänge in Metern geteilt wird. Die Formel lautet also kg/m^2. Die Medizin teilt dabei die in Tabelle 3.1 dargestellten Gewichtsklassen ein.

3 Die Magersucht (Anorexia nervosa)

Tab. 3.1: Gewichtsklassen nach Body-Mass-Index (BMI)

	Gewichtsklasse	BMI (kg/m^2)
1	Untergewicht:	< 18,5
2	Normalgewicht	18,5–24,9
3	Übergewicht	25,0–29,9
4	Adipositas Grad 1	30,0–34,9
5	Adipositas Grad 2	35,0–39,9
6	Adipositas Grad 3	> 40,0

Die beiden Faktoren Alter und Geschlecht haben keinen Einfluss auf die Grundform des Body-Mass-Indexes. Um diese zu berücksichtigen, wurde – getrennt für Männer und Frauen – eine sog. BMI-Perzentilenkurve geschaffen. Sie setzt den errechneten BMI in das Verhältnis von Alter, Geschlecht und Gewichtsklasse, wobei der Bereich um die 50. Percentile einem Durchschnittsgewicht entspricht.

Tab. 3.2: Perzentilenkurve des Body-Mass-Index für Mädchen im Alter von 0–18 Jahren (modifiziert nach Krohmeyer-Hauschild et al. 2000)

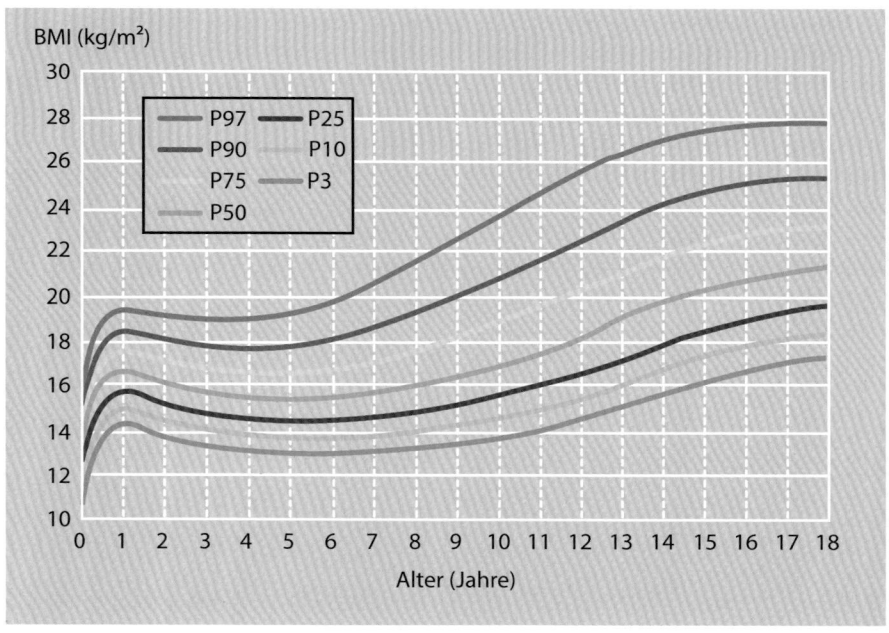

Welchen Einfluss das Alter auf die Zugehörigkeit zu einer Gewichtsklasse hat, zeigt die Tabelle 3.3.

Tab. 3.3: Zusammenhang von Alter und Gewichtsklasse beim Body-Mass-Index

Alter in Jahren	Untergewicht BMI gleich oder kleiner	Normalgewicht BMI zwischen	Übergewicht BMI gleich oder größer
19 bis 24	19	19–24	24
25 bis 34	20	20–25	25
35 bis 44	21	21–26	26
45 bis 54	22	22–27	27
55 bis 64	23	23–28	28

Das Körpergewicht von Jugendlichen mit einer Magersucht liegt in der Regel 15 % und mehr unter dem Durchschnittsgewicht von nicht essgestörten Jugendlichen. Bei letzteren liegt der Body-Mass-Index im Durchschnitt zwischen 19 und 24. Bei Jugendlichen, die einen BMI von unter 17 aufweisen, ist dagegen von dem Vorliegen einer Magersucht auszugehen. Ein Wert von 16 und darunter erfordert dringend eine stationäre Behandlung der Betroffenen.

3.16 Die Psychodynamik der Pubertätsmagersucht im Überblick

Die Entwicklung der Magersucht läuft bei den betroffenen Jugendlichen nahezu immer nach einem gleichen Grundschema ab, siehe Abbildung 3.9.

> Die Entwicklung einer so schweren Essstörung, wie die der Anorexie, ist immer ein psychodynamisch bedingtes mehrdimensionales Geschehen. Über den Zeitraum mehrerer Jahre muss eine ganze Summe erlebter Mikrotraumen und äußerer Faktoren zusammenkommen, damit sich unter einer ganz bestimmten persönlichen Veranlagung eine Essstörung ausbildet.

Besteht erst einmal das typische Krankheitsbild einer Anorexie, so ist deren Behandlung sehr schwierig und nicht immer erfolgreich. So treten unter den betroffenen Jugendlichen oft Rückfälle auf. Wegen schwerer Organschäden kommt es bei diesen chronischen Verläufen immer wieder zu Todesfällen. Es ist deshalb so wichtig, nach den Ursachen zu suchen, die zu einer Anorexie führen, um deren Entstehung frühzeitig zu unterbrechen.

3 Die Magersucht (Anorexia nervosa)

Wunsch nach sozialer Anerkennung und Zuwendung durch andere
bei gleichzeitigem hohem Selbstanspruch an sich selber und andere
+
Anhaltende Enttäuschungen im Leistungs- und Verhaltenbereich
bedingen ein schlechtes Selbstwertgefühl
↓
Unzufriedenheit mit der eigenen Person
und das Gefühl, von anderen nicht verstanden zu werden
↓
Gefühl der Hilflosigkeit und gegen sich selbst gerichtete Aggressivität
+
Zwanghaftes Streben nach Anerkennung trotz ständiger Misserfolge
↓
Reaktive Fehlentwicklung mit verzerrter Wahrnehmung der Realität
+
Botschaft des sozialen Umfelds und der Medien,
das Superschlanksein ein erstrebenswertes Ziel sei
↓
Nahrungsentzug zur Ich-Bestätigung
und zur Erlangung
der Aufmerksamkeit der anderen,
bedingt durch die Unzufriedenheit mit dem eigenem Körper
und begüngstigt durch ein starken Willen
↓
Frustabbau über Entwicklung von Zwängen
wie Nahrungsverweigerung und Zählen von Kalorien
↓
Gewichtsabnahme zur Selbstbestätigung
und als Beweis, seinen Körper zu beherrschen,
um das zu erreichen, was man will und was andere nicht schaffen
↓
Aus dem zwanghaften Kalorienzählen wird eine suchtartige Nahrungsverweigerung,
die als psychische Stabilisierung empfunden wird

Abb. 3.9: Grundschema der Entwicklung einer Magersucht

3.17 Magersucht kann tödlich sein – zwei Beispiele von tragischen Krankheitsverläufen

Ein Schlüsselerlebnis im Umgang mit Magersüchtigen waren für mich als Ärztin zwei Todesfälle, deren mögliche Vermeidbarkeit mich gedanklich lange beschäftigt hat.

So verstarb während meiner Tätigkeit in einer Klinik ein junger Mann, der sich wegen Untergewicht bei zwanghaftem Essverhalten und Burnout-Syn-

3.17 Magersucht kann tödlich sein – zwei Beispiele von tragischen Krankheitsverläufen

drom in stationärer Behandlung befand. Er täuschte dem behandelnden medizinisch-psychologischen Team eine vereinbarte Gewichtszunahme vor, um im Rahmen eines Wochenendurlaubs die Klinik verlassen zu können. In diesen zwei Tagen trieb er sehr viel Sport. Bei einem Waldlauf brach er zusammen und wurde von Spaziergängern tot aufgefunden. Damals glaubte man noch, dass es eine Magersucht bei männlichen Jugendlichen nicht gebe.

Ein Patient, der sich wegen eines Aufmerksamkeitsdefizit-Syndroms mit Hyperaktivität in meiner ambulanten Behandlung befand, besaß eine acht Jahre ältere Schwester, die bei einer Tante lebte. Ich erfuhr bruchstückweise, dass sie eine sehr gute Schülerin sei, an Magersucht leide und sich deshalb seit Jahren in psychotherapeutischer Behandlung befände. Als es dieser jungen Frau gesundheitlich sehr schlecht ging, bat der Vater mich um Rat. So erfuhr ich, dass als Ursache der schweren Essstörung ein scheinbar unlösbarer Mutter-Kind-Konflikt diagnostiziert wurde, weshalb die Therapeutin eine Betreuung der Jugendlichen durch die kinderlose Schwester der Mutter und zugleich Patentante empfahl, was von der Patientin sehr begrüßt wurde. Während die Mutter Selbstzweifel, depressive Verstimmungen und Gefühle der Rivalität und Ablehnung ihrer Schwester gegenüber entwickelte, konnte der Aufenthaltswechsel zur Tante die zunehmende Verschlechterung des Gesundheitszustandes der Magersüchtigen nicht aufhalten. Patientin und Tante bagatellisierten die Symptome und die Tante glaubte ihrer Nichte bedingungslos. Weil die Mutter dem Essverhalten der Tochter und deren ständig neuen Erklärungen und Ausreden nicht traute, sondern Gewicht und Essen regelmäßig zu kontrollieren versuchte, wurde ihr Verhalten von der Tochter abgelehnt. Die Tante war dagegen von Anfang an weniger misstrauisch und kontrollierend, sie musste es auch weiter bleiben, wollte sie die Gunst ihrer Nichte nicht verlieren und sich als »bessere« Betreuerin beweisen. Die Essstörung wurde allmählich schlimmer. Zum Schluss war die inzwischen 19-jährige Patientin so schwach und mager, dass sie wegen körperlicher Beschwerden nicht mehr zur Schule gehen konnte. Eine ärztliche Untersuchung, eine Klinikaufnahme und schließlich auch der Besuch der Eltern wurden von ihr mit den verschiedensten Begründungen strikt abgelehnt.

Es war in dieser Situation, dass die Eltern erstmalig über ihre Tochter mit mir sprachen. Ich erfuhr, wie schwer die Mutter an der Last trug, an der Erkrankung ihrer Tochter schuld zu sein. Sie glaubte, dass jede weitere Aktivität ihrerseits der Tochter gegenüber ihr gemeinsames Verhältnis noch mehr beschädigen würde. Ich empfahl dem Vater, eine Klinikeinweisung auch gegen den Willen der Tochter durchzusetzen. Bereits zu früheren Zeitpunkten gab es mehrere von der Mutter initiierte Klinikaufenthalte, alle jedoch ohne bleibenden Erfolg.

Die Eltern beschlossen dann doch, ihre Tochter auch gegen deren Willen in eine Klinik zu bringen, was zunächst misslang. Erst als der Zustand lebensbedrohlich wurde, Atemnot, eine Blauverfärbung der Hände und Herzschwäche eintraten, wurde das Mädchen in die Klinik gebracht. Dort verstarb es noch am Aufnahmetag. Infolge der extremen Abmagerung war es zu einer eiweißmangelbedingten Wasseransammlung im Herzbeutel gekommen, die zum Herzversagen führte, weil die Wassermenge das Herz zusammendrückte und es in seiner Pumptätigkeit behinderte. Als unmittelbare Todesursache vermutete ich ein sog. Refeeding-Syndrom. Inzwischen weiß man aufgrund einer wissenschaftlichen Studie, dass dieses Syndrom 30 % der stark abgemagerten Patienten betrifft (Wissenschaftlicher Kongress des Bundesverbandes und der deutschen Gesellschaft für Essstörungen 2007).

Das Refeeding-Syndrom

Das Refeeding-Syndrom ist die Folge extremer Mangelernährung, die zur Verarmung der Körperzellen an Eiweiß, Elektrolyten, Spurenelementen und Vitamin B1 führt. Dabei versucht der Körper, seine Funktionsfähigkeit trotz der Mangelernährung aufrecht zu erhalten, so dass die Laborwerte im Blut zunächst noch über lange Zeit im Normbereich bleiben können. In den Zellen besteht aber bereits ein massiver Mangel an diesen lebenswichtigen Stoffen. Werden in dieser Situation aus therapeutischen Gründen zu viel und zu schnell zuckerhaltige Lösungen verabreicht, werden den Zellen plötzlich sehr viel Phosphat, Kalium, Magnesium und Vitamin B1 entzogen. Diese sind dann nicht mehr funktionstüchtig, so dass es zum Herzversagen oder Atemstillstand kommen kann. Es ist also unbedingt erforderlich, den Kostaufbau langsam mit 20–25 kcal/kg Körpergewicht zu beginnen und jeden zweiten Tag um 200 kcal zu steigern. Mit dem Refeeding-Syndrom sollte immer gerechnet werden, wenn Kinder und Jugendliche (und ebenso Erwachsene) länger als zehn Tage fasten. In so einem Fall kann das Syndrom auch bei Übergewichtigen auftreten.

Beide Schicksale zeigten mir deutlich, wie wichtig es ist, bei Kindern und Jugendlichen mit einer Essstörung *frühzeitig auf* die sich anbahnenden Gefahren zu achten und sie zu kennen, um *rechtzeitig* eingreifen zu können. Die Entwicklung der Kinder sollte im Kindergarten und in der Schule genauer verfolgt werden. Zu achten wäre dabei vor allem auf auffällige, länger anhaltende Abweichungen im Sozialverhalten und im Leistungsbereich bei Kindern, denen es trotz eigener Anstrengungen nicht gelingt, ihre Schwierigkeiten und Defizite zu beseitigen. Voraussetzung hierfür wäre eine verbesserte Frühförderung in den Kindergärten, gezielt sowohl im kognitiven und motorischen als auch im sozialen Bereich – unter Einbeziehung der Eltern. Dies würde übrigens allen zugutekommen. Der Entwicklungsverlauf auffälliger Kinder sollte protokolliert werden.

Es stimmt, dass die Entwicklung von Kindern grundsätzlich Schwankungen und ein breites Spektrum aufweist. Wenn aber grobe Abweichungen bestehen und diese mehrere Bereiche (Motorik, Verhalten, Denk- und Merkfähigkeit, Konzentration) betreffen, ist unter der Einbeziehung der Eltern zunächst ein konsequentes, regelmäßiges Üben angesagt. Bringt dieses trotz gezielter Anleitung und Kontrolle keinen ausreichenden Erfolg, sollte die Frage gestellt werden, was hinter den Problemen des Kindes steckt und warum selbst das Üben zu keinem ausreichenden Erfolg führt. Die Ursache dafür könnte ein AD(H)S sein.

3.18 Die Bedeutung der Frühdiagnostik und -behandlung

3.18.1 Beispiele aus der Praxis – wie Frühdiagnose und -behandlung schwere und chronische Verläufe einer Magersucht verhindern können

Eine frühzeitige Diagnose und eine rechtzeitige Behandlung einer beginnenden Magersucht könnten entscheidend dazu beitragen, schwere gesundheitliche Folgen für die betroffenen Kinder und Jugendlichen zu verhindern. Dies zeigen die folgenden Beispiele.

Vanessa

Vanessa besuchte die 11. Klasse des Gymnasiums, als sie zu mir in die Praxis kam. Ihre Eltern sind beide Akademiker. Sie hat einen großen Bruder, der schon immer sehr verhaltensauffällig war und in besonderem Maße die Aufmerksamkeit der Eltern beanspruchte. Erst sehr spät wurde bei ihm ein ADS mit Hyperaktivität diagnostiziert und »behandelt«. Diese Behandlung erstreckte sich vorwiegend auf die Verordnung von Medikamenten und kann somit nicht als optimal gelten. Aber das Verhalten von Vanessas Bruder wurde trotzdem für alle erträglicher.

Als Kind litt Vanessa oft unter den Provokationen ihres Bruders, den sie nicht mochte. Weil sich ihre Eltern so intensiv um den Bruder kümmern mussten, dessen Schulzeit sehr problematisch verlief, dachte Vanessa oft, von ihren Eltern nicht geliebt zu werden. Vanessa bemerkte seit der Kindergartenzeit ihr »Anderssein« – sie registrierte es als Eigenheit und fand sich damit ab. Für ihre Familie, ihre Erzieherinnen im Kindergarten und die Lehrerinnen in der Grundschule war sie stets ein pflegeleichtes Kind, sie störte niemanden und war bemüht, es allen Recht zu machen. Sie war der »Sonnenschein« ihrer Eltern.

Heute sieht sie manches anders, wenn sie auf ihre Kindheit kritisch zurückschaut. Im Nachhinein findet sie die Vanessa von damals gar nicht so gut. Warum?

Vanessa von damals hatte schon immer nur eine (und dieselbe) Freundin, zu der sie noch heute eine enge Beziehung pflegt. Von Kindheit an war Vanessa stets sehr empfindlich und leicht kränkbar. Sie musste bei jeder geringsten psychischen Erregung gleich weinen und kann auch jetzt noch nicht ihre Tränen unterdrücken. Schon immer beschäftigte sie sich gern allein, unter vielen fremden Menschen fühlte sie sich nicht wohl. Wenn es sehr laut wurde, konnte sie den Gesprächen der anderen nicht gut folgen. Oft litt sie unter verschiedenen Ängsten und grübelte viel über sinnlose Dinge, die sie sowieso nicht ändern konnte.

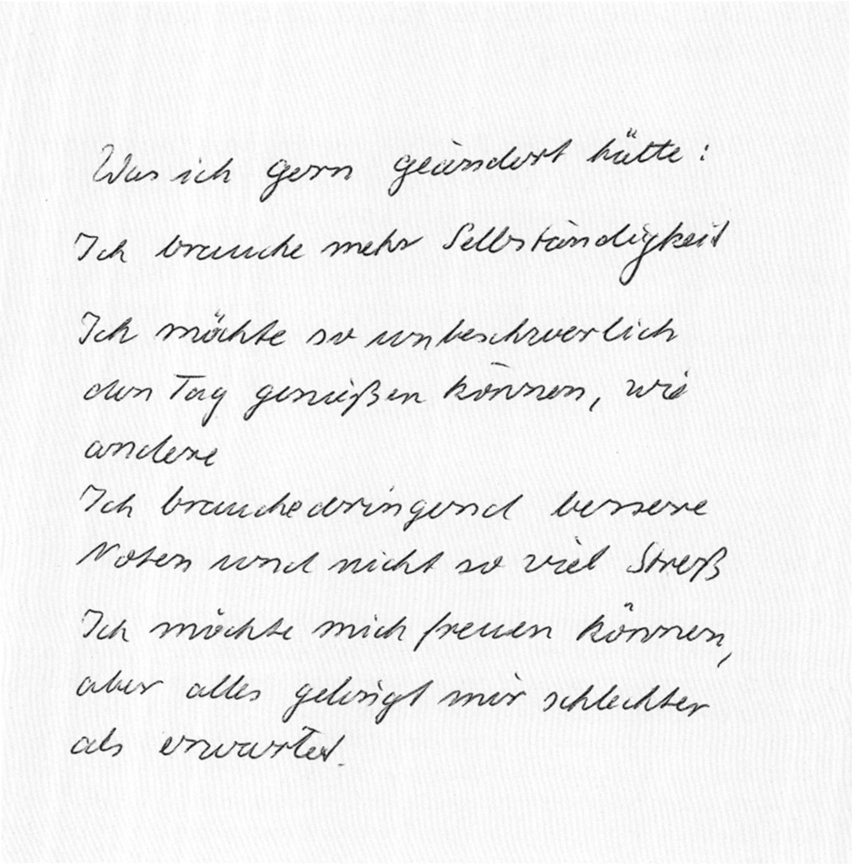

> *Was ich gern geändert hätte:*
>
> *Ich brauche mehr Selbstständigkeit*
>
> *Ich möchte so unbeschwerlich den Tag genießen können, wie andere*
>
> *Ich brauche dringend bessere Noten und nicht so viel Streß*
>
> *Ich möchte mich freuen können, aber alles gelingt mir schlechter als erwartet.*

Abb. 3.10: Vanessas Wunsch – »Was ich gern geändert hätte«

In ihrer Phantasie träumte sie sich gern in eine andere, für sie angenehme Welt. So habe sie in der Schule oft geträumt und vom Unterricht wenig mitbekommen. Am liebsten träumte sie, eine wunderschöne Pflanze mit großen roten Blüten zu sein, zu der die Menschen kommen, um sie zu bewundern. Sie konnte auch, wenn sie wollte, ihre Blüten verschließen, wenn sich ihr zum Beispiel jemand näherte, den sie nicht mochte. Sie freute sich besonders über Vögel, die sich auf ihren Blättern niederließen. Es fiel ihr immer schwer, sich von ihren Träumen zu trennen.

In der Schule musste Vanessa gründlicher als ihre Klassenkameradinnen lernen, um ihren guten bis sehr guten Notendurchschnitt zu halten. Immer schlechter wurden ihre Noten in der mündlichen Mitarbeit im Unterricht. Auch ihre guten Noten in den Fächern Geschichte, Biologie und Erdkunde konnte sie nicht halten. Es fiel ihr schwer, aus einem längeren Text das Wichtigste zu erfassen und zu behalten, um es am nächsten Tag in der Schule wiedergeben zu können. Einzelheiten fielen ihr sofort ein, aber die logische inhaltliche Wiedergabe des Gelernten bereitete ihr Probleme. Der Lehrer meinte: »Vanessa, du solltest gründlicher lernen!«, das kränkte sie, denn gerade das hatte sie getan. Sie las den Text mehrfach und prägte sich dessen Einzelheiten ein. Aber in ihrem Fall reichte diese Art zu lernen irgendwann nicht mehr aus, was sie nicht wissen konnte. Deshalb war sie von sich enttäuscht, sie zog sich zurück, um noch mehr zu lernen, fühlte sich einsam und begann »aus langer Weile« zu essen – in Wirklichkeit waren hierfür jedoch Stress und Frust die Ursache, sie aß, um sich damit zu beruhigen und sich zu belohnen. Besonders gut taten ihr Süßigkeiten und Schokolade, sie machten sie ruhiger und ausgeglichener. Aber sie nahm an Gewicht zu, was auch ihre Freundin bemerkte. Um eine Gewichtszunahme zu verhindern, begann sie, das Gegessene heimlich zu erbrechen, was zur Gewohnheit wurde und mit der Zeit wie automatisch ablief. Von der Mutter darauf angesprochen leugnete Vanessa ihr Verhalten und begann, bei Tisch nur noch ganz wenig zu essen. In Wirklichkeit aß sie heimlich und begann, über ihr Essen Buch zu führen. Stolz war sie, wenn sie weniger aß als am Vortag. Sie begann abzunehmen, was nicht zu übersehen war. Aus diesem Grund wurde Vanessa gegen ihren Willen von ihrer Mutter in der Praxis vorgestellt.

Die diagnostische Untersuchung führte zu dem Ergebnis, dass Vanessa trotz sehr guter Begabung unter Lernproblemen mit Selbstwertproblematik litt, die sich auf ein Aufmerksamkeitsdefizit-Syndrom ohne Hyperaktivität (ADS) zurückführen ließen. Daraus leitete ich das erste Therapieziel ab, nämlich die Verbesserung der Lernfähigkeit, die wieder zu den gewohnten und erwarteten guten Noten führen sollte. Das war auch Vanessas erster und wichtigster Wunsch für eine Behandlung. Deshalb zeigten wir ihr zuerst, worin die Gründe für ihre Lernprobleme bestanden und mithilfe welcher Strategien sie wieder effektiver lernen konnte. Mit den besseren Lernergebnissen erfuhr Vanessa erste Erfolge, die sie für weitere Therapieziele motivierten.

Vanessas Lernkonzept

Jedes Kapitel langsam Satz für Satz durchlesen und dabei die Sätze markieren, die für das in der Überschrift genannte Thema von zentraler Bedeutung sind, Nebensächlichkeiten bewusst überlesen.

Anfangs sollte sich Vanessa die wichtigsten Sätze aufschreiben, um mit ihrer Hilfe die zentralen Inhalte des vorgegebenen Themas wiedergeben zu können. Dazu sollte sie im Zimmer auf und ab gehen und die betreffenden Sätze in logischer Folge laut formulieren. Sobald Vanessa sich hierin sicher fühlte, sollte sie der Mutter das Ganze vortragen. Am Abend vor dem Schlafengehen noch einmal den Inhalt des Gelernten durchdenken und sich vorstellen, wie sie diesen Text am nächsten Tag der Klasse vorträgt oder ihn während einer Klassenarbeit niederschreibt und das erfolgreich kann.

Vanessa gelang es mit diesem Lernkonzept, das dem für AD(H)S-Betroffenen entspricht, tatsächlich erfolgreicher zu lernen. Führt diese Lernmethode, die beim betroffenen Jugendlichen Motivation zur Mitarbeit und Anstrengung voraussetzt, alleine nicht zum Ziel, müssen weitere therapeutische Strategien erwogen werden, wenn nötig auch die Gabe von Stimulanzien. Dabei muss die Behandlung vorrangig darauf abzielen, den Jugendlichen in der Schule und im Beruf Erfolg und Anerkennung zu ermöglichen, damit sich ihr labiles Selbstwertgefühl verbessert.

Über Nahrungsverweigerung und Erbrechen sprach ich mit Vanessa nicht, nur über die Notwendigkeit, regelmäßig zu essen, damit ihr Gehirn ausreichend mit Blutzucker versorgt wird. Mit den besseren Schulnoten wuchs wieder ihr Selbstwertgefühl, ihr psychisches Gleichgewicht stellte sich allmählich ein und wir begannen, an ihrer sozialen Kompetenz zu arbeiten. Ihren bis dahin einsamen und verzweifelten Kampf, sich selbst zu verstehen, konnte sie damit nun für sich erfolgreich gewinnen.

Dank der richtigen Diagnose und einer rechtzeitigen und erfolgreichen Behandlung ist Vanessa (als ein Beispiel für viele) heute eine mit sich zufriedene, psychisch stabile und organisch gesunde Studentin.

Anna-Maria

Anna-Maria, eine Schülerin der 10. Klasse, suchte wegen Essstörungen meine Praxis auf. Meine Diagnose lautete auf der Grundlage der Untersuchungen, dass ihre Essstörungen durch ein Aufmerksamkeitsdefizit-Syndrom ohne Hyperaktivität (ADS) verursacht waren.

Nach ihrem Schulverlauf befragt, erhielt ich von Anna-Maria und ihrer Mutter folgende Angaben: Das Schreiben fiel ihr seit der ersten Klasse schwer, sie drückte mit ihrem Stift zu sehr auf und konnte Linien schlecht einhalten. Ihre Schrift wirkte »krakelig«, sodass die Lehrerin nie mit ihr zufrieden war, selbst wenn sie sich große Mühe gab. Sie hatte ständig viele Gedanken im Kopf und dachte sich immer neue Geschichten aus. In diesen verwandelte sie sich am liebsten in einen wunderschönen bunten Schmetterling, der auf einer Blumenwiese fliegend vielen Tieren und Blumen begegnet und mit ihnen spricht. Ein anderes Mal sah sich Anna-Maria als eine schöne Fee, die den Pflanzen und Tieren Gutes tat, um danach wieder in einem schönen Märchenschloss zu verschwinden. Mit diesen Träumen verbrachte sie die meiste Zeit des Unterrichts, obwohl sie sich immer wieder fest vornahm, aufzupassen. Zuletzt träumte sie sich häufig in die Rolle ihrer Lieblings-Popsängerin. Sie kannte alle ihre Lieder und wusste genau, wann diese wo auftrat und mit wem sie befreundet war. Diese Sängerin war ihr Vorbild; so umjubelt wollte sie auch sein.

Tatsächlich jedoch hatte Anna-Maria keine wirklichen Freunde: Sie wurde vielmehr gemobbt und ärgerte sich über ihre Unfähigkeit, sich nicht wirkungsvoll verteidigen zu können. Sie überlegte sich, wie sie sich verbal wehren könnte, aber in der aktuellen Situation wusste sie nicht mehr, was sie sagen wollte, das fiel ihr erst wieder später ein.

In der Schule machte Anna-Maria in den Klassenarbeiten oft Leichtsinnsfehler, Kopfrechnen konnte sie nur mithilfe der Finger. Zugleich verfügte sie jedoch über einen breiten Wortschatz und konnte ihr gutes Allgemeinwissen im Unterricht lobenswert einbringen. Wenn sie etwas interessierte, war sie hellwach und voll bei der Sache. Aber beim Rechnen und Schreiben klinkte sie sich schon früh aus, da kam sie mit dem Tempo der Lehrerin und ihrer Mitschüler nicht mit. So konnte sie noch in der zweiten Klasse keine zehn Wörter in einer halben Stunde von der Tafel abschreiben.

Die dritte Klasse wiederholte Anna-Maria, weil sich ihre Eltern und sie so sehr wünschten, dass sie mit ihrem guten Allgemeinwissen und der inzwischen diagnostizierten sehr guten Begabung unbedingt das Gymnasium besuchen sollte. Im Abschlusszeugnis der vierten Klasse bekam sie aufgrund ihrer Schwäche in Mathematik jedoch nur eine Vier und damit bei ansonsten guten Noten nur eine Realschulempfehlung.

Anna-Marias Mathe-Nachhilfelehrer befürwortete aber den Besuch des Gymnasiums, da sie grundsätzlich alle ihr gestellten Aufgaben perfekt lösen konnte, sofern ihr die dafür notwendigen Rechenwege einfielen. Hierin lag eines der Probleme von Anna-Maria, da sie nach einer Weile die Rechenwege vergaß. Weiterhin schlichen sich – unter Zeitdruck – auch vermehrt Flüchtigkeitsfehler ein, die Anna-Maria meist selbst nicht entdeckte.

Im Gymnasium bekam Anna-Maria zum Glück einen Mathematiklehrer, den sie sehr mochte und der, wie sie selbst sagte, alles für sie gut verständlich erklären konnte. Er machte einen frontalen und zugleich interessanten Unterricht, forderte Ruhe und Disziplin konsequent ein, besprach und kontrollierte regelmäßig die Hausaufgaben. Bei ihm verstand sie die Mathematik und bekam gute Noten.

Aber zunehmend passierten ihr viel mehr Rechtschreibfehler. Ihr erstes Diktat in der 5. Klasse war eine glatte Fünf und ein Schock für sie und ihre Eltern. Sie erhielt daraufhin in einem Institut für Rechtschreibung und Legasthenie Nachhilfe, denn ihre Rechtschreibschwäche wurde so schlimm, dass sie vorübergehend eine Notenbefreiung von den Rechtschreibleistungen benötigte. Weil vier Jahre Nachhilfe keine befriedigende Besserung brachten und die Eltern sich über die Art der Rechtschreibschwäche wunderten, baten sie um eine ärztliche Beratung.

Anna-Marias mitgebrachte Diktate zeigten, dass die Fehlerzahl bei jedem Diktat zum Ende hin gravierend zunahm und dass zu Hause geschriebene Diktate viel weniger Fehler aufwiesen. Auffallend war, und den typischen Merkmalen einer eigentlichen Rechtschreibstörung zuwiderlaufend, dass Anna-Maria alle schwierigen Wörter richtig schrieb, dagegen ganz einfache und sicher schon mehrere hundertmal geschriebene Wörter im gleichen Diktat einmal richtig und ein anderes Mal falsch schrieb.

Anna-Marias Problem bestand also darin, sich nicht dauerhaft konzentrieren zu können und über kein sofort abrufbares Wortbildgedächtnis zu verfügen. Eine typische Symptomatik für eine ADS-bedingte Rechtschreibschwäche, die auf einer unzureichenden oder fehlenden Automatisierung des Schreibvorgangs beruht, sodass gespeichertes Wissen nicht ohne langes Nachdenken abgerufen werden kann. Neurobiologisch besteht bei einer ADS-bedingten Rechtschreibschwäche eine unzureichende Ausbildung der Gedächtnisbahnen vom Arbeits- zum Langzeitgedächtnis. Infolge massiver Reizüberflutung des Gehirns und von Botenstoffmangel bilden sich diese Gedächtnisbahnen stark verzögert und zu schwach aus (Simchen 2015, 2009, Spitzer 2002, Braus 2004).

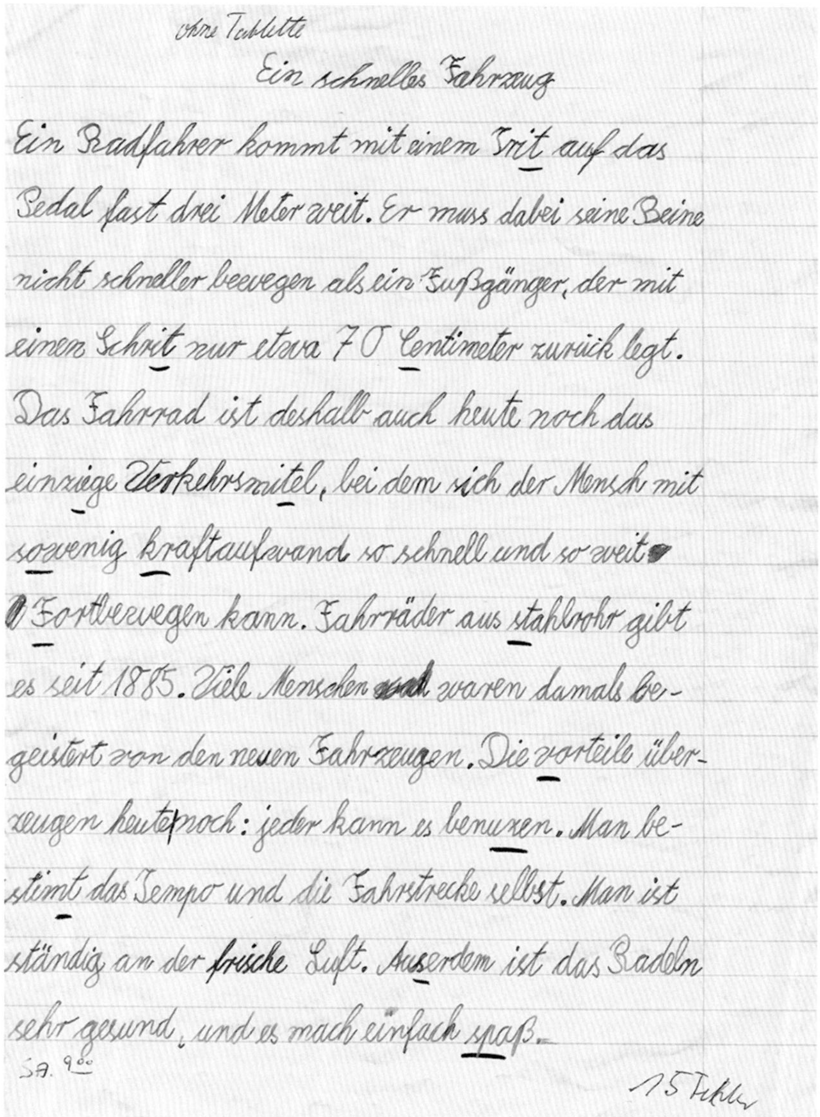
ohne Tablette

Ein schnelles Fahrzeug

Ein Radfahrer kommt mit einem Trit auf das
Pedal fast drei Meter weit. Er muss dabei seine Beine
nicht schneller beewegen als ein Fußgänger, der mit
einen Schrit nur etwa 70 Centimeter zurück legt.
Das Fahrrad ist deshalb auch heute noch das
einzige Verkehrsmitel, bei dem sich der Mensch mit
sowenig kraftaufwand so schnell und so weit
Fortbewegen kann. Fahrräder aus stahlrohr gibt
es seit 1885. Viele Menschen waren damals begeistert von den neuen Fahrzeugen. Die vorteile überzeugen heute noch: jeder kann es benuzen. Man be-
stimt das Tempo und die Fahrstrecke selbst. Man ist
ständig an der frische Luft. Auserdem ist das Radeln
sehr gesund, und es mach einfach spaß.

SA. 9^{00}

-15 Fehler

Abb. 3.11: Diktat von Anna-Maria, das für eine AD(H)S-bedingte Rechtschreibschwäche typisch ist

Anna-Maria wurde wegen der Schwere ihrer Problematik multimodal einschließlich der Gabe eines Stimulans behandelt, was ihr half, im Rahmen eines regelmäßigen und gezielten Übens diese Gedächtnisbahnen besser zu entwickeln und die neurobiologisch bedingten Lerndefizite auszugleichen. Auf der Grundlage dieses Behandlungsansatzes konnten Lernerfolg und soziale Kompetenz dauerhaft und wirkungsvoll verbessert werden. Allmählich verschwand auch die Essproblematik. Anna-Maria verfügte zunehmend über bessere Möglichkeiten, sich als »wertvolle« Person selbst bestätigen und angemessen wehren zu können. Eine Tendenz zur Essstörung fand sich auch in den folgenden Jahren nicht mehr.

3.18.2 Frühsymptome, die in ihrer Summe zur Magersucht führen können

Auf folgende Symptome bzw. Symptombereiche gilt es im Rahmen einer Frühdiagnostik von Magersucht und anderen Essstörungen zu achten:

1. *Eine veränderte Informationsverarbeitung im Gehirn mit Auswirkungen auf den motorischen, emotionalen und kognitiven Bereich*
Für eine Aufdeckung dieses Symptombereichs sind auf ärztlicher bzw. psychologischer Seite spezifische entwicklungsneurologische und entwicklungspsychologische Kenntnisse erforderlich, wie sie auch im Rahmen der Diagnostik eines ADS ohne Hyperaktivität zum Tragen kommen. Der individuelle Entwicklungsverlauf, die Schulzeugnisse, die intellektuelle Ausstattung, das emotionale und soziale Verhalten sowie die kognitive Leistungsfähigkeit der betroffenen Kinder und Jugendlichen bieten hierfür entsprechende Hinweise. Große Differenzen zwischen individuellem und altersgerechtem Entwicklungsstand geben – unter Berücksichtigung der vorhandenen intellektuellen Voraussetzungen – erste Anhaltspunkte über eine Unzufriedenheit des betreffenden Kindes mit sich selber und seinem sozialen Umfeld.
2. *Ein schlechtes Selbstwertgefühl*
Für die Entwicklung von Essstörungen kommt diesem Symptom eine besonders wichtige Bedeutung zu. So fällt erfahrenen Beobachtern auf, dass die betroffenen Kinder und Jugendlichen zwar einerseits einen hohen Selbstanspruch haben, diesen jedoch andererseits aufgrund ihrer oben genannten veränderten Informationsverarbeitung nicht immer befriedigen können. Sie reagieren sehr empfindlich auf Kritik und leiden unter Niederlagen und Enttäuschungen im Vergleich zu ihren Altersgenossen deutlich länger und intensiver. Aufgrund eines genetisch bedingten Serotoninmangels haben sie Schwierigkeiten, aus einem psychischen Tief wieder herauszukommen. Kommt es zu Versagensängsten und Selbstzweifeln, reagieren sie mit Rückzugsverhalten. Da ihr Selbstwertgefühl jedoch stark von Erfolg und sozialer Anerkennung abhängt, benutzen sie schließlich ihren Körper, über den sie ohne Einschränkungen verfügen können.

3. *Beeinträchtigte und nicht altersgerechte soziale Kompetenz*
Die betroffenen Kinder und Jugendlichen fühlen sich von ihrer sozialen Umwelt oft ausgeschlossen und unverstanden. Selbst von den eigenen Eltern betrachten sie sich als ungeliebt und benachteiligt. Geht man der Sache auf den Grund, so zeigt sich, dass die Betroffenen häufig nicht in der Lage sind, situationsangepasst auf andere zuzugehen und in angemessener Form sofort und richtig zu reagieren. Sie selber handeln überempfindlich und empfinden die Reaktion der anderen gleichzeitig als gegen sich gerichtet. In der Kindheit zeigen sie schon leichte depressive Tendenzen, die jedoch zeitlich begrenzt und situationsabhängig sind.

4. *Gefühle der eigenen Unzulänglichkeit und der Hilflosigkeit bei gleichzeitig hohem Anspruch an die eigene Person*
Auf der einen Seite besitzen die betroffenen Kinder und Jugendlichen einen hohen Selbstanspruch, der ihrer meist sehr guten intellektuellen Ausstattung entspricht, die oft im Hochbegabtenbereich liegt. Auf der anderen Seite spüren sie aber täglich ihre Unfähigkeit, ihre Intelligenz in gute Schulnoten umsetzen zu können, was bei ihnen Gefühle von Hilflosigkeit hervorruft. In der Schule haben sie sowohl mündlich als auch schriftlich Probleme, auf Anhieb richtige Antworten zu finden. Setzen sie sich selbst unter Druck, entsteht Stress – und in der Folge geht dann gar nichts mehr. Hierbei kann es zum Blackout kommen. Sie haben immer viel zu viele Gedanken im Kopf, die es ihnen erschweren, themenzentriert zu denken. Obwohl sie fleißig lernen, haben sie Probleme, aus einem gelesenen Text das Wichtigste zu erfassen und zu behalten, um es später bei Transferaufgaben anwenden zu können.

3.19 Das Dysmorphie-Syndrom (Hässlichkeitssyndrom)

Manche Kinder und Jugendliche projizieren ihre Unzufriedenheit auf den eigenen Körper. Sie machen ihr Gewicht, ihre Haut, ihre Figur oder ihre Haare für ihre vermeintliche Erfolglosigkeit verantwortlich. Viele Betroffene beklagen aus diesem Grund, dass sie zu dicke Oberschenkel, eine zu große Nase, einen zu dicken Po oder eine zu kleine Brust hätten. Sie machen diese Körperteile für ihre fehlende soziale Anerkennung, ihr schlechtes Selbstwertgefühl und ihre Misserfolge verantwortlich. Sie kontrollieren ständig im Spiegelbild ihren als »entstellt« empfundenen Körperteil oder meiden den Spiegel ganz. Beides kann zwanghaft werden.

Dieses als Dysmorphie-Syndrom bezeichnete Phänomen kann zum Auslöser einer Essstörung werden. Als seine Folgen werden in der Fachliteratur für die Betroffenen bisher zumeist soziale Ängste, ein Rückgang der Leistungsfähigkeit, aggressive Durchbrüche, autoaggressive Handlungen wie Ritzen und depressive

Verstimmungen bis hin zu Suizidgedanken angegeben. Tatsächlich aber verhält es sich in Wirklichkeit genau umgekehrt: Die genannten Symptome sind Folge einer genetisch und neurobiologisch bedingten veränderten Wahrnehmung im Rahmen einer reaktiven Fehlentwicklung und können ein Dysmorphie-Syndrom auslösen.

Wie bei der Essstörung ist auch das sog. Hässlichkeitssyndrom also nicht Ursache, sondern Folge einer genetisch und neurobiologisch veränderten Form der Informationsverarbeitung, deren Ursache wiederum die besondere Art der neuronalen Vernetzung ist. Deshalb bestehen bei allen betroffenen Kindern und Jugendlichen schon lange vorher Probleme in den kognitiven und/oder in den sozialen Bereichen, die sie aber gegenüber ihrer Umgebung bewusst verbergen und die niemand ahnt, weil die Betroffenen über Ressourcen verfügen, mit deren Hilfe sie diese Symptome lange Zeit unterdrücken und für Außenstehende unbemerkbar machen können.

> Für die Frühdiagnose einer Essstörung ist es wichtig, nach Symptomen zu suchen, die die Betroffenen hindern, von ihrer meist guten bis sehr guten Intelligenz uneingeschränkt profitieren zu können. Diese Symptome sind sehr oft Folge eines genetisch bedingten Stress auslösenden Aufmerksamkeitsdefizit-Syndroms mit oder ohne Hyperaktivität, AD(H)S.

3.20 Schwerpunkte der Frühbehandlung

3.20.1 Frühbehandlung der genetisch veränderten Informationsverarbeitung

Die Frühbehandlung soll individuell, problemorientiert und persönlichkeitszentriert erfolgen. Der Jugendliche ist von Anfang an die Hauptperson für den Therapeuten. Beide arbeiten gemeinsam die therapeutischen Schwerpunkte aus. Solche lern- und verhaltenstherapeutischen Schwerpunkte können z. B. sein:

- Befähigung zur realitätsgerechten Wahrnehmung und deren Verinnerlichung
- Voraussetzungen schaffen, damit Selbstwertgefühl und soziale Kompetenz spürbar verbessert werden können
- Auflistung erwünschter und realisierbarer Verhaltens- und Reaktionsweisen
- Abbau imaginärer körperbezogener Ängste und negativer Sichtweisen
- Eigene Bedürfnisse deutlich formulieren und Techniken zu deren Durchsetzung entwickeln
- Wut und Aggressionen nach außen, aber kontrolliert und sozial angepasst abreagieren und nicht gegen den eigenen Körper

- Eigene positive Fähigkeiten erkennen und eigene Stärken vorteilhaft einsetzen lernen
- Keine Hilflosigkeit zulassen, eigene Schuldzuweisungen hinterfragen
- Abbau der Ängste und deren Schutzfunktionen
- Sich selbst und seinen Körper mögen lernen
- Strukturierter Tagesablauf und fünf regelmäßige Mahlzeiten einhalten
- Gewichtsphobie abbauen und Essen genießen lernen
- Anerkennung und Erfolge durch Verbesserung schulischer Leistungen und sozialer Aktivitäten
- Vermeidung von Stress durch strukturierte, zeitlich begrenzte und wohldurchdachte Arbeitsabläufe
- Ausreichend Ruhe und Entspannung, aber auch Sport zum Ausgleich und Abbau von innerer Unruhe und Aggressionen
- Coaching oder Verhaltenstherapie, je nach Schwere der Symptomatik
- Prävention und Behandlung von Komorbiditäten, die oft die gleiche neurobiologisch bedingte Ursache haben
- Gegebenenfalls – wenn vorübergehend nötig – je nach Schwere der Symptomatik und individuellen Voraussetzungen, Einsatz einer medikamentösen Behandlung mit Stimulanzien und Antidepressiva

Lässt eine erste Frühdiagnostik das Vorliegen eines AD(H)S vermuten, sollten Diagnostik und Behandlung immer durch einen AD(H)S-Spezialisten erfolgen (Aust-Claus und Hammer 2005, Wender 2002, Hallowell und Ratey 1998, Hartmann 1997, Trott 1993, Simchen 2007).

3.20.2 Das therapeutische Gespräch und die persönlichkeitszentrierte Behandlung

Am Anfang einer jeden Diagnose und Behandlung sollte ein therapeutisches Gespräch stehen. Dieses beinhaltet anhand der individuellen Lebens- und Entwicklungsgeschichte des betroffenen Kindes bzw. Jugendlichen die Aufklärung über die möglichen Ursachen seiner psychischen Problematik.

Anzustreben ist grundsätzlich eine ursachenorientierte Behandlung, die bei essgestörten Patienten ihren besonderen Fokus darauf richtet, deren Selbstwertgefühl und soziale Kompetenz zu verbessern und deren realitätsgerechte Wahrnehmung zu schulen.

> Eine erfolgversprechende Therapie von magersüchtigen Jugendlichen sollte mit der Bearbeitung selbst empfundener Defizite und nicht mit der Verbesserung ihrer Nahrungsaufnahme beginnen, wenngleich diese von Anfang an in die Behandlung mit einzubeziehen ist.

Dadurch unterscheidet sich diese ursachenorientierte Therapie von allen bislang praktizierten Therapieformen, deren Erfolg meist nicht von Dauer war. Diese neue Form der Therapie, deren Ansatz in erster Linie persönlichkeits- und nicht symptomorientiert ist, bietet den Betroffenen neue Möglichkeiten. Wichtig ist dabei, dass von ärztlicher bzw. psychologischer Seite auf die Patienten kein Druck ausgeübt wird, das bisher auffälligste Symptom ihrer psychischen Erkrankung, nämlich ihr gestörtes Essverhalten, aufzugeben. Dadurch kann von Seiten des Therapeuten ein Konflikt mit den betroffenen Jugendlichen vermieden werden, die sich zu diesem Zeitpunkt gegen eine Reglementierung ihres Essverhaltens vehement wehren, da sie befürchten, unkontrolliert zu essen und dick zu werden.

Die Magersucht wird durch ihren Suchtcharakter zu einem wesentlichen und bestimmenden Teil der Persönlichkeit. Sich von diesem Teil zu lösen, ist nur möglich, wenn an dessen Stelle zunächst ein Äquivalent, ein gleichwertiger Ersatz, gesetzt wird. Das bedeutet an den Defiziten zu arbeiten, die zur Essstörung führten.

3.20.3 Die pubertätsbedingte Überforderung als Risikofaktor Nr. 1

Die Pubertät stellt innerhalb der körperlichen und psychischen Entwicklung einen besonderen Risikofaktor für die Ausbildung von Essstörungen dar, weil die Betroffenen während dieser Entwicklungsphase ihren Reiferückstand in der Persönlichkeitsentwicklung verstärkt spüren. In der Pubertät organisiert sich das Gehirn noch einmal um, es optimiert seine Funktionen, indem die Informationsweiterleitung endgültig und fast ausschließlich über die bisher gebildeten Gedächtnisbahnen (neuronale Säulen oder Kolumnen) abläuft. Damit wird die Reaktion im Denken und Handeln der Jugendlichen weitgehend automatisiert, sie verläuft schneller und beansprucht viel weniger Energie und Aufmerksamkeit. Nervenzellen, die nicht in diese Netzwerke eingebunden sind, werden inaktiv und gehen zugrunde. Dieser Reifungsprozess endet mit einer weitgehenden Spezialisierung der Nervenzellen im Zentralnervensystem. Die Automatisierung bedient die Routineaufgaben im Denken und Handeln, freiwerdende Leistungsbereiche können sich dann neuen und somit noch nicht automatisierten Aufgaben und deren Lösungen zuwenden (Spitzer 2002, Bösel 2006, Asendorpf 2003, Goleman 1997, Lawton 2004).

> Bei Kindern und Jugendlichen, die vom Aufmerksamkeitsdefizit-Syndrom AD(H)S betroffen sind, setzt diese wichtige Differenzierung im Gehirn viel später und dann meistens nicht so exakt differenziert ein, weil durch die Reizüberflutung die Ausbildung der Gedächtnisbahnen mehr oder weniger stark behindert ist. Menschen mit AD(H)S können also viel seltener auf eingeübte und automatisch ablaufende neuronale Reaktionen zurückgreifen. Ihr Gehirn muss viel mehr arbeiten. Deshalb ist ihr Denken und Handeln unausgeglichener, anstrengender und oft weniger erfolgreich. Bei gleicher Anstrengung arbeitet ihr Gehirn weniger effektiv. Diese verlangsamte und oft ungenaue Art des Reagierens verunsichert die Betroffenen und lässt sie an ihren Fähigkeiten

> zweifeln. Sie haben weniger Erfolg, obwohl sie genauso klug sind wie ihre Klassenkameraden oder Kommilitonen. Aber sie können auf ihre Fähigkeiten nicht willentlich und kontinuierlich zurückgreifen.

Diese psychische Belastung, die mit einem schon beeinträchtigten Selbstwertgefühl einhergeht, kann eine Selbstwertkrise auslösen, die am Anfang fast jeder Magersucht steht.

So können die Belastungen der Pubertät zur Dekompensation einer bereits über Jahre bestehenden psychischen Beeinträchtigung mit Selbstwertproblematik und nicht altersentsprechenden sozialen Fähigkeiten führen. Alle Techniken, die die betroffenen Jugendlichen bis dahin anwandten, um sich psychisch nach außen hin im Gleichgewicht zu halten, reichen nun nicht mehr aus. In den Medien, in Film und Fernsehen sehen sie schöne schlanke Jugendliche, die Erfolg haben. Sie beginnen sich einzureden, glauben das auch und entwickeln die feste Überzeugung: »Sähe ich auch so aus, hätte ich bestimmt ebenfalls Erfolg. Ich muss abnehmen«.

Die Jugendlichen beginnen, alle Gedanken auf dieses Ziel auszurichten und sich mit jedem Pfund Gewichtsabnahme besser und dem vermeintlichen Erfolg näher zu fühlen. Ihre Unzufriedenheit reagieren sie mithilfe ihres eigenen Körpers ab. Die anfangs harmlos erscheinende Gewichtsabnahme kann zum Zwang und dann zur Sucht werden. Gewichtsabnahme als verspürter Erfolg aktiviert das Belohnungssystem, das »Glückshormon« Dopamin wird ausgeschüttet.

Reagieren männliche Jugendliche ihre Unzufriedenheit zumeist in aggressiver Form nach außen hin ab, lenken weibliche Jugendliche ihre Frustration und Aggressivität in der Regel nach innen, indem sie die Ursachen für ihre Enttäuschungen zuerst bei sich selber und/oder bei ihrem Aussehen suchen. Sie reagieren in der Mehrzahl der Fälle – im Vergleich zu den Jungs – viel stärker und nachhaltiger auf jede Art von persönlicher Kränkung, da sie über einen hohen Selbstanspruch und einen enormen Ehrgeiz verfügen. Einige von ihnen entwickeln aufgrund ihrer zu großen Empfindlichkeit und ihrer inneren Verunsicherung Ängste, denen am Beginn der Magersucht zunächst eine Schutzfunktion zukommt, die sich dann verselbstständigen (außer Kontrolle geraten) und so zu einem Faktor werden, der die Essstörung aufrechterhält. Die Veränderungen, die die Jugendliche in der Pubertät am eigenen Körper erlebt, beispielsweise die Ausbildung runder Formen, kann bei ihr die Angst auslösen, zu dick zu werden – eine Angst, die sich rasch gegen einzelne Körperteile oder auch den ganzen Körper richtet.

> Für von Magersucht betroffene Mädchen wird ihr Körper auf der Suche nach Erfolg und sozialer Anerkennung zum korrekturbedürftigen Objekt.

3.20.4 Ziele der Frühbehandlung

Eine Frühbehandlung zielt darauf ab, dass sich die von einer Essstörung (potenziell) betroffenen Kinder und Jugendlichen altersgerecht entwickeln können. Bestehen in ihrer Informationsverarbeitung und somit in der Geschwindigkeit und Qualität ihres Denkens und daraus folgenden Handelns große Defizite, sollte im Rahmen einer multimodalen Behandlung rechtzeitig eine medikamentöse Behandlung begonnen werden. Eine solche Behandlung reduziert die Reizüberflutung des Gehirns der Betroffenen und ermöglicht, dass sich Nervenzellen zu Nervenbahnen vernetzen. Damit können sich immer wiederkehrende, neu formulierte Denk- und Handlungsprozesse besser automatisieren. Hiervon profitieren die Betroffenen lebenslang, da ihre Reaktionen für ihr soziales Umfeld konstant und vorausschaubar werden – eine wichtige Voraussetzung, um von einer Gruppe verstanden und akzeptiert zu werden.

Je früher die multimodale und wenn nötig auch medikamentöse Behandlung erfolgt, umso zeitiger werden die Gedächtnisbahnen ausgebildet, die auch eine Voraussetzung für den Schulerfolg sind. Lerninhalte und neue Verhaltensweisen können nun schnell und gründlich abgespeichert und rasch und sicher abgerufen werden, wenn dafür intakte Bahnen vom Arbeitsgedächtnis zu den entsprechenden Zentren im Gehirn stabil genug vorhanden sind. Mithilfe dieser Bahnen sind ein schnelles Reagieren und eine altersentsprechende Entwicklung möglich. Sind die Gedächtnisbahnen dagegen ungenügend ausgebildet, fallen einem Vorsätze, Regeln, Begriffe, Rechenwege oder die richtige Rechtschreibung nicht immer sofort ein. Es kommt dann zu Enttäuschung, Frust, Stress und Versagensängsten. Alles Symptome, die sich in den Biografien von Magersüchtigen überzufällig häufen.

3.21 Die häufigsten Begleit- und Folgeerkrankungen

3.21.1 Psychische Begleit- und Folgeerkrankungen

Die häufigste und zugleich wichtigste Begleitkrankheit (Komorbidität) der Magersucht ist die Depression, die in offener oder versteckter Form fast immer vorhanden ist. Sie beruht auf Serotoninmangel, der eine zentrale neurobiologische Ursache für depressive Erkrankungen darstellt und zugleich ein entscheidender Wegbereiter für Essstörungen sein kann. Der Zusammenhang zwischen dem Schweregrad der Depression und der Essstörung wurde schon 1991 durch eine Studie der Universität Marburg nachgewiesen (Herpertz-Dahlmann 1992, Mackin et al. 2006, Nutzinger et al. 1991, Scheer und Zoubek 2007, Simchen 2015, 2009, Steinhausen et al. 2010, Trott 1999, Voll 1998). Das gemeinsame Auftreten von Magersucht und Depression ist in der Praxis immer wieder zu finden. Anhaltender negativer Dauerstress über Jahre könnte hierfür die Ursache sein.

Weitere psychische Störungen sind häufig bei einer Magersucht vorhanden:

- Angststörungen (soziale Ängste, Versagensängste)
- Panikattacken und Blackout
- Selbstverletzungen (Ritzen)
- Schlafstörungen
- Zwanghafter Perfektionismus
- Oppositionelles Verhalten mit Verweigerung
- Borderline-Persönlichkeitsstörungen
- Alkohol- und Nikotinmissbrauch
- Teilleistungsstörungen in der Schulzeit

3.21.2 Durch Mangelernährung bedingte organische Erkrankungen

Häufig finden sich bei der Magersucht gleichzeitig folgende Nahrungsmangel verbunden mit Dauerstress bedingte körperliche Beschwerden:

- Chronischer Nährstoffmangel
- Untertemperatur mit leichtem Frieren und immer kalten Händen und Füßen
- Durchblutungsstörungen
- Langsamer Herzschlag, niedriger Blutdruck
- Unterzuckerung mit Schwäche- und Schwindelgefühl
- Trockene Haut und glanzloses Haar
- Kopfschmerzen
- Infektanfälligkeit
- Schlafstörungen, besonders Schwierigkeiten beim Einschlafen und Aufstehen
- Blähungen und Stuhlverstopfung (nur jeden dritten bis vierten Tag Stuhlgang)
- Ausbleiben der Regelblutungen
- Gefühl von Kraftlosigkeit
- Herzrhythmusstörungen
- Eiweißmangelödeme
- Mangelerscheinungen an Elektrolyten, Vitaminen und Mineralien

3.21.3 Ursachen der psychischen Begleit- und Folgeerkrankungen

Die oben genannten psychischen Begleit- und Folgeerkrankungen der Magersucht haben ihren Ursprung u. a. in:

- einer genetisch bedingten veränderten Form der Informationsverarbeitung
- angeborenem oder erworbenem Botenstoffmangel
- familiendynamischen Reaktionen und Verhaltensweisen

- den missglückten Versuchen der betroffenen Kinder und Jugendlichen, sich erfolgreich in ihr soziales Umfeld zu integrieren
- Beeinträchtigungen im Verhaltens- und Leistungsbereich
- einem mangelnden Selbstwertgefühl und einer ungenügenden sozialen Kompetenz
- aktuellen seelischen Konflikten, die zur psychischen Dekompensation geführt haben oder sie unterhalten

Die oben genannten Begleit- und Folgeerkrankungen müssen in die Diagnostik und Therapie von Essstörungen mit einbezogen werden.

Eine neuere Hypothese zur Bedeutung der Gene für unsere Gesundheit und Entwicklung besagt, dass einzelne Gene durch Umweltbedingungen ein- oder ausgeschaltet werden. Das bedeutet, Umweltbedingungen können die genetisch geprägte Persönlichkeit in ihrer Entwicklung langsam, aber kontinuierlich verändern. Dies mag für die Außenwelt zunächst wenig sichtbar ablaufen, tatsächlich aber einen weitreichenden Prozess in Gang setzen, der bis zur Dekompensation fortschreitet. Dann reichen die eigenen Reserven zur Bewältigung der Probleme nicht mehr aus, psychische oder psychosomatische Erkrankungen sind die Folge. Aktuelle wissenschaftliche Erkenntnisse konnten nachweisen, dass auch schwere seelische traumatische Ereignisse das genetische Profil beeinflussen können. Wenngleich die Richtigkeit der Hypothese der umweltbedingten Veränderung des genetischen Profils, mit der sich zurzeit die wissenschaftliche Forschung der Epigenetik beschäftigt, sich erst noch in der Praxis beweisen muss, deutet sie schon heute die besondere Rolle der Genetik bei der Entstehung psychischer Erkrankungen an.

Durch die Hinwendung der Wissenschaft zur entwicklungsbiologischen Betrachtungsweise der Entstehung psychischer Erkrankungen gewinnen epigenetische Faktoren eine immer größere Bedeutung. Dies gilt im Besonderen für die Essstörungen. So werden epigenetische Faktoren als eine wichtige Schaltstelle zwischen genetischen und sozial bedingten Ursachen angesehen. Epigenetische Mechanismen führen sowohl zur Empfindlichkeit (Vulnerabilität) als auch zur Entstehung psychischer Erkrankungen und deren Unterhaltung (Frieling und Bleich 2009). Diese dynamische, entwicklungsbiologisch ausgerichtete und epigenetische Betrachtungsweise erklärt auch, warum persönlich gemachte Erfahrungen Verhaltensweisen prägen, die, über Generationen weitergegeben, sich schließlich vererben können. Dies ist ein für die Weiterentwicklung der Menschheit wichtiger Aspekt.

3.22 Therapeutische Strategien bei der Behandlung einer AD(H)S-bedingten Magersucht

Ist AD(H)S eine der Ursachen der (drohenden bzw. beginnenden) Magersucht und die körperliche Situation noch nicht bedrohlich, d. h. der Body-Mass-Index noch über 17, kann eine ambulante Behandlung durch einen Arzt erfolgen. Dieser wird mit der bzw. dem betroffenen Jugendlichen einen individuellen Therapieplan mit folgenden Schwerpunkten erstellen.

3.22.1 Wissensvermittlung und gemeinsame Reflexion über mögliche Ursachen der Magersucht

Die von einer Essstörung bedrohten Jugendlichen können sich vieles aus ihrem individuellen Entwicklungsverlauf nicht erklären. Durch den behandelnden Arzt erfahren sie jetzt erstmalig, weshalb sie manches anders wahrnehmen, ohne dass sie deshalb psychisch krank sind. Ihre spezifische Persönlichkeit ist mit Eigenschaften ausgestattet, die sich im Alltag sogar als vorteilhaft erweisen können, was sie zumeist bisher nur zu wenig nutzen konnten. Die neurobiologische Ursachenkomponente ihrer Magersucht bietet einen völlig neuen Therapieansatz, der den betroffenen Jugendlichen (und ihren Familien) eine schnelle und spürbare psychische Entlastung ermöglicht, da sie für viele Verhaltens- und Leistungsbeeinträchtigungen plausible Erklärungen erhalten, die die Betroffenen und ihr soziales Umfeld entlasten.

3.22.2 Verhaltenstherapie

Kinder und Jugendliche, die von einer AD(H)S-bedingten Magersucht bedroht sind, haben sich in aller Regel schon lange danach gesehnt, ihr Selbstwertgefühl und ihre soziale Kompetenz zu verbessern. Mit einer positiven Grundhaltung beginnen sie die Therapie hoch motiviert – sie muss nur halten, was sie verspricht. Auf Enttäuschungen reagieren sie entsprechend überempfindlich.

Wichtig ist es deshalb, dass der behandelnde Arzt die Therapie im »Hier und Jetzt« beginnt und diese an der aktuellen Problematik ansetzt (z. B. Schule, Beruf, Differenzen mit den Eltern oder Freunden etc.). Auf Grundlage der Verhaltenstherapie lernen die Betroffenen erfolgreich, Forderungen zu stellen und ihr Verhalten bewusst zu steuern. Wichtige Bestandteile der Behandlung liegen darin, aktuell belastende Probleme zu benennen, um gemeinsam nach möglichen Lösungsstrategien zu suchen, um mithilfe eines konkreten Plans schrittweise einzelne Therapieziele zu erreichen.

Als Arzt sollte man erst dann über die Essproblematik sprechen, wenn bei den Jugendlichen ihr Selbstwertgefühl und ihre soziale Kompetenz stabiler

3.22 Therapeutische Strategien bei der Behandlung einer AD(H)S-bedingten Magersucht

und deutlich verbessert sind. Meist sind es die Betroffenen, die dann von sich aus beginnen, ihr gestörtes Essverhalten zu thematisieren.

Schwerpunkte der Verhaltenstherapie essgestörter Jugendlicher

- Selbst- und Fremdwahrnehmung verbessern
- Sich erfolgreicher mit der eigenen Umwelt auseinandersetzen können
- Das eigene Verhalten kritisch reflektieren
- Erwartete Lernergebnisse erzielen durch bessere Konzentration und Daueraufmerksamkeit
- Negative Denkweisen umstrukturieren, sich loben lernen
- Konflikte wenn möglich vermeiden, ansonsten gezielte Problemlösestrategien einüben
- Soziale Interaktionen einüben, sich sozial angepasst behaupten lernen
- Ziele formulieren und Verstärkerpläne zu deren Erreichen erarbeiten
- Erfolg und Anerkennung genießen
- Übungen für Stressabbau und Entspannung lernen (z. B. Atemübungen, Yoga, sportliche Bewegung in Maßen, Tagtraumtechnik, Selbsthypnose)
- Einen Coach als verlängerten Arm des Therapeuten mit einbeziehen (häufig die Eltern oder der Partner) und auch zulassen
- Ernährungstherapie und Gewichtsmanagement akzeptieren können
- Teilnahme an Selbsthilfegruppen

Ablaufplan einer verhaltenstherapeutischen Begleitung einer AD(H)S-bedingten Essstörung

Damit eine Therapie von essgestörten Kindern oder Jugendlichen möglichst erfolgreich verläuft, ist es für den behandelnden Arzt und den Patienten ratsam, zu Beginn der Therapie einen individuellen Ablaufplan der anstehenden Maßnahmen zu erstellen. Dieser sollte folgende Punkte enthalten:

- Hilfsangebote formulieren und Vertrauen bilden
- Gründliche entwicklungsdynamische Diagnostik
- Befunde besprechen und über Hintergründe der Störung informieren
- Gemeinsame Problemklärung zwischen »nicht wollen« und »nicht können«
- Verständnis wecken für die erlebten störungsspezifischen Besonderheiten im Denken und Fühlen
- Schuldzuweisungen abbauen
- Die eigenen Ressourcen erarbeiten und AD(H)S-bedingte positive Fähigkeiten aufdecken
- Therapieziele gemeinsam erarbeiten
- Den Umgang mit der erhöhten Stressempfindlichkeit erlernen
- Einen Coach (Eltern, Partner) in den Therapieplan mit Kontrollfunktionen einbeziehen

- Selbstinstruktionstraining einüben
- Eigenes Verhalten beobachten, dieses selbst beschreiben und bewerten lernen
- Angebrachte Verhaltensweisen mithilfe konkreter Aufgaben trainieren und die selbstgemachten Erfahrungen positiv bewerten
- Eine realistische Betrachtungsweise kritischer Situationen erarbeiten
- Eine positive Sichtweise der eigenen Person entwickeln
- Sich loben lernen und seine Stärken ausleben können

3.22.3 Die medikamentöse Therapie mit Methylphenidat

Reichen die verhaltenstherapeutischen Anstrengungen und die eigenen Ressourcen der Betroffenen nicht aus, Selbstwertgefühl und soziale Kompetenz deutlich und nachhaltig zu verbessern, ist zusätzlich eine medikamentöse Behandlung erforderlich. Die Therapie mit Stimulanzien ist hierbei eine wichtige und neue Behandlungsoption und -strategie, da sie bei einer AD(H)S-bedingten Essstörung auf deren neurobiologische Ursachen Einfluss nimmt und dadurch die Heilungschancen verbessert. – Wie ist das möglich?

Besteht eine der Hauptursachen für die Entstehung von Magersucht in einer veränderten Informationsverarbeitung im Gehirn der Kinder und Jugendlichen, kann eine Behandlung mit Stimulanzien die Unterfunktion des Stirnhirns und den Mangel an Botenstoffen weitgehend ausgleichen. Methylphenidat ist dabei eines der am besten erforschten Medikamente, das seit ca. 50 Jahren therapeutisch eingesetzt wird. Seine Anwendung wird noch immer von vielen Menschen – und das völlig zu Unrecht – abgelehnt und leider noch immer von einigen sogenannten »Fachleuten«, unter denen sich Ärzte, Psychologen, Psychotherapeuten, Pädagogen finden, infrage gestellt.

Richtig angewendet hat Methylphenidat vielen Betroffenen sehr geholfen. Beachtet man die Wirkungsweise dieses Medikamentes, lassen sich seine Nebenwirkungen weitgehend vermeiden. Methylphenidat macht weder süchtig noch verursacht es Spätfolgen, wenn die Diagnose AD(H)S stimmt und eine professionelle Behandlung therapiebegleitend erfolgt.

> Die in ein ganzheitliches, d.h. multimodales Therapieprogramm eingepasste Verordnung von Stimulanzien hat sich bei AD(H)S-bedingten Essstörungen als das wirksamste Mittel erwiesen, um bei den betroffenen Kindern und Jugendlichen das alles beherrschende, überwältigende und schon lange bestehende Gefühl der Unfähigkeit und Hilflosigkeit erfolgreich angehen zu können. Die Lösung länger andauernder psychologischer Probleme wird von seiner Ursache her ermöglicht und lässt über eine Verbesserung des inneren Selbstbildes und der Informationsverarbeitung bleibende Veränderungen von Essverhalten und Gewicht zu.

Der Einsatz von Stimulanzien muss bei Essgestörten mit besonderer Vorsicht und unter intensiver Beobachtung von erfahrenen ärztlichen Therapeuten erfolgen, denn die Medikation kann bei schlechten Essern den Appetit mindern. Deshalb sollte eine vorsichtige und sehr niedrig dosierte Medikamentenmenge (z. B. Amphetaminsaft in Tropfenform oder Methylphenidat nur milligrammweise) mit engmaschiger Kontrolle und verhaltenstherapeutischer Begleitung erfolgen.

Methylphenidat beeinflusst außerdem den Botenstoff Glutamat, der in der Appetitsteuerung eine Rolle spielt. So regt Glutamat – das beispielsweise häufig in Fertiggerichten enthalten ist – den Appetit an, da es Zentren im Gehirn aktiviert, die den Appetit steigern. Methylphenidat dagegen unterdrückt die Glutamatwirkung und somit den Appetit und die Bereitschaft zur Nahrungsaufnahme. Diese Nebenwirkung, die dosisabhängig und individuell unterschiedlich ausfällt, muss bei der Behandlung von Betroffenen mit einer restriktiven Essstörung unbedingt beachtet werden. Die Erfahrung zeigt, dass bei sehr kleinen und über den Tag verteilten Mengen die positiven Effekte des Methylphenidats bei Weitem überwiegen, denn es reduziert letztendlich den Stress, der bei Magersüchtigen den Appetit blockiert.

Die Verordnung dieser Medikamente an Essgestörte sollte man Fachärzten überlassen, die in der Behandlung von Kindern und Jugendlichen mit AD(H)S erfahren sind. Medikamente sind immer nur ein Teil der Behandlung und müssen in ein engmaschiges, individuelles lern- und verhaltenstherapeutisches Therapieprogramm eingebunden sein.

Aber sie sind wichtig, um eine wesentliche Ursache bei einem Großteil von Essstörungen, nämlich die stressassoziierte und genetisch bedingte Wahrnehmungsverarbeitung bei Reizüberflutung des Gehirns gezielt behandeln zu können. Sie gleichen hierbei die Folgen einer Unterfunktion betroffener Gehirnstrukturen aus. So beeinträchtigt zum Beispiel die Unterfunktion des Stirnhirns folgende Funktionen:

- Die Steuerung der Impulse
- Das Erkennen und Setzen von Prioritäten
- Die Fähigkeit, eine Tätigkeit anfangen und auch beenden zu können
- Das Erkennen von Folgen einer Handlung
- Die Entwicklung eines Zeitgefühls

Die Dosierung von Methylphenidat sollte in jedem Fall der Schwere der Symptomatik und dem individuellen Wirkungsprofil angepasst werden, da Stimulanzien unterschiedlich schnell und lange wirken. Bei weiblichen Jugendlichen sind meist geringere Dosen als bei männlichen erforderlich.

Dabei verändert Methylphenidat in keiner Weise Denken und Handeln der Persönlichkeit, sondern beides wird klarer und bewusster möglich. Impulse können besser kontrolliert und gesteuert werden, schon vor ihrer Ausführung. Mithilfe des Medikaments ist eine bessere Selbststeuerung mit Unterdrückung der Zwangshandlungen möglich, d. h. die betroffenen Jugendlichen werden in die Lage versetzt, das Vorgenommene besser und schneller in die Tat umzusetzen. Vorsätze und Selbstinstruktionen sind dazu erforderlich, sie »programmieren« das Gehirn und sagen ihm, worauf es sich konzentrieren soll und welche Informationen aufgenommen und welche ausgeblendet werden sollen. Ziel der Behandlung ist die Verbesserung des Selbstwertgefühls und der sozialen Kompetenz, damit die diesbezüglichen Bemühungen der Betroffenen endlich erfolgreich sind.

Eine Behandlung, die auf praktischen Erfahrungen und auf wissenschaftlichen Erkenntnissen der Wirkungsweise der Stimulanzien beruht, sollte den Betroffenen, die sich noch nicht in einem körperlich bedrohlichen Zustand befinden, nicht vorenthalten werden. Sie stellt eine Erweiterung in der medikamentösen Therapie der AD(H)S-bedingten Essstörungen dar. Wobei Stimulanzien in Ausnahmefällen auch mit niedrigdosierten Antidepressiva kombiniert werden können. Aber nur von erfahrenen Therapeuten, denn die Wirkung beider Medikamente potenziert sich.

Die Gruppe der Stimulanzien – Zusatzinformationen

Zu der Gruppe der Stimulanzien gehören folgende Medikamente: Ritalin als Originalpräparat war zuerst auf dem Markt. Nach Ablauf seiner Patentzeit wurden von anderen Pharmafirmen als Generika (nachgemachte Medikamente mit gleicher Zusammensetzung und Wirkung) bisher hergestellt: Medikinet, Equasym, Methypheni TAD oder Methylphenidat HEXAL. Das sind kurzwirksame Tabletten mit einer Wirkungsdauer von ca. vier Stunden. Danach wird das Medikament zu 99 % unverändert mit dem Urin ausgeschieden, sodass es weder in der Leber verstoffwechselt wird noch die Nieren aktiv belastet.

Folgende Retard-Präparate (das sind Medikamente mit Langzeitwirkung infolge verzögerter Ausscheidung) haben eine Wirkung von ca. acht Stunden: Ritalin LA, Medikinet Retard und Equasym Retard. Concerta hat eine Wirkungsdauer von zehn bis zwölf Stunden. Diese Langzeitmedikamente geben ihre Substanz zeitlich verzögert, aber wohl dosiert in die Blutbahn.

Zur Gruppe der Stimulanzien gehören auch die Amphetamine. Sie haben ein ähnliches Wirkungsspektrum wie Methylphenidat und können auch zur Behandlung von AD(H)S-bedingten Essstörungen eingesetzt werden, wenn es die Therapie erforderlich macht, z. B. bei depressiven Tendenzen oder ausgeprägter Impulssteuerungsschwäche.

Vor dem Hintergrund meiner langjährigen ärztlichen Erfahrung kann ich versichern, dass die Substanz Methylphenidat mit geringen Nebenwirkungen verbunden ist, sofern die Diagnose AD(H)S zutrifft und auf therapeutischer Seite mit den Besonderheiten der Wirkungsweise der entsprechenden Medikamente richtig umgegangen wird. Deshalb sollen an dieser Stelle einige Hinweise folgen, die bei der Behandlung von ADS-bedingten Essstörungen unbedingt zu berücksichtigen sind.

3.22.4 Management zur Reduzierung möglicher Nebenwirkungen von Methylphenidat bei der Therapie des AD(H)S

Kopfschmerzen

Als Nebenwirkung der Stimulanzientherapie können Kopfschmerzen auftreten. Diese gehen oft auf eine zu geringe Nahrungszufuhr und damit einen zu niedrigen Blutzuckerspiegel zurück, da während der Wirkung von Stimulanzien das Gehirn mehr Blutzucker verbraucht. Deshalb sollte auf ausreichende Nahrungszufuhr vor jeder Einnahme geachtet werden. Eine wichtige Voraussetzung für die Wirkungsweise der Stimulanzien auch bei Magersüchtigen.

> Methylphenidat stimuliert das Frontalhirn und einige mit ihm zusammenarbeitende Gehirnzentren, was mithilfe bildgebender Verfahren (z. B. Positronen-Emissions-Tomographie, funktionelle Magnetresonanztomographie) eindeutig und sehr beeindruckend zu sehen ist. Das bedeutet, dass der Glukoseverbrauch unter der Stimulanzienwirkung deutlich ansteigt und der Blutzuckerspiegel zugleich entsprechend abfällt, wenn nicht ausreichend Zuckerreserven in Form von Glykogen in der Leber und in der Muskulatur gespeichert sind. Bei zu geringer Nahrungsaufnahme kann es in Ausnahmefällen auch zur Unterzuckerung (Hypoglykämie) mit Kopfschmerzen, Müdigkeit (Gähnen), Blässe, Schwindelgefühl und Zittrigkeit kommen.

Treten dennoch Kopfschmerzen auf, sollten zum schnellen Ausgleich des Glukosemangels im Blut sobald als möglich schnell verdauliche Kohlenhydrate wie beispielsweise Traubenzucker, Bananen, glukosehaltige Fruchtsäfte oder Süßigkeiten zugeführt werden. Damit lassen sich die Kopfschmerzen in aller Regel wirkungsvoll beseitigen.

Bestehen aufgrund einer Unterzuckerung die Kopfschmerzen schon über einige Stunden bei erhöhtem Glukoseverbrauch infolge Stimulanzienwirkung, haben sich im Gehirn bereits saure Stoffwechselzwischenprodukte gebildet, die nicht mehr so schnell beseitigt werden können. So setzt nämlich bei Glukosemangel ein Milchsäurestoffwechsel im Gehirn ein, dessen Zwischenprodukte intermittierend zum leichten Hirnödem führen. Dieses Hirnödem löst durch seinen Druck auf die Gehirnhäute, die der eigentliche Ort der Schmerzempfindlichkeit im Gehirn sind, die Kopfschmerzen aus.

Während der Zeit der Stimulanzienwirkung sollte man unbedingt auf eine ausreichende Nahrungsaufnahme achten. Lässt die Wirkung von Methylphenidat nach, sollte nicht gleich eine weitere Tablette eingenommen werden, sondern erst etwas gegessen oder zuckerhaltige Säfte getrunken werden. Überhaupt kann das Methylphenidat bei zu niedrigem Blutzuckerspiegel nicht gut wirken, da das Gehirn Glukose zum Arbeiten benötigt. Hyperaktive Kinder und Jugendliche verbrauchen schon wegen ihres großen Bewegungsdranges viel Blutzucker. Essen sie sehr wenig, kann es sehr schnell zur Unterzuckerung kommen, die unbedingt vermieden werden sollte.

Erhöhung der Herzfrequenz (Tachykardie)

Methylphenidat regt das sympathische Nervensystem an, sodass es häufig bei Beginn der Behandlung durch zu schnelle Aufdosierung und bei Veranlagung (Disposition) oder infolge zu hoher Einzeldosis zur sog. Tachykardie (Beschleunigung des Herzschlages) kommt. Hierauf muss auf ärztlicher Seite durch langsameres Aufdosieren oder Reduzieren der Dosis reagiert werden. Kinder, Jugendliche – und Erwachsene – mit AD(H)S benötigen stets eine individuelle medikamentöse Dosierung, die belastungsabhängig ist.

Magen-Darm-Beschwerden

Wird Methylphenidat auf nüchternen Magen oder nur nach Flüssigkeitszufuhr eingenommen, kann es zur verstärkten Magen-Darm-Peristaltik (= krampfartiges Zusammenziehen der Magen-Darm-Wand) kommen, die als schmerzhaft empfunden wird. Durch ausreichende Nahrungsaufnahme vor der Tabletteneinnahme kann diese Nebenwirkung weitgehend vermieden werden.

Schlafstörungen

Stimulanzien erzeugen bei AD(H)S-Betroffenen ein Gefühl der inneren Ruhe mit verbesserten kognitiven Fähigkeiten und der Möglichkeit zur »Ausrichtung der Gedanken«. Lässt die Wirkung der Stimulanzien jedoch nach, löst der sog. Rebound-Effekt (Rücklaufeffekt) vermehrt innere Unruhe mit »Einschießen« vieler Gedanken aus, was den betroffenen Kindern und Jugendlichen erhebliche Einschlafprobleme bereiten kann. Da dieser Rebound-Effekt zu Beginn der Stimulanzienbehandlung manchmal stärker ausgeprägt und länger anhaltend ist, muss diese Nebenwirkung besonders beachtet werden.

Die Einnahme von Stimulanzien führt bei Kindern und Jugendlichen mit AD(HS) zu keinen Schlafstörungen, wenn das zeitliche Zusammentreffen des Rebound-Effekts mit der Einschlafzeit vermieden wird. Wobei dieser Rücklaufeffekt der Medikamentenwirkung an Dauer und Intensität individuell sehr unterschiedlich sein kann.

Inzwischen nehmen sehr viele Jugendliche und Erwachsene auch nach 16 Uhr Methylphenidat ein und klagen weder über Einschlaf- noch über Durchschlafprobleme. Im Gegenteil, manche Betroffene brauchen zu Behandlungsbeginn oder vorübergehend eine ganz geringe Menge von Stimulanzien, um einschlafen zu können.

3.22.5 Überprüfen der Therapiefortschritte

Die Fortschritte und damit der Erfolg der therapeutischen Maßnahmen lassen sich mit verschiedenen zu diesem Zwecke wissenschaftlich erarbeiteten und erprobten Fragebögen feststellen. Grundsätzlich geben dabei der klinische Befund mit Gewicht und Essverhalten sowie die psychische Stabilität mit guter Lebensqualität maßgeblich Auskunft über den Therapieerfolg. Beispiele solcher Fragebögen befinden sich im Anhang dieses Buches. Außerdem schreiben Therapieleitlinien eine jährliche kurze Therapiepause vor, um die Wirksamkeit der Therapie und die Notwendigkeit ihrer Weiterführung zu beurteilen. Bei unbefriedigender Wirkung von Methylphenidat können Amphetamin oder der Serotonin-Wiederaufnahmehemmer Strattera® gegeben werden.

4 Die Bulimie (Ess-Brech-Sucht)

4.1 Symptome

Die Bulimie gehört wie die Magersucht zu den sog. restriktiven Essstörungen. Vieles deutet auf eine gemeinsame neurobiologisch bedingte Ursache der beiden Störungen hin, die sich einander abwechseln können – sie stellen nur jeweils eine andere Form der Reaktion der betroffenen Kinder und Jugendlichen dar. Genau wie Magersüchtige leiden auch Bulimiker (Menschen mit einer Ess-Brech-Sucht) unter negativem Dauerstress, der durch Selbstwertprobleme bei gleichzeitig hohem Selbstanspruch ausgelöst wird. Sie streben danach, perfekt zu sein und vollkommen auszusehen, um soziale Anerkennung zu erreichen. Psychische Belastung und Stress lösen bei ihnen Heißhunger aus, den sie nur schlecht unterdrücken können. Diesen stillen sie mit einer übergroßen, zugleich jedoch ungewollten Menge von noch weniger gewollten Nahrungsmitteln, da ihnen sonst eine innere Unruhe verbunden mit Zittrigkeit und Schwächegefühl infolge Unterzuckerung droht. Um nicht an Gewicht zuzunehmen, beginnen sie zu erbrechen. Zu dieser für sie »erfolgreichen Strategie« der Gewichtsregulierung greifen sie wiederholt, da sie alle bisherigen noch so guten Vorsätze immer wieder nicht einhalten konnten. Aus dem anfänglichen Kotrollgewinn wird bei gleichzeitigem Bestehen einer Impulssteuerungsschwäche zunehmend ein Kontrollverlust. Kann dieser Vorgang nicht frühzeitig genug unterbrochen werden, schleift sich das Verhalten ein, es verselbstständigt sich und läuft automatisch ab. Schließlich müssen die Betroffenen nach jeder reichlichen Mahlzeit spontan erbrechen.

> **Jugendliche berichten über ihr Ess-Brech-Verhalten**
>
> »Wenn ich abnehmen will, esse ich den ganzen Tag gar nichts, was mir bis zum Abend auch gelingt. Dann bekomme ich plötzlich einen unwiderstehlichen Hunger, der mich zum Essen zwingt. Ich esse dann, was gerade da ist, und kann mich dabei schlecht bremsen. Dieser Kontrollverlust über das Essen und das fehlende Sättigungsgefühl machen mich danach wütend. Das ist es auch, was die anderen nicht verstehen und ich mir nicht erklären kann. Ich beginne, mich wegen meiner Unbeherrschtheit zu schämen.
>
> Am nächsten Tag nehme ich mir fest vor, regelmäßig zu festen Mahlzeiten kleine Portionen zu essen, was mir meistens nicht gelingt. Stress, Langeweile oder innere Unruhe treiben mich immer wieder zum Kühlschrank und ich beginne, den ganzen Tag zu essen. Das ist auch keine Lösung.

Es gab viele Diätversuche, die ich alle nicht lange durchhielt, meist plagte mich das Hungergefühl zu stark. Ich kann nicht hungern, das macht mich unfähig zu arbeiten, dann bin ich noch unkonzentrierter, bekomme Kopfschmerzen, Schwächegefühle und Heißhunger. Diesen kann ich nicht unterdrücken, er beherrscht mein Denken und Tun. Bis ich endlich große Mengen an Essen regelrecht verschlinge, ohne ein Sättigungsgefühl zu verspüren. Oft kann ich erst aufhören, wenn mein Magen nichts mehr aufnehmen kann. Ich fühle mich dann so voll, dass Erbrechen mir Erleichterung bringt. Später begann ich, nach solchen Heißhungerattacken regelmäßig Erbrechen auszulösen. Schließlich kam das Erbrechen ohne mein Zutun nach reichlich aufgenommener Nahrung von allein wie ein Reflex, ich brauchte nur die Toilette zu betreten und mich über das Becken zu beugen. So entdeckte ich die für mich scheinbar erfolgreiche Strategie zum Schlankbleiben. In Wirklichkeit schämte ich mich dessen und war bemüht, dass niemand das bemerkt.«

Bulimie und Magersucht

Trotz vieler Gemeinsamkeiten im Verhalten weisen Betroffene mit einer Ess-Brech-Sucht (Bulimie) im Gegensatz zu Magersüchtigen ein weitgehend normales Körpergewicht auf. Heißhungerattacken und Fasten wechseln sich bei ihnen ab. Während der Heißhungerattacken nehmen die betroffenen Jugendlichen meist Unmengen hochkalorischer, sonst »verbotener« Nahrung zu sich, die sie danach wieder erbrechen, um nicht zuzunehmen. Dann fasten sie wieder bis zur nächsten »Fressattacke«.

4.2 Aktuelle wissenschaftliche Diagnosekriterien

Für die Bulimie gibt es in der Medizin Diagnosekriterien, die sich (analog zur Magersucht) zwischen den beiden großen internationalen Klassifikationssystem (ICD-10, DSM-5) etwas unterscheiden. Letzteres bewertet mehr den Kontrollverlust während der Fressanfälle und gibt für diese eine Mindestzahl vor. Genau wie bei der Magersucht wird im DSM-5 die große Bedeutung des Körpergewichts und der Figur für das Selbstwertgefühl stärker bewertet.

4.2.1 ICD-10-Kriterien

Die Diagnosekriterien für Bulimie lauten nach ICD-10 wie folgt:

- Eine andauernde Beschäftigung mit Essen, eine unwiderstehliche Gier nach Nahrungsmitteln; die Patientin erliegt Essattacken, bei denen große Mengen Nahrung in kurzer Zeit konsumiert werden.
- Die Patientin versucht, dem dick machenden Effekt der Nahrungsaufnahme durch verschiedene Verhaltensweisen wie selbstinduziertes Erbrechen, Missbrauch von Abführmitteln, zeitweilige Hungerperioden, Gebrauch von Appetitzüglern, Schilddrüsenpräparaten oder Wasser treibenden Arzneimitteln (Diuretika) entgegenzusteuern. Wenn die Bulimie bei Diabetikerinnen auftritt, kann es zur Vernachlässigung der Insulinbehandlung kommen.
- Eine der wesentlichen psychopathologischen Auffälligkeiten besteht in der krankhaften Furcht davor, dick zu werden; die Patientin setzt sich eine scharf definierte Gewichtsgrenze, die deutlich unter dem vom Arzt als optimal oder gesund betrachteten Gewicht liegt.
- Häufig lässt sich in der Vorgeschichte mit einem Intervall von einigen Monaten bis zu mehreren Jahren eine Episode einer Magersucht nachweisen. Diese frühere Episode kann voll ausgeprägt gewesen sein oder war eine verdeckte Form mit mäßigem Gewichtsverlust oder einem vorübergehenden Ausbleiben der Regelblutungen.

4.2.2 DSM-5-Kriterien

Das aktuelle DSM-5 (Diagnostic and Statistical Manual of Mental Disorders) von 2013 benennt für die Bulimie diagnostische Kriterien. Dabei wird Essen als Kompensationsverhalten verstanden, das regelmäßig und schon über einen längeren Zeitraum besteht. Es wird eine große Nahrungsmenge unkontrolliert aufgenommen. Um nicht an Gewicht zuzunehmen, wird die aufgenommene Nahrung dann wieder erbrochen.

Im DSM-5 werden zwei Formen von Bulimie unterschieden: der »Purging-Typ« (abführender Typ) und der »Nicht-Purging-Typ«. Bei der letzteren Form wird nicht regelmäßig erbrochen, es werden selten Abführmittel benutzt, sondern die drohende Gewichtszunahme wird durch Fasten und übermäßige körperliche Bewegung reguliert.

4.3 Psychodynamik der Entwicklung einer Bulimie auf Grundlage einer angeborenen Impulssteuerungsschwäche

Die Erfahrung der Praxis zeigt, dass sich bei vielen Jugendlichen eine Bulimie auf der Grundlage einer besonderen Art der Informationsverarbeitung entwickelt, wie sie auch für das Aufmerksamkeitsdefizit-Syndrom typisch ist. Dann haben Bulimie und AD(H)S viele Symptome gemeinsam, wobei das AD(H)S die Ausbildung einer Ess-Brech-Sucht begünstigt.

Symptome, die sowohl bei der Bulimie als auch beim AD(H)S vorhanden sein können:

- Ein Gefühl ständiger innerer Unruhe und die Unfähigkeit zu entspannen
- Hoher Grad an Empfindlichkeit gegenüber Stress, der handlungsblockierend wirkt
- Mangelhafte Struktur im Alltag, unregelmäßige und oft ungesunde Ernährung
- Reaktive Fehlentwicklung mit negativ besetzter Beurteilung des eigenen Aussehens oder einzelner Körperteile, was als Ursache für erlebte Misserfolge und soziale Ausgrenzung angesehen wird
- Ein schlechtes Selbstwertgefühl verbunden mit Hilflosigkeit und dem Gefühl, von anderen nicht verstanden und zu wenig beachtet zu werden
- Soziale Ängste und Reizüberflutung in Gruppensituationen
- Emotionale Steuerungsschwäche mit Impulsivität bei zu großer Empfindlichkeit
- Hoher Selbstanspruch, der unerreicht zu Versagensängsten führt
- Veränderte Körperwahrnehmung mit Fehlen eines Sättigungsgefühls
- Vorliebe für Süßigkeiten und deren Verzehr als Belohnung
- Das Gefühl, mithilfe von Essen innere Ruhe und Entspannung zu finden
- Ein einengendes, zwanghaftes »Alles-oder-nichts«-Denken, das mit der Tendenz verknüpft ist, sich zu automatisieren und Suchtcharakter anzunehmen

Bestehen solche Symptome über Jahre, können sie sich in ihrer Summe bei Jugendlichen und jungen Erwachsenen unter zunehmender psychischer Belastung und der Angst vor einer Gewichtszunahme zur Bulimie entwickeln.

Sofern eine ausgeprägte Bulimie mit einem zwanghaften Zählen von Kalorien einhergeht und starke psychische Belastungen (wie eine Selbstwertproblematik) und ungünstige soziale Bedingungen bestehen, kann es bei den betreffenden Jugendlichen zur reaktiven Fehlentwicklung mit Körperschemastörung kommen, die wiederum eine Anorexie (Magersucht) auslösen können. Treten bei einer Anorexie gleichzeitig wiederholt bulimische Attacken auf, spricht man von einer *atypischen Anorexie*.

> Bei allen Formen von Essstörungen ist Stress das Bindeglied zwischen körperlicher und psychischer Symptomatik.

Jugendliche und junge Erwachsene mit einer Bulimie kämpfen gegen ihre Schwäche der »Essgier«. Dabei schaffen sie es nicht, ihre zwanghaften Ess- und nachfolgenden Brechanfälle zu verhindern. Das immer wieder herbeigeführte Erbrechen hat sich automatisiert und kann nur sehr schwer unterbrochen werden. Ein »Teufelskreis« entsteht, der durch Versagens-, Schuld- und Minderwertigkeitsgefühle verursacht die Betroffenen zusätzlich belastet.

4 Die Bulimie (Ess-Brech-Sucht)

Stufen einer psychodynamischen Entwicklung hin zur Bulimie

Der Ausgangspunkt ist meist ein geringes Selbstwertgefühl infolge ständig erlebter Defizite im kognitiven und sozialen Bereich bei angeborener Überempfindlichkeit und hohem Selbstanspruch

+

Anlagenbedingte Frustrationsintoleranz und Impulssteuerungsschwäche

+

Hoher Selbstanspruch bei zu hoher Empfindlichkeit

+

Hilflosigkeit und Versagensängste

↓

Dauerstress, innere Unruhe

↓

Stressbedingter erhöhter Cortisonspiegel

↓

Erhöhter Blutzuckerspiegel

↓

Massive Insulinabgabe mit
Absturz des Blutzuckerspiegels

↓

Heißhunger mit Sucht nach Süßem und kalorienhaltiger Nahrung

↓

Verschlingen großer Mengen von Nahrungsmitteln zum Frustabbau nach einer Zeitspanne mit geringer Nahrungsaufnahme

↓

Kein Sättigungsgefühl bei veränderter Wahrnehmung

↓

Durch Essen kurzeitig ein angenehmes Gefühl der Entspannung

↓

Übelkeit, Reue, Angst vor Übergewicht, Erbrechen zur Erleichterung und zur Vermeidung von Gewichtszunahme

↓

Ständiges Wiederholen löst Automatisierung des Brechvorganges aus

↓

Zwanghaftes Erbrechen mit dem kurzzeitigen Gefühl der Entspannung

↓

BULIMIE

Abb. 4.1: Stufenmodell der psychodynamischen Entwicklung der Bulimie

Es gibt sowohl bei der Bulimie als auch beim AD(H)S die gleichen stressassoziierten Begleit- und Folgeerkrankungen. Die wissenschaftliche Forschung steht hier noch am Anfang. Die Erfahrungen in der psychiatrischen und psychotherapeutischen Praxis geben jedoch schon heute eindeutige Hinweise auf einen Zusammenhang von AD(H)S als Ursache seelischer Narben in der Kindheit und deren Folgen im späteren Leben (Nadau 1999, Simchen 2015, Winkler und Rossi

4.3 Psychodynamik der Entwicklung einer Bulimie

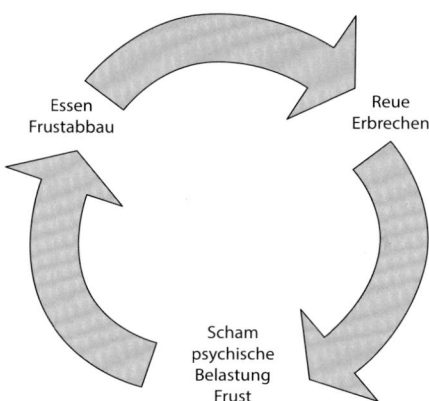

Abb. 4.2: Teufelskreis der Bulimie

2001, Surman und Biedermann 2006, Tamm-Schaller und Joraschky 1990). Eine davon ist die Bulimie.

Es ist der Zusammenhang von AD(H)S und Bulimie, der erklärt, warum beide viele psychische Störungen gemeinsam haben. Dazu zählen beispielsweise:

- Angststörungen
- Zwangsstörungen
- Impulssteuerungsschwäche
- Autoaggressive Handlungen (Ritzen)
- Einschlafstörungen
- Panikattacken
- Depressive Verstimmungen
- Selbstwertproblematik

Eine gemeinsame genetische und neurobiologische Ursache des AD(H)S und der Bulimie ist also wahrscheinlich, wobei die Bulimie eher die Folge als die Ursache der meist auch schon vorher bestehenden psychischen Störungen ist. Zusammen bilden sie ein individuelles psychisches Störungsprofil, das immer einer mehrdimensionalen und ursächlichen Behandlung bedarf.

Folgende körperliche Beschwerden treten relativ häufig gemeinsam mit einer Bulimie auf:

- Kopfschmerzen
- Nacken- oder Rückenschmerzen
- Prämenstruelle Beschwerden
- Unregelmäßigkeiten im Menstruationszyklus

Überempfindlichkeit, Selbstzweifel und eine nur geringe soziale Kompetenz stehen häufig am Beginn des psychischen Leidensweges von Jugendlichen, die nur anfangs kompensiert oder erfolgreich verdrängt werden können. Mit der Zeit lei-

4 Die Bulimie (Ess-Brech-Sucht)

Abb. 4.3: Beispiel einer Menge von hochkalorischen Nahrungsmitteln, die während eines »Essanfalls« heruntergeschlungen werden können

det die Lebensqualität der Betroffenen. Es gilt, die Zusammenhänge von Ursache und Folgen aufzudecken, um gezielter und wirkungsvoller behandeln zu können.

4.4 Frühsymptome

Die Ess-Brech-Sucht (Bulimie) ist im Vergleich zur Magersucht äußerlich symptomärmer und unauffälliger, weshalb sie oft jahrelang unerkannt bleibt. Wann sollten Eltern bei ihren Kindern und Jugendlichen an das Vorliegen einer Bulimie denken?

Folgende Frühsymptome können auf eine Bulimie hinweisen:

- Wenn immer wieder Nahrungsmittel aus dem Kühlschrank verschwinden, obwohl die betroffenen Jugendlichen bei den Mahlzeiten reichlich oder nur sehr wenig essen. Sie geben oft vor, satt zu sein, weil sie nichts essen wollen, halten dann jedoch das Hungern nicht durch und essen heimlich.
- Wenn die betroffenen Jugendlichen immer wieder nachts an den Kühlschrank gehen und Essensreste in der Nähe ihrer Betten gefunden oder versteckt werden

- Wenn die betroffenen Jugendlichen wenig essen, aber nicht abnehmen, oder reichlich essen und nicht zunehmen
- Wenn die betroffenen Jugendlichen unmittelbar nach dem Essen die Toilette aufsuchen
- Wenn im Bad Spuren von Erbrochenem gefunden werden, das Erbrechen verschwiegen oder geleugnet wird
- Wenn die betroffenen Jugendlichen während der Nahrungsaufnahme übermäßig viel trinken, da die Flüssigkeit das Erbrechen erleichtert

4.5 Beispiele aus der Praxis

Von zehn Studentinnen, die zurzeit wegen Problemen im Leistungs- und Sozialverhalten meine Praxis besuchen, behandle ich fünf, die alle ein ADS ohne Hyperaktivität *und* gleichzeitig eine Bulimie haben. Erst nach behandlungsbedingter deutlicher Verbesserung ihrer AD(H)S-typischen Problematik begannen sie über ihr Essverhalten zu sprechen. Ihre Vorgeschichte und ihre Symptome glichen sich, als wären sie Zwillinge, und doch durchlebte jede für sich ihre eigene individuelle und lange Leidensgeschichte. Erst im therapeutischen Gruppengespräch begannen sie, offen über ihre Ess-Brech-Sucht zu reden, so wie sie es bisher noch niemals taten. Sie begannen sich gegenseitig zu coachen und knüpften freundschaftliche Beziehungen. Sie erkannten sich selber in den jeweils anderen Personen in vielerlei Hinsicht wieder. So trafen sie sich regelmäßig auch außerhalb der Therapiestunde, um gemeinsam einzukaufen und zu kochen. Dazwischen telefonierten sie untereinander »stundenlang«.

Alle fünf Studentinnen konnten dank der multimodalen Behandlung ihrer AD(H)S-Problematik ihr Selbstwertgefühl und ihre soziale Kompetenz deutlich verbessern. Bisher absolvierten sie ihr Studium in Bezug auf ihre eigenen Erwartungen mehr oder weniger erfolgreich. Sie besaßen einen Freundeskreis und wussten um ihre Besonderheiten und hatten dank der angebotenen Therapie gelernt, sich darauf einzustellen und einen Coach zu akzeptieren. Dazu wurden die Eltern, soweit die Studentinnen noch zu Hause wohnten, der Freund oder die Freundin angeleitet. Im Bedarfsfall musste vorübergehend auch die Therapeutin diese Funktion übernehmen. Aber niemand außer mir als behandelnde Ärztin und den übrigen vier Gruppenmitgliedern wusste oder ahnte etwas von ihrer Bulimie, die sich deutlich besserte, in besonderen Krisenzeiten jedoch noch weiterhin von den jungen Frauen als Mittel zum Stressabbau eingesetzt wurde. Als solches diente sie dem gleichen Zweck wie Ritzen, was deshalb oft mit oder vor der Bulimie praktiziert wurde. Als Therapeutin lernte ich verstehen, dass diese einmal eingeschliffene Art, so auf Stress zu reagieren, nicht von heute auf morgen abgestellt werden konnte.

4 Die Bulimie (Ess-Brech-Sucht)

> **Zur therapeutischen Behandlung junger Menschen mit Bulimie**
>
> Denken und Handeln müssen bei jungen Menschen, die unter einer Bulimie leiden, umprogrammiert werden. Hierfür bedarf es professioneller ärztlicher bzw. psychologischer Helfer sowie genügend Zeit und gegenseitigen Vertrauens. Letzteres muss behutsam aufgebaut werden, Hilfe muss spürbar sein, Druck möglichst vermieden und Rückschläge eingeplant werden. Für Patientin und Therapeut ist es wichtig, Vorsätze und Struktur einzufordern und Ehrlichkeit zur Bedingung zu machen. Erst mit der psychischen Stabilisierung, wenn Erfolg, Anerkennung und vor allem Selbstzufriedenheit sich einstellen, kann von ärztlicher Seite aus mit der eigentlichen Behandlung der Bulimie begonnen werden. Solange die Betroffenen es nicht von sich aus tun, sollte der Therapeut die besondere Symptomatik der Bulimie nicht direkt und konkret ansprechen.

Die Therapie der fünf Studentinnen, die ich sowohl in Einzel- als auch in Gruppensitzungen durchführte, hatte zunächst zum Ziel, den Umgang der jungen Frauen mit Stress zu verbessern und ihnen dabei zu helfen, Konflikte möglichst von vornherein zu vermeiden und individuelle Problemlösungsstrategien zu entwickeln. Die perfektionistischen Tendenzen und der hohe Selbstanspruch, den alle fünf Frauen teilten, waren dabei belastende Faktoren, die wir problemorientiert und individuell bearbeiteten. Es galt für die fünf zu lernen, sich realen Zielen zu stellen, um Enttäuschungen zu vermeiden. Erforderlich hierfür war eine zeitübergreifende Lernstrategie mit langfristiger Planung und täglicher Festlegung des Arbeitspensums, z. B. mit Zeit- und Seitenangabe des zu bearbeitenden Lernstoffes, die auch zu ersten Erfolgen führte. Wichtig war mir dabei, dass das Schreiben der Haus-, Abschluss- und Diplomarbeiten und die Vorbereitung auf mündliche Abschlussprüfungen nicht durch typisches Aufschieben bis zur letzten Minute zum unlösbaren Problem und zum stressauslösenden Risiko werden durften. Die Erfahrung zeigte, dass gerade auch bei Essgestörten in der Vermittlung erfolgreicher Lernstrategien ein wichtiger (erster) Teil der Therapie besteht. Effektive Lernstrategien ermöglichten es den fünf Patientinnen, erste und schnelle Erfolge zu erreichen, die zu Vertrauen in die Therapie und in das eigene Können führten. Ihr Stress, ihre Minderwertigkeitsgefühle, ihr Frust und ihre Heißhungerattacken nahmen dadurch ab und konnten in der Folge gemeinsam bearbeitet werden. Reichen Lernstrategien allein nicht aus, sollte eine Gabe von Stimulanzien erwogen werden.

> Junge Menschen, die unter einer Bulimie leiden, benötigen zuerst eine für sie spürbar bessere Alternative im Umgang mit ihrem alltäglichen Frust und Stress. Deren Abnahme bildet eine Voraussetzung dafür, bereit zu sein, das eigene Essverhalten zu regulieren und derart zu verändern, dass ein Erbrechen überflüssig wird. Bei AD(H)S-Nachweis erleichtert eine Stimulanziengabe die Therapie um ein Vielfaches.

4.5 Beispiele aus der Praxis

Aber zurück zu den fünf Studentinnen aus meiner Praxis: Welche Gemeinsamkeiten weisen ihre Entwicklungsgeschichten auf und worin liegen die jeweiligen Ursachen ihrer Ess-Brech-Sucht?

1. Alle fünf jungen Frauen waren mit einer sehr guten Intelligenz ausgestattet: Der Intelligenztest (HAWIK bzw. HAWIE) ergab bei ihnen – im Vergleich zum Durchschnitt – im Verbalteil einen wesentlich höheren Wert (meist um 130, also im hochbegabten Bereich), während der Wert im Handlungsteil dagegen nur im Durchschnittsbereich (100 %) oder darunter lag.

   Diese Differenz im Intelligenztest zwischen Verbal- und Handlungsteil ist typisch für eine Störung in der Verarbeitung und schnellen Abrufbarkeit von Informationen. So beinhaltet der Handlungsteil die Faktoren Arbeitsgeschwindigkeit, Konzentration, Merkfähigkeit und Informationsverarbeitung, der Verbalteil vor allem gespeichertes Wissen und dessen logische Anwendung.

   Solche Unterschiede zwischen Verbal- und Handlungsfähigkeiten werden von den Betroffenen zumeist deutlich gespürt: Sie können sich dieses Anderssein nicht erklären und beginnen in der Folge, an ihren Fähigkeiten zu zweifeln, was sie noch mehr verunsichert.

2. Alle fünf Studentinnen sind ihren Eltern bislang in ihrer Entwicklung kaum irgendwie negativ aufgefallen. Sie waren immer schon sehr kluge, überangepasste und fleißige Mädchen, die in der Grundschule zu den Klassenbesten gehörten. Dass sie wenig soziale Kontakte hatten, wurde durch ihren hohen Anspruch erklärt, den sie an sich, aber auch an andere stellten. Sie hatten alle ein bis zwei beste Freundinnen, zu denen sie einen sehr engen Kontakt pflegten. Den Geschwistern gegenüber verhielten sie sich rücksichtsvoll. So bereiteten sie ihren Eltern erzieherisch keinerlei Probleme.

3. Im Gymnasium merkten sie erstmalig, aber auch das nicht kontinuierlich, dass sie sich in einigen Fächern mehr als ihre Mitschüler anstrengen mussten. Ihre gute Intelligenz und ihr Fleiß halfen ihnen, das zu kompensieren.

4. In der mündlichen Mitarbeit hatten alle fünf im Unterricht Probleme, da die Epochalnote im Gymnasium eine große Bedeutung für die Endnote besitzt. Als Schülerinnen waren sie in der Mitarbeit zu langsam. Ihnen fiel nicht so schnell die passende Antwort ein. Auswendig Gelerntes konnte dagegen schneller abgerufen werden. Ihre Stärke waren die guten und sehr guten schriftlichen Noten, auch wenn diese leider in einigen Fächern wie Geschichte, Biologie oder Erdkunde manchmal schlechter als erwartet ausfielen.

5. Alle fünf Frauen klagten im Nachhinein, wenn sie an ihre Schulzeit zurückdachten, über eine zunehmende Empfindlichkeit gegenüber Kritik, negativ empfundenen Bemerkungen und Enttäuschungen. Sie konnten als Schülerinnen die Tränen häufig nicht zurückhalten und waren nicht in der Lage, sich gegenüber anderen verbal schnell genug zu verteidigen. Deshalb begannen sie, sich innerhalb der Schul- und Klassengemeinschaft zunehmend zurückzuziehen.

6. Von den Klassenkameraden fühlten sie sich oft unverstanden und ausgegrenzt. Sie mieden laute Partys und Situationen, wo viele Klassenkameraden

auf engem Raum zusammen waren. Sie fühlten sich dort überfordert und konnten sich bei dem Stimmengewirr nicht konzentrieren. Am liebsten waren sie für sich allein, chatteten im Internet oder mit Facebook-Freundinnen.
7. Mit den Hausaufgaben und dem Lernen beschäftigten sie sich intensiv und lange. Das Behalten von längeren Texten und deren Wiedergabe jedoch bereitete ihnen Schwierigkeiten.
8. Alle fünf Studentinnen aßen als junge Mädchen gern Süßes und wenn ihnen langweilig wurde, belohnten sie sich mit Essen. Das führte zur allmählichen Gewichtszunahme. Darauf angesprochen, reagierten sie sehr sensibel und aßen gar nichts mehr, was sie aber nicht lange durchhielten, weil sie Heißhunger bekamen.
9. Ihr Versuch, weniger oder nur kalorienarm zu essen, führte immer zum Heißhunger, dem sie nicht widerstehen konnten. Ihr noch so starker Wille wurde von ihrer Schwäche, das Verhalten zu steuern, besiegt.
10. Um bei ihren Essanfällen, wie sie es selbst nannten, nicht an Gewicht zuzunehmen, fingen sie zu erbrechen an. Was ihnen anfangs als eine gute Lösung erschien, wurde mit der Zeit zum Zwang, unter dem sie zu leiden begannen. Dieses ständige Erbrechen durfte von niemandem bemerkt werden.
11. Ansonsten hatten alle fünf Studentinnen wegen ihrer Bulimie keinen Leidensdruck. Dass ihr Essverhalten auf Dauer nicht gesund sein konnte, darüber machten sie sich wenig Gedanken.
12. Ihr schlechtes Selbstvertrauen in die eigenen Fähigkeiten, ihre Selbstzweifel und ihren sozialen Rückzug brachten sie nicht mit der Ess-Brech-Sucht in Verbindung. Dieser Zusammenhang musste ihnen erst erklärt werden. Spontan berichteten sie, dass sie nach der Diagnose AD(H)S und der begonnenen Behandlung deutlich weniger, zeitweilig sogar überhaupt nicht mehr erbrechen mussten.
13. Erst die Aufdeckung ihrer Ess-Brech-Sucht als eine Folge der AD(H)S machte es möglich, auch dieses Symptom mit in den therapeutischen Prozess einzubinden, wozu alle fünf bereit waren.

4.6 Auswirkungen auf die Gesundheit

Die Erkrankung einer Bulimie führt bei Kindern und Jugendlichen nicht nur zu einer starken psychischen Belastung. Früher oder später kann es zu schwerwiegenden körperlichen Schäden kommen, die in erster Linie Folge des ständigen Erbrechens sind:

- Verlust von Mineralstoffen und Elektrolyten
- Der saure Mageninhalt greift die Speiseröhre an und führt zu Entzündungen, die – wenn sie über Jahre bestehen – bösartig werden können

- Durch saures Erbrechen kommt es zur Entzündung und Verstopfung der Mundspeicheldrüsen. Diese schwellen an, der Speichel kann nicht abfließen und bildet in den Drüsengängen Speichelsteine als Folge des Sekretstaus
- Ein Missbrauch von Abführmitteln führt zur Darmreizung, Nährstoffe und Spurenelemente können nicht ausreichend aufgenommen werden (Eisen, Selen, Zink, Magnesium und Vitamine)
- Das saure Erbrechen zerstört den Zahnschmelz, die Zähne werden kariös

4.7 Bulimie und Magersucht – zwei Varianten einer Essstörung, die sich im Krankheitsverlauf abwechseln können

Magersucht und Bulimie sind Folgen einer psychischen Destabilisierung und können sich in ihrem Krankheitsverlauf abwechseln. Beides sind zwei Varianten von Essstörungen und werden meist von einer Vielzahl weiterer psychischer und psychosomatischer Beschwerden begleitet. Ein Großteil der Magersüchtigen litt während der Vorgeschichte ihrer Erkrankung unter einer Bulimie, und viele ehemals Magersüchtige erbrechen weiterhin regelmäßig, um nicht an Gewicht zuzunehmen. Beide Krankheitsbilder können ineinander übergehen. Die mit ihnen verbundene Psychodynamik weist auf einen engen Zusammenhang der beiden Störungen und auf gemeinsame neurobiologische Ursachen hin. Meist wird die Psychodynamik in beiden Fällen von einem schlechten Selbstwertgefühl ausgelöst, das mit einer unbefriedigten sozialen Kompetenz bei hohem Selbstanspruch verbunden ist. Bei Magersüchtigen überwiegt ein introvertiertes Verhalten mit schwankenden depressiven Verstimmungen und veränderter Körperwahrnehmung, bei der Ess-Brech-Sucht die Impulssteuerungsschwäche mit extrovertiertem Verhalten.

> Es ist kein Zufall, dass sowohl die Magersucht als auch die Bulimie in ihrem jeweiligen Krankheitsprofil viele gemeinsame psychische Symptome aufweisen. Auffällig ist, dass fast allen Essgestörten eine Reihe von psychischen Merkmalen gemeinsam ist, die auch bei einer veränderten Informationsverarbeitung vorkommen. Das sollte in Zukunft Ärzte und Psychologen veranlassen, nach Symptomen einer Störung aus dem AD(H)S-Spektrum zu suchen. Entscheidend ist, wie der Körper auf Stress reagiert. Wird das Hungergefühl durch den Stress bedingten hohen Blutzuckerspiegel unterdrückt, fällt Hungern leichter, was die Entwicklung einer Magersucht begünstigt. Fällt aber der stressbedingte hohe Blutzuckerspiegel durch eine schnelle Insulinausschüttung stark ab, entsteht Heißhunger, der zur Nahrungsaufnahme zwingt. Das begünstigt die Entwicklung einer Bulimie.

4 Die Bulimie (Ess-Brech-Sucht)

Eine genaue Erhebung der Krankengeschichte einer Essstörung bringt häufig weitere begleitende psychische Auffälligkeiten zu Tage, die auf ein AD(H)S hinweisen und unbedingt in die Behandlung der Bulimie mit einbezogen werden sollten. Die häufigsten sind:

- *Schulische Probleme* infolge von Teilleistungsstörungen, wie Lese-Rechtschreib- und Rechenschwäche. Sie sind vorwiegend konzentrationsbedingt und Folge schlechter Automatisierung von Lernprozessen.
- Ein *allgemeiner Reiferückstand* in der Persönlichkeitsentwicklung.
- *Soziale Ängste* infolge eines genetisch bedingten Mangels an Serotonin.
- *Mobbing:* Kinder und Jugendliche mit Essstörungen werden von ihrem sozialen Umfeld oft als schwache Persönlichkeiten empfunden, die schnell und überschießend auf Provokationen reagieren, schnell weinen, statt sich zu wehren, und sich lieber zurückziehen. So werden sie zu hilflosen Mobbingopfern.
- *Streben nach Perfektionismus:* Bulimische Kinder und Jugendliche streben oft nach einem zunehmend perfektionistischen Verhalten, mit dessen Hilfe sie versuchen, ihre Unordnung und Vergesslichkeit in den Griff zu bekommen. Diese Selbsthilfemaßnahme wird mit der Zeit zur Strategie, die sich verselbstständigt, zwanghaft und damit für die Betroffenen kontraproduktiv wird, da sie ihnen im Alltag mehr schadet als nutzt.
- *Versagensängste* als Folge einer Selbstwertproblematik bei subjektiv empfundenen Defiziten.
- *Panikattacken und Blackout-Reaktionen:* Diese entstehen auf dem Boden eines mangelnden Selbstvertrauens verbunden mit der Unfähigkeit, auf Stress angemessen zu reagieren. Die Betroffenen entwickeln dabei häufig einen Blick durch die Negativlupe, der den Stress potenziert. Stress kann dann das Denken blockieren und im Gehirn regelrecht einen gedanklichen Kurzschluss verursachen (Blackout). Auch kann es durch massive Ausschüttung von Stresshormonen zur extremen Körperreaktion in Form einer Panikattacke kommen.
- *Depressionen:* Langanhaltender Stress, Negativdenken und Versagensängste führen zum Serotonin- und Noradrenalinmangel und damit zur depressiven Verstimmung. Diese wird noch begünstigt, wenn bei den betroffenen Kindern und Jugendlichen angeboren schon eine Schwäche in der ausreichenden Bereitstellung dieser Botenstoffe als Folge einer genetisch bedingten Transporterstörung besteht (Kugaya et al. 2004, Mackin et al. 2006, McGowan et al. 2009, Spitzer 2003, Braus 2004, Surman und Biedermann 2006).
- *Autoaggressive Handlungen* wie Ritzen sind Ausdruck einer inneren Unzufriedenheit mit der eigenen Person und der Umwelt, verbunden mit gespürter Hilflosigkeit, wenig Selbstvertrauen und Dauerfrust. Hauptursache hierfür ist ein negativer und nicht mehr zu tolerierender Dauerstress, der autoaggressiv abreagiert wird, wobei eine reduzierte Schmerzempfindung diese Handlungen begünstigt. Diese autoaggressiven Handlungen sind Notlösungen für als unerträglich empfundene Situationen. Auch sie können sich automatisieren und einen zwanghaften Charakter annehmen.
- *Zwangsgedanken und -handlungen* sind Rituale, die immer wiederkehren und sich nicht unterdrücken lassen. Sie betreffen Denken und Handeln der Betrof-

fenen. Sie dienen der inneren Entspannung. Sie werden als störend und belastend empfunden und dienen der Abreaktion von Ängsten und Aggressionen sowie der psychischen Stabilisierung, wenn zur psychischen Entlastung keine anderen Bewältigungsstrategien zur Verfügung stehen. Zwangshandlungen und Zwangsgedanken sind Ausdruck einer Dekompensation im Bereich der Planung und Kontrolle des Handlungs- und Gedankenablaufes. Botenstoffdysregulation, Stress und ein durch Reizüberflutung überlastetes Zentralnervensystem sind neurobiologisch gesehen die Basis für die Ausbildung von Zwängen. Diese können sich automatisieren, d. h. sie verselbstständigen sich, sodass sie chronifizieren und dann schwer behandelbar sind.

Neurobiologisch gesehen sind die oben genannten möglichen Komorbiditäten einer Bulimie Ausdruck einer psychischen Dekompensation auf dem Boden einer schon lange vorher bestehenden, AD(H)S-bedingten zu großen psychischen Belastung mit Selbstwertproblematik und beeinträchtigter sozialer Kompetenz. Eine angeborene Störung der Informationsverarbeitung im zentralen Nervensystem mit zu großer Empfindlichkeit gegenüber Kränkungen und Stress ist deren unmittelbare Ursache.

> Essstörungen und ihre psychischen Begleitstörungen (Komorbiditäten) können Ausdruck einer AD(H)-Spektrumsstörung sein. Der innere Zusammenhang einer AD(H)S und einer Essstörung wird bei sorgfältiger Anamnese und Diagnostik durch die Praxis immer wieder bestätigt. Das Wissen um diesen grundsätzlichen Zusammenhang sollte es Ärzten und Psychologen ermöglichen, die Entstehung von Essstörungen bei Kindern und Jugendlichen zukünftig rechtzeitig zu behandeln, um deren Chronifizierung zu verhindern.

4.8 Auch männliche Jugendliche können eine Bulimie, eine Magersucht oder beides entwickeln

4.8.1 Allgemeine Ursachen

Gesellschaftlicher Druck, äußeres Erscheinungsbild und Karrierestreben fordern ihre Tribute. Dem männlichen Schönheitsideal entsprechen Waschbrettbauch, schmale Hüften, breite Schultern, kräftige Muskulatur und selbstsicheres Auftreten. Jugendliche und junge Männer sollen zugleich im Denken flexibel, redegewandt und emotional ausgeglichen sein. Selbstunsichere Persönlichkeiten glauben, wenn sie diesen Normen im äußeren Erscheinungsbild entsprechen (oder nahe kommen), im sozialen und beruflichen Leben mehr Erfolg zu haben. Das mag durchaus für einige Berufsgruppen zutreffen und sogar notwendig sein, für die meisten Berufe jedoch zählen (auch noch) andere Qualitäten. Sicher ist dennoch: Das äußere Erscheinungsbild von Frauen *und* Männern wird bei der Beurteilung von Persönlichkeiten für ihre berufliche Tauglichkeit in der heutigen Zeit bewusst oder unbewusst überbewertet.

Fakt ist, gutes Aussehen und eine schlanke Figur sind für Beruf und Freizeit ein positiver Bonus, den es sich zu erhalten oder zu erstreben gilt. Wer das leugnet, verkennt die Realität! Um ein gutes Aussehen bemüht treiben viele männliche Jugendliche exzessiv Sport, besuchen zusätzlich Fitnesszentren, nehmen Anabolika und fasten sogar. Im Allgemeinen sind Diäten bei Männern im Vergleich zu Frauen verhältnismäßig unbeliebt und werden weniger angewandt.

In meiner Praxis ist mir kein männlicher Erwachsener oder Jugendlicher mit einer Bulimie begegnet, jedoch einige mit einer beginnenden Magersucht. Diese fiel – im Gegensatz zu vielen weiblichen Patienten – dabei in keinem Fall so extrem aus, dass nur noch eine stationäre Behandlung helfen konnte. Auch die Gruppe der von mir behandelten männlichen Jugendlichen mit Essstörungen wies in ihrer Lebens- und Schulbiographie verblüffend viele Ähnlichkeiten auf, die ich deshalb im Folgenden beschreiben will. Gemeinsam war allen, dass Anamnese und Diagnostik als Ursache der Essstörung ein Aufmerksamkeitsdefizit-Syndrom mit Hochbegabung erbrachten.

4.8.2 Gemeinsamkeiten männlicher Jugendlicher mit Essstörungen

Männliche Jugendliche und junge Erwachsene mit einer Essstörung leugnen – wie junge Frauen auch – ihre Essstörung und behaupten, ausreichend zu essen. Tatsächlich jedoch sind sie mit einem Body-Mass-Index (BMI) unter oder um 18 sehr mager. Typischerweise rauchen sie Zigaretten, eine halbe bis eine ganze Schachtel pro Tag und gelegentlich auch »Gras« (getrocknete Cannabisblätter). Sie sind zumeist sehr intelligent, besuchen gymnasiale Oberstufen und klagen zunehmend über Probleme im Leistungs- und Verhaltensbereich. Sie leiden an Versagensängsten, Einschlafstörungen und psychosomatischen Beschwerden wie Kopf- und Bauchschmerzen, Übelkeit und Panikattacken. Ihre sehr gute Intelligenz, die bei manchen bis zur Hochbegabung reicht, ist ihnen (und ihren Eltern und Lehrern) in aller Regel nicht bekannt, ihre Schulnoten sprachen eher dagegen. Ein Intelligenztest (HAWIK) ergibt bei Ihnen häufig eine deutliche Differenz von über 20 Punkten der IQ-Werte zwischen Verbal- und Handlungsteil. Die magersüchtigen Jungen leben zumeist eher zurückgezogen, haben nur wenige Freunde, zu denen sie aber intensive Kontakte pflegen. Ihre Freizeit verbringen sie zum größten Teil mit Computerspielen und Chatten im Internet. Für Hausaufgaben und Lernen benötigen sie meistens nur wenig Zeit.

4.8.3 Männliche Jugendliche und ihr Verhältnis zu ihren Eltern

Alle männlichen Jugendlichen, die aufgrund von restriktiven Essstörungen meine Praxis besuchten, waren mit ihren Eltern und deren Verhalten unzufrieden, weil sie sich zu sehr kontrolliert und bevormundet glaubten. Ihnen entging nicht, dass es in der Ehe ihrer Eltern und in der Familie viele Konflikte gab, die nicht gelöst wurden. Das letztere störte sie sehr, weshalb sie in der Therapie oft abwertend über die Schwäche ihrer Eltern sprachen. Dabei störte sie deren Unfähigkeit, etwas zu ändern, damit sich alle in der Familie wohler fühlen können. Die starren familiären Strukturen mit dem Festhalten an Gewohnheiten, die eigentlich keiner mochte, störte sie am meisten. Die unzureichende Flexibilität, das war es, was alle drei Jugendlichen an ihren Eltern am stärksten kritisierten. Sie erlebten ihre Mutter gegenüber dem Vater als zu untergeben, aber ihnen selbst gegenüber viel zu überbehütend und in ihrer Selbstständigkeit zu einengend. Die überängstliche Mutter wachte auch darüber, dass sie regelmäßig und gesund aßen. Rauchen und Alkohol trinken war den Jungs streng untersagt, obwohl viele ihrer Väter regelmäßig rauchten oder zumindest früher starke Raucher waren. Viele der Mütter versuchten, Freizeitaktivitäten und Taschengeldausgaben ihrer Söhne regelmäßig zu kontrollieren.

Das überbehütende und überkontrollierende Verhalten der Mütter führte zu schweren Konflikten mit und bei ihren Söhnen, die – insbesondere in der Entwicklungsphase der Pubertät – Freiheiten und Freiräume benötigen, um eigene Erfahrungen zu machen.

Können die Jugendlichen ihre daraus mündenden Auseinandersetzungen mit ihren Müttern nicht offen und frei austragen, übertragen sie diese auf ihren eigenen Körper. Essstörungen (Magersucht und Bulimie) können hierbei die Folge sein und zum verzweifelten Versuch der Jugendlichen werden, im Essverhalten selbstständig und unkontrolliert handeln zu können.

> Restriktive Essstörungen bei Jungen und männlichen Jugendlichen haben in aller Regel nicht allein oder nur unwesentlich ihre Ursache darin, dass die Betroffenen dem herrschenden Schönheitsideal möglichst perfekt entsprechen möchten. Magersucht und Bulimie haben vielmehr in einer ganz bestimmten Persönlichkeitsvariante und dem Empfinden der Betroffenen ihren Ursprung, nicht in der Lage zu sein, die eigene ersehnte Identität ausleben zu können. In sehr vielen Fällen ist ein ADS ohne Hyperaktivität die eigentliche Ursache.

4.8.4 Männliche Magersüchtige beschreiben ihre Familie

Bei den Familien der von mir behandelten männlichen Magersüchtigen handelte es sich, oberflächlich betrachtet, um ganz »normale«, meist sozial gut gestellte Familien. Auch die Beantwortung von Fragebögen ergab kaum Hinweise auf innerfamiliäre Konflikte. Meine persönlichen Eindrücke der Eltern, die vorwiegend auf gemeinsamen Gesprächen beruhten, zeigten, dass das Bild, das die Jugendlichen von ihren Eltern beschrieben, in vielen Punkten mit meinem Eindruck übereinstimmte. Die gemeinsamen Gespräche machten jedoch zugleich deutlich, dass sich die Jugendlichen nicht zeitig und konsequent genug gegen die von ihnen kritisierte elterliche Bevormundung erfolgreich wehren konnten. Sätze wie: »Mutter, halt dich da raus, das ist mein Problem, das löse ich allein«, hörte man von ihnen nicht. So etwas zu äußern, wäre ihnen auch nicht eingefallen. Sie protestierten stattdessen leise, in sich gekehrt, ohne dass ihre Eltern davon etwas ahnten. Ihr Protest war nicht eindeutig und stark genug. Auf meine Frage, warum sie sich nicht wehrten, antworteten alle Patienten sinngemäß: »Es hätte sowieso nichts genutzt.« Alle ihre Änderungswünsche seien in der Vergangenheit meist von vornherein von den Eltern abgeblockt worden.

Das unflexible Verhalten, das sich bei den Familien der von mir behandelten männlichen Jugendlichen mit beginnender oder atypischer Magersucht zeigte, entsprach einem »selbsttherapeutischen« Ansatz. Mein Kennenlernen der Eltern und, sofern möglich, der Geschwister der Patienten, offenbarte, dass letztlich zumeist alle Familienmitglieder auf eine bestimmte Art und Weise fixiert waren. Manche Eltern hatten sogar psychisch manifeste Störungen entwickelt, wie krankhafte Ängste, Zwangsstörungen, Depressionen, Burnout-Syndrom oder Suchtverhalten beim Gebrauch legaler Drogen. Alle Mütter meiner magersüchtigen männlichen Jugendlichen hatten selbst ein abnormes Essverhalten mit Gewichtsproblemen. Sie fühlten sich zu dick, obwohl sie normalgewichtig waren, oder sie litten unter einer Essstörung mit einem Gewicht im unteren Normbereich oder sie hielten ihr Normalgewicht mittels ständiger Diäten. In allen Familien spielte das Essen als Thema schon immer eine sehr große Rolle und für die Mütter bildete es ein Maß und Instrument für Fürsorge und Zuneigung. Vom Kleinkindalter an hatten sie sehr großen Wert darauf gelegt, ihre Kinder nach den aktuellsten Erkenntnissen der Wissenschaft ausreichend gut und gesund zu ernähren. Jede Essensverweigerung der Kinder glich einer Katastrophe, die die Mütter in ihrer Besorgtheit zur Hochform auflaufen ließ, was sehr bald ihre Kinder nervte und bei ihnen eine innerliche Abwehr auslöste. Sie lernten, sich über ihr Essverhalten die Zuneigung der Mutter und noch einiges mehr zu erkaufen. Sie lernten aber auch, sie mit ihrem Essverhalten zu provozieren, zu manipulieren und, wenn nötig, auch zu erpressen.

Die Väter dagegen hatten sich der alltäglichen Erziehungsarbeit entzogen und überließen Entscheidungen der Mutter – damit glaubten sie, unnötigen Ärger vermeiden zu können. Sie hatten meist selbst Probleme im Beruf, nicht so sehr mit der Arbeit an sich, viel mehr mit den Arbeitskollegen. Sie fühlten sich von ihnen nicht ausreichend anerkannt oder gar benachteiligt. Zu Hause reagierten sie ihren Ärger oft unverhältnismäßig laut und schlecht gelaunt ab, indem sie überschießend auf Kleinigkeiten reagierten, oder sie zogen sich an einen der vorhandenen TV- oder Computerbildschirme mit der Aufforderung an die Familie zurück: »Die Arbeit war stressig, ich brauche jetzt meine Ruhe«.

4.8.5 Das Verhalten von Eltern essgestörter Jugendlicher – eine Zusammenfassung

Die Beschreibungen, die Jugendliche mit einer restriktiven Essstörung von ihren Eltern geben, weisen häufig folgende Punkte auf:

- Mutter und/oder Vater sind in ihrem Verhalten sehr wechselhaft, sie sind schnell zu begeistern, aber genauso schnell tief verletzt und enttäuscht
- Sie haben gegenüber sich und anderen eine hohe Erwartungshaltung, sind sehr anspruchsvoll, haben einen großen Gerechtigkeitssinn, sind schnell verunsichert und misstrauisch
- Sie lassen sich oft durch ein Schwarz-Weiß-Denken leiten, das nur ein »Entweder-Oder« kennt, sie sind wenig kompromissfähig und nicht diplomatisch
- Sie sind hochgradig empfindlich, leicht eingeschnappt und nachtragend: Negatives wird nicht vergessen und immer wieder vorgeholt
- Sie haben wenig Selbstvertrauen
- Sie vergessen häufig Verabredungen und Absprachen – selbst eigene Androhungen vergessen sie oft, sodass sie insgesamt unzuverlässig wirken
- Sie reden und handeln spontan, ohne vorher zu überlegen, bei Gesprächen driften sie vom Thema ab und kommen vom Hundertsten ins Tausendste
- Sie sind schnell frustriert und vertragen keine Kritik
- Sie leben im Hier und Jetzt, ihr Denken und Handeln ist wenig vorausschauend, um zu handeln, brauchen sie Termindruck
- Sie nehmen sich nahezu immer viel zu viel vor und schaffen zur eigenen Enttäuschung davon nicht einmal die Hälfte
- Ihre Entscheidungen treffen sie spontan und nach jeweiliger emotionaler Befindlichkeit
- Sie sind in Konfliktsituationen leicht erregbar und fühlen sich unverstanden, ohne sich jedoch angemessen verteidigen zu können – sie neigen dazu, anderen die Schuld zu geben
- Es fällt ihnen schwer, mit Arbeiten zu beginnen und begonnene Arbeiten vollständig abzuschließen
- Sie haben ein mangelhaftes Zeitgefühl und -management, weshalb sie manchmal wichtige Termine vergessen
- Sie »lieben« Grundsatzdiskussionen, in denen sie immer aufs Neue auf negative Ereignisse der Vergangenheit zu sprechen kommen, was meist zu sehr emotional geführtem Streit und ungewollten Kränkungen führt
- Sie kennen die Schwächen der anderen ganz genau und übersehen deren Fehler nie, denn sie brauchen Streit, um sich abreagieren und ihre Gedanken ausrichten zu können
- Sie streiten oft mit ihrem Partner wegen Nichtigkeiten; Ausgangspunkt und Verlauf des Streites folgen dabei immer einem eingeschliffenen Muster, das nicht selten mit der Androhung einer Trennung endet

4 Die Bulimie (Ess-Brech-Sucht)

Zugleich jedoch beschreiben die essgestörten Jugendlichen ihre Eltern auch wie folgt:

- Sie können sehr fürsorglich sein und sich für andere aufopfern, ohne dabei Rücksicht auf die eigene Gesundheit und persönliche Nachteile zu nehmen
- Sie reagieren ihren Kindern gegenüber häufig überfürsorglich, sie wollen deren Defizite ausgleichen
- In ihrer überfürsorglichen Haltung – sie klammern, sind überängstlich und kontrollierend – erschweren sie (ungewollt) die Entwicklung ihrer Kinder zur Selbstständigkeit

Die Hauptsymptome einer beeinträchtigten Informationsverarbeitung, die neurobiologisch einem AD(H)S entspricht, sind bei Erwachsenen die in Tabelle 4.1 dargestellten.

Tab. 4.1: Wender-Utah-Kriterien für das Vorliegen eines AD(H)S im Erwachsenenalter

Aufmerksamkeitsstörung	• Erhöhte Ablenkbarkeit und Reizoffenheit • Fluktuierende Aufmerksamkeitsleistung
Motorische Hyperaktivität	• Gefühl der inneren Unruhe, unfähig zu entspannen • Stark schwankender Antrieb bzw. schwankende Energie • Dysphorische Stimmung bei Inaktivität
Affektlabilität	• Rasch wechselnde Stimmungslage, häufig als Unzufriedenheit und Langeweile empfunden
Desorganisiertes Verhalten	• Defizitäre Alltagsorganisation, Wechsel zu verschiedenen Aufgaben • Unsystematische Problemlösestrategien
Affektkontrolle	• Andauernde Reizbarkeit bei geringem Anlass • Intoleranz von Frustration, mangelhafte Wutkontrolle
Impulsivität	• Störungen der Impulskontrolle wechselnder Intensität
Emotionale Übererregbarkeit	• Unfähig mit alltäglichen Stressoren umzugehen • Überschießende Reaktionen • Rasche Erschöpfung

Die Beschreibungen der essgestörten Jugendlichen von ihren Eltern und meine eigenen Eindrücke, die ich aus den Elterngespräche sammelte, gaben Anhaltspunkte dafür, dass ein oder beide Elternteile eine AD(H)S-Veranlagung haben könnten. Ich behandele die AD(H)S-typische Problematik der Eltern deshalb so ausführlich, weil ihre psychischen Auffälligkeiten oder Störungen für die Entwicklung ihrer Kinder und deren Essstörungen eine sehr große Bedeutung haben.

Auffällig (und nicht zufällig) ist, dass sich Muster der Kommunikation und Psychodynamik in Familien mit essgestörten Kindern und Jugendlichen häufig in Familien wieder finden, deren Zusammenleben durch ein AD(H)S geprägt ist. In diesen Fällen sprechen die Eltern und Kinder – aufgrund ihrer großen Verletzbarkeit, ihrer hohen Sensibilität und ihrem geringem Selbstvertrauen – meist nur wenig über eigene Gefühle. Die Väter sind in diesen Familien oft beruflich überfordert und überlassen die Erziehung ihrer Kinder den Müttern. Fordert man sie heraus, reagieren sie entweder als »Plattwalzer«, die immer Recht haben, alles besser wissen und keine andere Meinung zulassen. Oder aber sie übernehmen die Rolle des »Beschützers«, der glaubt, seinem Kind helfen zu können, wenn er ihm mit einem schulmeisterlichen, weit ausholenden Vortrag noch einmal alles ganz genau und von Anfang an erklärt. Die Schwester des von einem AD(H)S oder einer Essstörung betroffenen Bruders reagiert meist überangepasst. Sie verbringt die meiste Freizeit bei ihrer Freundin oder mit ihren Hobbys. Sie ist Mutters Stolz, weil sie mit ihr keinerlei Probleme hat und glaubt, auch keine zu bekommen. Wenn es in der Familie noch einen weiteren Bruder gibt, so reagiert dieser meist von Anfang an anders, fordernder, durchsetzungsstärker und eigenwilliger. Er fordert die ganze Kraft und Erziehungskompetenz der Mutter, da er sich immer anders verhält, als diese es erwartet. Nur beim Essen bereitet er ihr keine Probleme: »Wenigstens einer, der gut isst!« Er setzt seinen Willen durch und braucht nicht die Essensverweigerung dazu. Seinen Frust reagiert er sofort und lautstark ab. Es fällt ihm immer ein Grund ein, anderen für alles die Schuld zu geben. So leidet er selber am wenigsten, aber die anderen durch sein Verhalten umso mehr.

4.8.6 Beispiele aus der Praxis – drei männliche Jugendliche mit einer restriktiven Essstörung

Essgestörte männliche Jugendliche entwickeln grundsätzlich die gleichen Verhaltensweisen wie junge essgestörte Frauen. Auch bei ihnen ist die Essstörung darauf ausgerichtet, die eigene Person psychisch zu stabilisieren. Mit ihrer Hilfe können sie einige ihrer Wünsche nach Anerkennung und Zuwendung erfolgreich durchsetzen, was sie für sich als positiv verbuchen. Ihr Essen wird in der Familie, von den Freunden und Therapeuten mit Aufmerksamkeit und Anerkennung bewertet und belohnt, was sie sonst bei keiner anderen Tätigkeit so erfahren haben. Sie brauchen die Verweigerung des Essens, um sich selbst und anderen (besonders ihren Müttern gegenüber) Stärke und Erfolg zu demonstrieren. Bisher waren sie in ihrer hohen Erwartungshaltung, die sie an sich selber, an ihre Eltern, an ihre Lehrer und an ihre Freunde gestellt hatten, zu oft enttäuscht worden. In den Jahren zuvor kämpften sie vergeblich mit dem Gefühl der Hilflosigkeit, sie wussten oft keinen Ausweg aus ihrer Unzufriedenheit.

Berichten möchte ich im Folgenden von drei essgestörten Jugendlichen, die ich in meiner Praxis behandelt habe. Eine ausführliche diagnostische Untersuchung ergab, dass allen drei Jugendlichen eine zu große Empfindlichkeit gemeinsam war. Die Einbeziehung ihrer Familien in die Untersuchung zeigte, dass bei einigen Familienmitgliedern ebenfalls eine emotionale Steuerungsschwäche mit zu großer Empfindlichkeit und hohem Selbstanspruch vorhanden war. Es musste also genetisch bedingt sein.

4 Die Bulimie (Ess-Brech-Sucht)

> Restriktive Essstörungen bei männlichen Jugendlichen sind meist Folge einer unlösbaren Konfliktsymptomatik in der Pubertät bei selbstunsicherer Persönlichkeit infolge sozialen Reiferückstands aufgrund einer stress- und genetisch bedingten Störung in der Informationsverarbeitung mit Problemen im Leistungsbereich und im Sozialverhalten.

Alle drei Jugendlichen klagten darüber, zu Hause zu sehr bevormundet und gegängelt zu werden. Ihre Mütter würden dadurch ungewollt ihre Entwicklung zur Selbstständigkeit behindern. Gespräche mit den Eltern zeigten, dass alle drei Mütter in diesem Punkt völlig uneinsichtig reagierten: Sie konnten und wollten sich hierin nicht ändern. Sie waren überzeugt, dass sie auf das Verhalten ihrer Söhne so reagieren mussten. Das Fasten und Erbrechen der drei Jugendlichen deutete ich damit als einen Protest gegen das mütterliche Überbehüten und Bevormunden, als einen Ausdruck des schwachen und erfolglosen Autonomiebestrebens der Söhne und als deren Reaktion auf diesen mütterlichen Erziehungsstil.

Allen drei Müttern wiederum war gemeinsam, dass sie nur wenige außerfamiliäre Kontakte besaßen, ihre Familie und vor allem die Sorge um ihre Kinder bestimmte ihren Tagesablauf. Sie wollten sehr gute Mütter sein und brauchten diese enge Bindung und Liebe zu ihren Kindern. Sie ahnten nicht, dass sie durch ihr gut gemeintes Verhalten deren Entwicklung hemmten. In ihrer eigenen Kindheit hatten die Mütter unter Problemen gelitten, was sie ihren Kindern ersparen wollten. Meine Gespräche mit den Müttern erbrachten, dass sie in ihrer Kindheit nur ein geringes Vertrauen in die eigenen Fähigkeiten entwickeln konnten. Sie berichteten über Probleme in der Schule und im Umgang mit ihren Klassenkameraden, um deren Lösung sie sich vergeblich bemühten. Für ihre vielen Enttäuschungen in der Kindheit hatten die Mütter vor allem ihre Eltern und Lehrer verantwortlich gemacht. Dass ihre Probleme und Schwierigkeiten in der Kindheit und Jugend in Zusammenhang mit einem eigenen AD(H)S stehen könnten, ahnten sie nicht.

Alle drei von mir behandelten männlichen Jugendlichen waren sehr sensibel und leicht kränkbar. Sie waren zudem unfähig, sich spontan und angemessen gegen andere zu wehren. Im emotionalen Bereich teilten sie das empathische Wesen von (vielen) weiblichen Jugendlichen.

Ein Leben, wie es ihre Väter führten, lehnten die drei Jugendlichen für sich ab. Sie erlebten ihre Väter als »Sklaven« ihres Berufs, die trotz ihres hohen Einsatzes mit ihren beruflichen Erfolgen unzufrieden waren. Alle drei erlebten ihre Väter eher als schwache Persönlichkeiten, im Beruf eher duldend, aber zu Hause schnell erregbar und aufbrausend. Sie werteten das aggressive Verhalten ihrer Väter als Ausdruck innerer Unzufriedenheit.

In der Grundschule zählten die drei Jugendlichen zu den Klassenbesten. Bis auf die etwas unsaubere und »krakelige« Schrift hatten die Lehrer kaum etwas an ihnen auszusetzen. Einer der drei Jungs hatte von klein auf Koordinationsprobleme, die später seine Sportnote beeinflussten. Erst im Gymnasium wurden ihre Zeugnisnoten allmählich schlechter. Das betraf vor allem die Noten in Mitarbeit

4.8 Auch männliche Jugendliche können eine Bulimie oder Magersucht entwickeln

und in den Lernfächern Geschichte, Biologie und Erdkunde. Hier fiel es ihnen schwer, die inhaltlichen Kernaussagen der gelesenen Texte herauszufinden und zu behalten, um diese am nächsten Tag logisch geordnet wiedergeben zu können. »Mein Gehirn nimmt viel zu viel auf und bringt dann alles durcheinander. Mir fehlt der rote Faden«, so die Aussage eines der Jugendlichen. Allen drei Jugendlichen fiel das sog. konvergente, d. h. themenbezogene, Denken schwer. Für sie war *alles* wichtig, sodass sie nur ungenügend zwischen Wesentlichem und Nebensächlichem differenzieren konnten. Bei schriftlichen Arbeiten gelang ihnen das in der Schule noch besser als bei der mündlichen Mitarbeit. Hier hinderte sie ihr zu langsames und mühsames Beantworten gestellter Fragen, sich aktiv und erfolgreich am Unterricht zu beteiligen. Es dauerte viel zu lange, bis sie endlich die richtige Antwort fanden, meist gaben sie auf und gingen im Unterricht eigenen Gedanken nach. Sie brauchten zur Beantwortung gestellter Fragen im Unterricht mehr Zeit und hatten somit beim Lösen von Transferaufgaben Probleme, die andere nicht nachvollziehen konnten.

Im Rahmen eines Therapiegesprächs formulierte Jonas, einer der drei magersüchtigen Jugendlichen, seine Antwort auf meine Frage: »Was hättest du gern geändert?«, so:

- Meinen Leistungsabfall in der Schule stoppen
- Meine Nervosität bei bestimmten Klassenarbeiten und Tests verringern
- Hausaufgaben ohne Verzögerung anfangen zu können
- Meine Unkonzentriertheit abbauen
- Mit meinen Eltern seltener Streit haben
- Von meinen Eltern als ein Jugendlicher behandelt zu werden
- Selbstständiger werden
- Meine Überempfindlichkeit reduzieren
- Mich nicht innerlich permanent gestresst zu fühlen
- Besser (ein)schlafen können

Behandlung eines essgestörten männlichen Jugendlichen

Jonas besucht die 11. Klasse des Gymnasiums, als ihn seine Mutter mit den Zeichen einer leichten oder beginnenden Magersucht zur Behandlung in meine Praxis bringt. Sein Body-Mass-Index (BMI) entspricht einem Wert von 17,8 bei einer Körpergröße von 1,79 m und einem Gewicht von 57 kg.

Jonas' anfängliche Skepsis mir gegenüber verschwindet bald, als er merkt, dass ich ihn und seine Schwierigkeiten verstehe. Ich erkläre ihn gleich für mich zur Hauptperson und bitte die Mutter ins Wartezimmer. Dann führen wir ein für beide Seiten interessantes Gespräch. An dessen Ende sagt Jonas mir: »Ich glaube, Sie verstehen mich.« Besser konnte unsere therapeutische Beziehung nicht beginnen. Danach liegt es an mir, seiner Anspruchshaltung gerecht zu werden. Also spreche ich zwischenzeitlich telefonisch mit der Mutter, um von ihr wichtige Informationen zur Akutsymptomatik zu erhalten. Sehr sorgfältig studiere ich die mir am ersten Tag überreichten Zeugnisse und Vor-

4 Die Bulimie (Ess-Brech-Sucht)

befunde. Der Beginn der Therapie zeigte, dass sich die Hauptsorge der Mutter auf Jonas' Essverhalten richtete, während sich Jonas selber in der Hauptsache wegen seines Leistungsabfalls in der Schule Sorgen machte: In ihm wuchs die Angst, keine Zulassung zur Oberstufe zu bekommen.

Die zweite Therapiestunde beginnt für mich mit Zuhören: Jonas berichtet über seine Schulzeit, seine Eltern, seine Schwester und seine Freizeitaktivitäten. Er schildert seine Mutter als eine eigentlich einsame und unzufriedene Frau, deren ganzer Stolz das Wohlbefinden ihrer Kinder sei. Überbehütend, ängstlich und in seinem Fall äußerst misstrauisch bewacht sie alle Freizeitaktivitäten. Ihrerseits sicher gut gemeinte Ratschläge werden zu Vorschriften, die seine Selbstständigkeit einengen.

Schon immer hatte sie darauf geachtet, dass ihre Kinder gut, regelmäßig und ausreichend essen, wobei sie selbst sehr wenig und unregelmäßig isst. Gemeinsame Mahlzeiten gibt es in der Familie nur am Wochenende. Jonas schildert seine Mutter als eine Frau, die sehr auf ihr Äußeres achtet und die glaubt, selbst zu dick zu sein. Häufig mache sie eine Diät. Sein Vater sei leistungsorientiert, leicht erregbar, perfektionistisch. Er mache, so Jonas, gelegentlich abwertende Bemerkungen über die Figur seiner Mutter und anderer Frauen, die zu dick seien, weil sie viel zu viel äßen und sich nicht beherrschen könnten. Jonas erzählt schließlich noch von seiner sechs Jahre jüngeren Schwester, bei der ein ADS ohne Hyperaktivität festgestellt worden sei, die sehr gern, viel und vor allem Süßigkeiten esse und übergewichtig sei.

Auch bei Jonas deuten Zeugnisse und Schullaufbahn auf das Vorliegen einer Störung in der Informationsverarbeitung hin, wie sie typisch für ein ADS ohne Hyperaktivität ist bei gleichzeitig vorliegender sehr guter intellektueller Ausstattung. Letzterer hatte er es zu verdanken, dass er die Grundschule ohne wesentliche Lernprobleme absolvieren konnte. Mit zunehmender schulischer Belastung konnte er wegen der vorhandenen Defizite den schulischen Anforderungen jedoch nicht mehr in dem Maße genügen, wie er es von sich selber erwartete. Seine Lernschwächen und Schwierigkeiten im Sozialverhalten konnte er nicht mehr ausreichend kompensieren.

Jonas' Intelligenztest (HAWIK) ergab einen Gesamt-IQ von 121, bei einem IQ im Verbalteil von 134 und im Handlungsteil von 100. Diese große Diskrepanz ist typisch für eine Störung in der Informationsverarbeitung.

Vor dem Hintergrund der vorliegenden Testergebnisse und seiner Entwicklung als Kind und Jugendlicher konnte ich Jonas den Zusammenhang zwischen seinen Schwierigkeiten und dem Störungsbild des AD(H)S erklären. Jonas konnte damit verstehen, warum er unter welchen Problemen litt und wie diese anzugehen sind.

Mithilfe neuer Lernstrategien und medikamentöser Unterstützung konnte Jonas bald wieder für ihn zufriedenstellende Schulnoten erreichen. Seine mündliche Mitarbeit in der Schule besserte sich jedoch nur langsam, weil sich erst durch ein intensives Training ausreichend Gedächtnisbahnen entwickeln mussten. Diese sind Voraussetzung für die Automatisierung im Lern- und Handlungsbereich.

Die Verbesserung der sozialen Kompetenz von Jonas gelang nur unter Einbeziehung der Eltern und ihrer eigenen Verhaltensänderung gegenüber Jonas. Es fiel ihnen sehr schwer, mehr Selbstständigkeit zuzulassen und die Kontrolle vorübergehend zu reduzieren und dem Therapeuten zu überlassen. Für alles hatten sie ein »Ja, aber ...« parat. Die Eltern waren bereit, sich mit der AD(H)S-Problematik ihres Sohnes zu beschäftigen, lehnten aber dessen medikamentöse Behandlung strikt ab. Erst als das Verhalten des Bruders in der Schule eskalierte und dieser einen befristeten Schulausschluss erhielt und die Schule eine kinderpsychiatrische Behandlung wegen der auch von den Lehrern erkannten hyperaktiven ADS-Problematik anmahnte, ließen sie sich auf eine multimodulare Behandlung beider Kinder unter Einschluss von Medikamenten ein. In deren Folge schwächte sich allmählich die Essstörung von Jonas ab, während sich zeitgleich dazu sein Selbstwertgefühl besserte. Der Grad der Selbstständigkeit von Jonas nahm zu. Gab es zu Hause oder in der Schule jedoch Stress, aß Jonas prompt weniger und versteckte wieder die Speisereste in seinem Zimmer.

Als Jonas' Eltern 14 Tage in den Urlaub fahren wollten, sollte die sehr verwöhnende Großmutter mütterlicherseits den inzwischen 18-jährigen Jungen beaufsichtigen. Jonas gelang es nur mit großer Mühe, meiner Unterstützung und der ausdrücklichen Zusage, sein Essverhalten in sorgsamer Eigenverantwortung zu übernehmen, dies abzuwenden. Jonas blieb die beiden Wochen zu Hause allein und fühlte sich erstmalig pudelwohl. Er aß wie vereinbart regelmäßig und nahm in den 14 Tagen 2 kg zu. Er bedauerte, dass die Zeit der Selbstständigkeit so schnell vorüber war.

4.9 Magersucht, Bulimie und Esssucht – Folgen einer anlagebedingten stressassoziierten Störung

Störungen aus dem AD(H)-Spektrum sind anlagebedingte stressassoziierte Störungen des psychischen Gleichgewichts mit vielen Erscheinungsformen, die alle Altersstufen betreffen können. Die Praxis zeigt, dass Kinder und Jugendliche mit einer Komorbidität von AD(H)S und Essstörung überzufällig häufig viele Gemeinsamkeiten in ihrer Entwicklung aufweisen. Beiden Störungsbildern liegt in wesentlichen Punkten ein gemeinsamer genetisch bedingter psychodynamischer Prozess zugrunde.

Damit es bei einem AD(H)S zur Ausbildung einer Bulimie kommt, sind bei den betroffenen Kindern und Jugendlichen ganz bestimmte innere und äußere Voraussetzungen erforderlich. Dabei kommt die Bulimie um ein Vielfaches häufiger vor, als sie in den ärztlichen Praxen oder den Kliniken tatsächlich erkannt und behandelt wird: Viele der von ihr Betroffenen entziehen sich bewusst einer Therapie.

4 Die Bulimie (Ess-Brech-Sucht)

Eine Magersucht lässt sich anhand ihrer Symptome im Vergleich zur Bulimie besser diagnostizieren. Die Betroffenen beider Erkrankungen können jedoch nicht leicht von der Notwendigkeit einer Behandlung überzeugt werden.

Sehr begabte Mädchen mit einem hypoaktiven ADS und Lernschwierigkeiten entwickeln während des Studiums häufig eine Bulimie. Das Studium, das im Vergleich zur Schulzeit mit mehr Eigenverantwortung und weniger vorgegebenen Strukturen verbunden ist, überfordert sie und verursacht Misserfolge, die sie bisher nicht kannten.

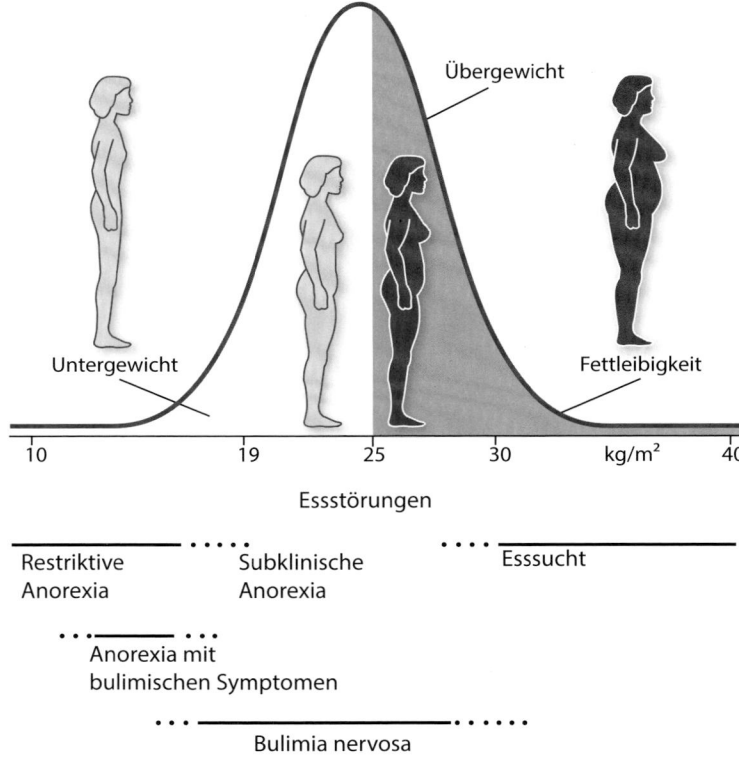

Abb. 4.4: Der Übergang von einer Form der Essstörung zur anderen ist oft fließend

Bulimie-Betroffene stehen unter einem hohen Leidensdruck, den sie verdrängen, weil sie keine Möglichkeiten sehen, von ihrem essgestörten suchtartigen Verhalten loszukommen. Deshalb ist es wichtig und für die betroffenen jungen Frauen eine große Erleichterung, wenn sie verstehen, dass die eigentliche Ursache für ihr Verhalten in einem bisher nicht erkannten oder nicht ausreichend behandelten AD(H)S liegt, dessen Begleit- bzw. Folgeerkrankung die Bulimie ist.

Magersüchtige Patienten haben dagegen meist keinerlei Krankheitseinsicht und entziehen sich lange einer Behandlung. Sie kommen oft wegen Begleiterscheinungen wie Konzentrationsstörungen, Schulversagen, posttraumatischen Störungen, Prüfungsängsten, Blackout-Reaktionen oder Ausbleiben der Regel bei verzögerter Pubertät zum Arzt oder werden ohne eigene Einsicht auf die Notwendigkeit einer Behandlung von ihren Eltern zum Arzt gebracht. Die Betroffenen selbst können und wollen ihr Essverhalten nicht ändern, denn es gibt ihnen psychische Stabilität.

5 Essanfälle, Esssucht und Übergewicht (Adipositas)

5.1 Statistische Daten zur Gesundheit von Kindern und Jugendlichen von 2006 bis 2017

Das Robert Koch-Institut in Berlin veröffentlichte im Jahr 2006 die Ergebnisse seiner ersten umfassenden epidemiologischen Studie zur Gesundheit der Kinder und Jugendlichen in der Bundesrepublik Deutschland. Dazu befragte es 18.000 junge Menschen. Die Studie brachte als ein alarmierendes Ergebnis zu Tage, dass bei knapp 22 % aller Kinder und Jugendlichen ein Verdacht auf Vorliegen einer Essstörung besteht (Hauskeller et al. 2009). Aus ärztlicher Sicht ist festzuhalten, dass Essstörungen (englisch Eating-Disorders) mittlerweile zu den häufigsten psychischen Störungen im Jugendalter gehören.

Die Robert-Koch-Studie ergab ferner, dass 18 % aller befragten Kinder Symptome des AD(H)S aufweisen (ein ADS ohne Hyperaktivität wird bei Jungen noch immer viel zu häufig nicht diagnostiziert) und 38 % aller befragten Jugendlichen rauchen. Unter den 12- bis 18-Jährigen zeigen 18 % depressive Symptome, 9 % aller 16- bis 17-Jährigen betreiben Alkoholmissbrauch, und 4 % müssen als alkoholabhängig gelten.

Die Studie des Robert Koch-Instituts (Hölling und Schlack 2007) zeigt, dass der Anteil der übergewichtigen Kinder im Zeitraum 2003–2006 in Deutschland im Vergleich zu den Jahren 1985–1999 um 50 % gestiegen ist. Danach muss heute nahezu jedes siebte Kind (= 15 %) als übergewichtig gelten, während etwa jedes sechzehnte Kind (= 6,3 %) als zu fett anzusehen ist. Der Anteil der fettsüchtigen Kinder hat sich damit seit den 1990er Jahren sogar verdoppelt. Bei über 40 % der übergewichtigen Studienteilnehmer im Alter von 4–20 Jahren wurden bereits Symptome eines Metabolischen Syndroms nachgewiesen. Sofern sich diese allgemeine Entwicklung nicht wieder umkehrt und es den zurzeit betroffenen Kindern und Jugendlichen nicht gelingt, ihr Körpergewicht ihrem Alter entsprechend anzupassen, werden typische Folgeerkrankungen im Erwachsenenalter wie Diabetes, Hypertonie und Herz-Kreislauf-Erkrankungen stark zunehmen.

Bei der Robert Koch-Studie von 2006 wurden 17.641 Kinder und Jugendliche aus 167 deutschen Städten befragt und untersucht. 2009 bis 2012 wurde diese Studie zur Gesundheit von Kindern und Jugendlichen in einer zweiten Etappe weitergeführt. Hierbei erfolgte eine eingehende Befragung nach dem Essverhalten. In einer dritten Etappe von 2014 bis 2017 wurden die gleichen Kinder und Jugendlichen noch einmal untersucht und befragt. Das Ergebnis dieser Studie war erschreckend, aber nicht überraschend, wenn man sich im Straßenbild umsieht. 15 % der Kinder und Jugendlichen von 3 bis 17 Jahren sind übergewichtig, über ein Drittel davon ist adipös, 6 % fettleibig. Das bedeutet: 1,9 Millionen Kinder und Jugendliche sind übergewichtig, 800.000 davon fettleibig. Die Untersuchung von 2009 ergab, dass bei über 20 % aller Heranwachsenden deutliche Hinweise auf das Vorliegen einer Essstörung bestehen: Bei den 11- bis 13-Jährigen in 20,6 %, bei den 14- bis 17-Jährigen in 22,7 %. Ermittelt wurde das Ergebnis mittels eines Fragebogens zu den Kernsymptomen der Mager- und Essbrechsucht. Die Studie ergab auch, dass ein erhöhtes Risiko für Essstörungen besteht bei Kindern und Jugendlichen mit emotionalen Problemen und niedrigem familiärem Zusammenhalt (RKI 2018).

In dieser Studie wurde mit dem SCOFF-Fragebogen nach den Kernsymptomen der Magersucht und der Essbrechsucht gefahndet. Ein Verdacht auf eine Essstörung ergab sich, wenn mehr als zwei Fragen positiv beantwortet wurden.

Die einzelnen Fragen lauteten:

1. Übergibst du dich, wenn du dich unangenehm voll fühlst?
2. Machst du dir Sorgen, weil du manchmal nicht mit dem Essen aufhören kannst?
3. Hast du in der letzten Zeit mehr als 6 kg in drei Monaten abgenommen?
4. Findest du dich zu dick, während andere dich zu dünn finden?
5. Würdest du sagen, dass Essen dein Leben sehr beeinflusst?

Dieser Fragebogen ersetzt keine ausführliche klinische Diagnostik und er macht keine Aussage, um welche Form einer Essstörung es sich handeln könnte.

In diesem Kapitel wird auf mögliche Ursachen und deren frühzeitige Behandlung zur Vermeidung von Übergewicht und Adipositas eingegangen. In den wenigsten Fällen ist Übergewicht – so viel sei an dieser Stelle bereits vorweggenommen – die Folge einer Erkrankung der inneren Drüsen, wie so häufig angenommen. Die erbliche Veranlagung spielt mit Sicherheit eine Rolle, aber nicht die alles bestimmende. Oft wird sie fälschlicherweise mit den in der Kindheit erlernten familiären Essgewohnheiten gleichgesetzt.

5.2 Stress und Hungergefühl

5.2.1 Stressabbau durch Essen

Wissenschaftliche Forscherteams aus Australien, den USA und der Slowakei haben unabhängig voneinander aufgedeckt, dass zwischen Übergewicht und Stress ein kausaler Zusammenhang besteht. Die Forscher fanden dabei heraus, warum gestresste Menschen zu Übergewicht neigen. So wird bei Stress ein Neuropeptid, ein spezieller Eiweißstoff, in die Blutbahn gegeben, der im Körper die Bildung von neuen Fettzellen bewirkt. Außerdem heftet sich dieses Neuropeptid an bestimmte Rezeptoren (Empfangsorgane) der Fettzellen und regt diese zur Volumenzunahme an. Derzeit bemüht sich die Forschung, einen Wirkstoff zu finden, der dieses Andocken von Peptiden an die Fettzellen blockiert, um diese schwerwiegende Folge von Stress verhindern zu können. Es ist zurzeit noch fraglich, ob diese Forschungen erfolgreich sein werden. Dabei existiert heute schon ein aktueller Behandlungsansatz zur Vorbeugung von Essstörungen mit Übergewicht. Dieser hat zum Ziel, die Entstehung von negativem Stress zu verringern und den Umgang mit ihm zu verbessern. Den menschlichen Körper stressresistenter zu machen, davon könnte auch eine große Gruppe von Menschen profitieren, die unter einer stressassoziierten Essstörung leiden (McGowan et al. 2009). Man müsste nur dem Zusammenhang von Stress und Essstörung in der wissenschaftlichen Forschung mehr Beachtung schenken.

Interessante Aufschlüsse über die Entstehung von Übergewicht erbrachte die wissenschaftliche Jahrestagung der amerikanischen Psychiatrischen Gesellschaft des Jahres 2007 in San Diego. Dort wies die Direktorin des amerikanischen Drogenforschungsinstituts, Frau Professor Nore Volkow, anhand von umfassenden Untersuchungen nach, dass zwischen Sucht- und Zwangserkrankungen sowohl auf der Verhaltensebene als auch auf der neurobiologischen Ebene (nämlich bezüglich veränderter Stoffwechselprozesse im Stirnhirnbereich) zahlreiche Übereinstimmungen existieren. In ihrem viel beachteten Kongressvortrag führte Frau Volkow weiter aus, dass ähnliche Befunde auch bei Patienten mit Übergewicht (Adipositas) festzustellen seien. Damit liegt ein weiterer wichtiger Hinweis dafür vor, dass auch die Adipositas – genau wie die Magersucht und die Bulimie – Folge einer Essstörung mit Suchtcharakter sein kann. Dies spricht für eine gemeinsame neurobiologische Ursache der verschiedenen Formen der Essstörungen – so, wie es sich in der psychiatrischen Praxis tatsächlich immer wieder zeigt.

5.2.2 Neurobiologische Ursachen von Adipositas und Essanfällen

Welche gemeinsamen Symptome lassen sich bei übergewichtigen Personen im Rahmen einer entwicklungsneurologischen, psychiatrischen und psychologischen Untersuchung feststellen? Auffällig ist, dass bei Jugendlichen und Erwachsenen Übergewicht oft gemeinsam mit einer AD(H)S-bedingten und stressassoziierten Störung in der Wahrnehmungsverarbeitung und in der Verhaltensregulation auftritt. Eltern von Kindern mit AD(H)S, die selbst betroffen sind, sind oft übergewichtig. Dabei lassen sich zwei Gruppen unterscheiden:

1. Erwachsene mit einem ADS *ohne* Hyperaktivität, die zu Ängsten, Zwängen und Depressionen neigen. Sie sind innerlich unruhig, nur diskret »hypermotorisch« und verbrauchen weniger Kalorien. Sie nehmen durch frustbedingte Nahrungsaufnahme schnell an Gewicht zu.
2. Erwachsene mit einem ADS *mit* Hyperaktivität, die sehr impulsiv und immer in Bewegung sind. Sie können deshalb viel mehr essen, ohne wesentlich an

Gewicht zuzunehmen. Durch ihren hohen Bewegungsdrang verbrauchen sie viele Kalorien. Sie berichten überzufällig häufig über regelrechte Fressattacken, jedoch ohne danach erbrechen zu müssen. Auch ihre Essanfälle häufen sich unter Stress und Frust, führen aber seltener zur Gewichtszunahme.

DSM-5-Kriterien der Esssucht (»Bing Eating«-Störung)

Das aktuelle DSM-5 (Diagnostic and Statistical Manual of Mental Disorders) von 2013 beschreibt unkontrollierte »Fressanfälle« verbunden mit einem unangenehmen Völlegefühl als ein wichtiges Kriterium einer Esssucht (»Bing Eating«-Störung). Das Essen erfolgt hierbei ohne Hungergefühl, eher aus Verlegenheit. Bei den Betroffenen besteht ein großer Leidensdruck wegen dieser »Fressanfälle«, die schon länger als sechs Monate bestehen, ohne dass es den Betroffenen gelingt, ihr Essverhalten zu ändern.

Die Angehörigen beider Gruppen klagen über eine ständige innere Unruhe mit vielen Gedanken im Kopf, ein beeinträchtigtes Selbstwertgefühl, eine Stressintoleranz, verminderte Daueraufmerksamkeit und eine emotionale Steuerungsschwäche.
  Bei Patienten mit AD(H)S kann unter zunehmender Belastung ihre psychische Stabilität und Lebensqualität leiden. Deshalb ist für diesen Patientenkreis eine professionell durchgeführte Frühdiagnostik mit anschließender Behandlung dringend erforderlich.

> Hilfreiches Handeln bedeutet für die Betroffenen, die Ursachen ihrer psychischen Überempfindlichkeit zu finden und ihnen zu erklären, sowie ihnen Möglichkeiten zur besseren Bewältigung stressbedingter Belastungen zu vermitteln.

Das setzt eine gründliche Diagnostik der Informationsverarbeitung in allen Wahrnehmungsbereichen voraus sowie die Überprüfung der Fähigkeit, das eigene Verhalten regulieren und die eigenen Impulse von Kindheit an kontrollieren zu können. Dazu ist immer eine Verlaufsbeurteilung der gesamten bisherigen Entwicklung erforderlich. Fernen müssen in der Diagnostik als Schwerpunkte einbezogen werden: Die Abklärung von stagnierenden Auffälligkeiten im Verhaltens- und Leistungsbereich in der Schule oder im Studium im Verhältnis zur vorhandenen intellektuellen Ausstattung, das Selbstwertgefühl, die soziale Kompetenz, ihre emotionale Steuerungsfähigkeit sowie ihre berufliche und familiäre Zufriedenheit.
  Eine weitere aktuelle Studie aus den USA beweist, dass übergewichtige Patienten eine Reihe spezifischer Persönlichkeitsmerkmale gemeinsam haben, die Gewichtszunahmen begünstigen und die Erfolgschancen für eine Gewichtsreduktion verschlechtern. So gelang es im Jahre 2007 der wissenschaftlichen Arbeitsgruppe um Professor Robert Cloninger aus St. Louis (McGowan et al.

2009), folgende Persönlichkeitsmerkmale bei Übergewichtigen zu identifizieren, die einer Gewichtsabnahme im Wege stehen:

- Selbstlenkungsunfähigkeit (entspricht der Impulssteuerungsschwäche)
- Sucht nach immer neuen und interessanten Aufgaben
- Niedrige Frustrationstoleranz
- Geringe Bereitschaft, Belohnungen aufzuschieben
- Schwierigkeiten, konkrete Ziele zu erreichen

Experten erhoben auf der Grundlage der Studie von Professor Cloninger die Forderung, für die betroffene Patientengruppe zukünftig ein spezielles Programm zur Gewichtsreduktion zu entwickeln.

Vergleicht man die oben genannten Persönlichkeitsmerkmale, die die Entwicklung und Aufrechterhaltung einer Adipositas begünstigen, mit den typischen Symptomen eines AD(H)S im Erwachsenenalter, entdeckt man zwischen ihnen überzufällig häufig viele Gemeinsamkeiten. Deshalb plädiere ich, insbesondere auch vor dem Hintergrund meiner eigenen praktischen Erfahrungen, nachdrücklich dafür, im Rahmen der Diagnostik und Behandlung übergewichtiger Erwachsener zukünftig sorgfältig zu prüfen, inwieweit bei der Entstehung ihrer Adipositas ein bislang unerkanntes AD(H)S von Bedeutung ist.

5.3 Übergewicht bei Kindern und Jugendlichen und seine Folgen

Aus übergewichtigen Kindern und Jugendlichen werden meist übergewichtige Erwachsene. Je länger ein signifikantes Übergewicht besteht, umso ausgeprägter bestimmt es die Lebensweise der Betroffenen und die Schwere der gesundheitlichen Folgen.

Übergewicht ist Ausgangspunkt und Bestandteil des Metabolischen Syndroms, dessen erste Symptome schon bei adipösen Kindern vorhanden sein können. Das Metabolische Syndrom, das mit zahlreichen Folgekrankheiten verbunden ist, tritt unter Erwachsenen immer häufiger auf: Schon heute sind über ein Viertel von ihnen in Deutschland gefährdet, ein solches Syndrom zu entwickeln. Seine Hauptursachen sind

- falsche Ernährung,
- Bewegungsmangel und
- genetische Veranlagung.

Wesentliche Symptome des Metabolischen Syndroms, das bereits als »Killer unseres Jahrhunderts« oder als »tödliches Quartett« bezeichnet wird, sind:

5.3 Übergewicht bei Kindern und Jugendlichen und seine Folgen

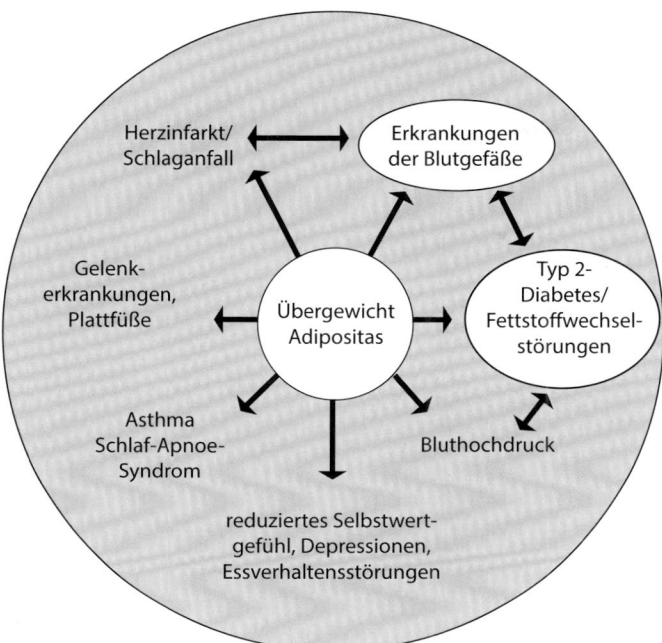

Abb. 5.1: Spätfolgen des Übergewichts

- ein bauchbetonter Fettansatz mit Übergewicht (»Apfelform«)
- hoher Blutdruck und hohe Cholesterinwerte
- insulinresistenter Diabetes mellitus (Typ 2)
- Arteriosklerose mit Gefahr koronarer Herzerkrankungen

Eine Studie in Mainz ergab (Arbeitsprogramm und Ergebnisse der Klinik für Psychiatrie und Psychotherapie Mainz 2008), dass bereits 20 % der Grundschüler übergewichtig sind. Als Ursachen hierfür werden Überfluss und Wohlstand, den große Teile der Gesellschaft genießen, sowie Bewegungsmangel der betreffenden Kinder angegeben. Immer mehr Kinder verbringen immer mehr Zeit mit ihren Medien, ihre Lebenszeit wird zu Smartphone-Zeit. 22,4 % aller 12- bis 17-Jährigen haben einen Medienkonsum, der ihre Entwicklung beeinträchtigt, 5,8 % dieser Altersgruppe sind medienabhängig (laut return-Fachstelle für Mediensucht). Aus adipösen Kindern werden adipöse Erwachsene, wenn sie nicht in der Kindheit das Bedürfnis nach Bewegung und Sport entwickeln und ihr Ernährungsverhalten umstellen. Insbesondere die Pubertät, die für die Jugendlichen weit reichende körperliche Veränderungen und psychische Belastungen mit sich bringt, wird durch ihre kritische und psychische Belastung über Essen zum Frustabbau und zur Belohnung zur Mitursache für die Entwicklung von Übergewicht.

Im Erwachsenenalter unterscheidet man den männlichen vom weiblichen Typ der Adipositas. Im ersteren Fall liegt zumeist eine *bauch*betonte Fettablagerung

5 Essanfälle, Esssucht und Übergewicht (Adipositas)

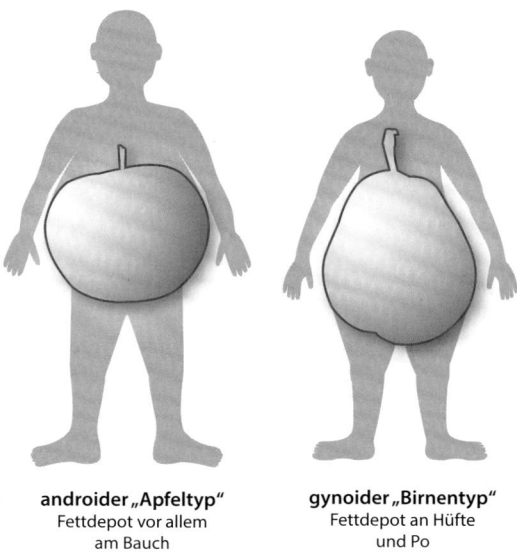

androider „Apfeltyp"
Fettdepot vor allem
am Bauch

gynoider „Birnentyp"
Fettdepot an Hüfte
und Po

Abb. 5.2: Verschiedene Formen der Körperfettablagerung

vor, die sich in einem apfelförmigen Körperbau zeigt. Im zweiten Fall lagert sich das Fett in besonderem Maße an der *Hüfte* ab, weshalb man hier von einem birnenförmigen Körperbau spricht.

> Vom bauchbetonten Übergewicht sprechen wir, wenn der Taillenumfang bei Männern über 94 cm und bei Frauen über 80 cm beträgt. Der Bauchumfang ist das wichtigste Kriterium für die Diagnose einer Adipositas und eines metabolischen Syndroms.

Je mehr bei übergewichtigen Kindern und Jugendlichen folgende Risikofaktoren bereits vor dem 17. Lebensjahr vorhanden sind, umso höher ist die Wahrscheinlichkeit, im Erwachsenenalter ein Metabolisches Syndrom auszubilden (Egle et al. 2002, Boney et al. 2005, Freedman et al. 1999, Frieling 2009, Mast et al. 2008, Mackin et al. 2006, McGowan et al. 2009, Wabitsch 2000):

- erhöhte Werte beim systolischen und diastolischen Blutdruck (1. und 2. Wert der Messung)
- erhöhtes LDL-Cholesterin
- zu niedriges HDL-Cholesterin
- erhöhte Triglyzeride
- erhöhter Nüchternblutzucker

Kommen folgende Symptome hinzu, liegt bereits ein Metabolisches Syndrom vor:

- Der erste Blutdruckwert (systolisch) ist in Ruhe über 130 mm Hg
- Die Triglyzeride im Blutserum erreichen einen Wert von über 150 mg/dl,
- HDL-Cholesterin liegt unter 40 mg/dl bei Männern und unter 50 mg/dl bei Frauen
- Der Nüchternblutzucker ist > 100 mg/dl

5.4 Verschiedene Formen des Übergewichts bei Erwachsenen und ihre Bedeutung

5.4.1 Warum die bauchbetonte Fettansammlung besonders ungünstig ist

Fettansammlungen im Bauchraum lagern sich vermehrt zwischen den Bauchorganen ab. Das dort abgelagerte Fettgewebe ist stoffwechselaktiv und beeinflusst den Kohlenhydratstoffwechsel.[1] Es wirkt wie eine Drüse, die entzündungsfördernde Botenstoffe produziert (sog. Zytokine), die in Körperzellen eindringen und sie derart schädigen, dass sie ihre jeweils spezielle Funktion verlieren. Betrifft dies wichtige Organe oder Drüsen, kann es allmählich zur Unterfunktion und zu Ausfallserscheinungen kommen. Diese Zytokine können so wichtige Organe schädigen, indem sie gleichzeitig oder nacheinander in verschiedenen Organen entzündungsähnliche Reaktionen auslösen. Zu besonders schwerwiegenden Folgen kommt es, wenn die Insulin produzierenden Zellen der Bauchspeicheldrüse, das Bindegewebe an den Gefäßwänden (Endothel) oder die Herzmuskelzellen betroffen sind. Werden Insulin produzierende Zellen der Bauchspeicheldrüse zerstört, produzieren sie zunächst weniger und schließlich gar kein Insulin mehr, sodass der Blutzuckerspiegel ständig erhöht ist. Ein Diabetes mellitus (Zuckerkrankheit) entsteht. Dessen Behandlung erfolgt mit Insulin. Wenn das Spritzen hoher Insulinmengen nicht mehr den Blutzuckerspiegel normalisieren kann, spricht man von dem gefürchteten insulinresistenten Typ-2-Diabetes.

Für die Entstehung eines insulinresistenten Typ-2-Diabetes ist eine massive und andauernde Überflutung des Körpers mit Stresshormonen mit verantwortlich. Wie ist hier der Zusammenhang?

---

1 Bei der hüftbetonten Fettablagerung (Birnentyp), die in der Regel bei übergewichtigen Frauen anzutreffen ist, befinden sich die Fettzellen dagegen vorwiegend im Unterhautfettgewebe und sind nicht stoffwechselaktiv.

5.4.2 Stressbedingtes Übergewicht – Ursachen und Folgen

Stresshormone im Blut halten nicht nur den Blutzuckerspiegel konstant auf einem hohen Niveau, sondern mobilisieren auch Fette aus den Körperzellen. Die Stressreaktion dient entwicklungsgeschichtlich betrachtet dazu, den Körper zu befähigen, auf bedrohliche Situationen erfolgreich reagieren zu können. Im Falle von Dauerstress kann es bei den Betroffenen zur Dekompensation der Stressregulation kommen mit psychischen und körperlichen Folgen. Sind beispielsweise im Blutkreislauf ständig zu viel Cholesterin und Triglyzeride, lagern sich diese als Konkremente an den Gefäßwänden ab, was den Gefäßdurchmesser verengt und den Blutfluss verlangsamt. Solche krankhaften Gefäßverengungen (Arteriosklerose) können zu Durchblutungsstörungen und zur Bildung von Blutgerinnseln (Thromben) führen, die wiederum einen Herzinfarkt oder Schlaganfall auslösen können. Besonders empfindlich auf Durchblutungsstörungen reagieren Organe, allen voran Gehirn, Herz, Nieren und Augen. Sie sind sehr stoffwechselaktiv und benötigen zum Funktionieren viel Sauerstoff und Zucker, was ihnen das Blut liefert.

Verengte Blutgefäße erfordern vom Herzen eine Erhöhung des Blutdrucks, damit in der gleichen Zeit die gleiche Menge Blut durch die Gefäße strömen kann. Eine solche Blutdruckerhöhung zählt zu den weiteren Komplikationen und Bestandteilen des Metabolischen Syndroms.

Stress verengt die Gefäße, erhöht den Blutdruck und die Herzfrequenz, je länger und häufiger der Körper unter Stress steht, je schädlicher wirkt er auf den Körper. Ein risikoerhöhender Faktor ist in diesem Zusammenhang das Rauchen, da Nikotin ebenfalls die Gefäße verengt und so die Organdurchblutung zusätzlich vermindert. Stress erhöht den Blutzuckerspiegel, der bei Dauerstress dann auch nicht auf Insulin reagiert (Steven et al. 2006).

5.5 Das Metabolische Syndrom

Übergewicht, hoher Blutdruck, hohe Cholesterin- und Triglyzeridwerte im Blut und Insulinresistenz sind Bestandteile des Metabolischen Syndroms. Die Entwicklung einer Insulinresistenz ist ein Beispiel für das Zusammenspiel einer peripheren (von den Körperorganen) und zentralnervösen (vom Gehirn) ausgehenden Regulation wichtiger Stoffwechselprozesse. Auch Appetit und Blutzuckerspiegel werden sowohl über das Gehirn als auch über die Stressachse reguliert. Deshalb sind Menschen mit einer Stressüberempfindlichkeit besonders störungsanfällig für Essstörungen.

Stress erhöht den Blutzuckerspiegel, der trotz zunächst ausreichender körpereigener Insulinabgabe in das Blut erhöht bleibt. Hält der Zustand des erhöhten Blutzuckerspiegels an, spricht man von einer Insulinresistenz. Zusätzlich kann es noch durch eine stressbedingte Schwächung des Immun(abwehr)systems zur An-

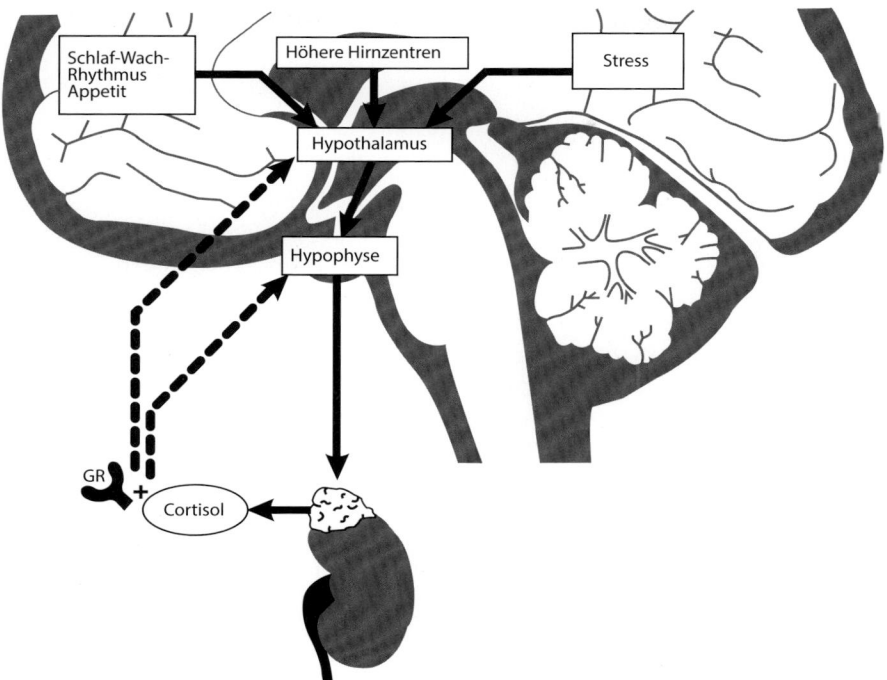

Abb. 5.3: »Stressachse« im Gehirn. Pfeile mit durchgezogener Linie verdeutlichen Stimulationswirkungen, Pfeile mit unterbrochener Linie verweisen auf eventuelle negative Rückkopplungswege (modifiziert nach Köhler 2001 und Mackin et al. 2006)

tikörperbildung gegen die körpereigenen Zellen der Bauchspeicheldrüse kommen, was zu einer Unterfunktion der Bauchspeicheldrüse führt. Damit liegt sodann eine Autoimmunkrankheit vor, deren Ursache eine Schädigung des Abwehrsystems durch Dauerstress ist, der wiederum Folge einer gestörten Informationsverarbeitung mit Reizüberflutung des Gehirns sein kann.

Die Stressachse (Hypophyse, Hypothalamus und Nebennierenrinde) ist in diesem Fall daueraktiviert, d. h. sie gibt beständig zu viel Stresshormon in die Blutbahn ab (Freedman et al. 1999).

Diesem Stressgefühl versucht ein Teil der betroffenen Kinder, Jugendlichen und Erwachsenen durch vermehrte Nahrungsaufnahme entgegenzuwirken, was ihnen vorübergehend gelingt, wenn Essen ein angenehmes Gefühl der Entspannung bewirkt. Auf die Dauer führt es aber meist auch zur Gewichtszunahme, wenn vor allem hochkalorische, schnell verdauliche Nahrungsmittel bevorzugt werden. *Der Dauerstress wird damit zu einem Bindeglied der körperlichen Symptome des Metabolischen Syndroms – seine Vermeidung sollte in das Therapiekonzept mit eingebunden werden.*

5 Essanfälle, Esssucht und Übergewicht (Adipositas)

> Das Metabolische Syndrom umfasst folgende Symptome und Erkrankungen: bauchbetontes Übergewicht, Fettstoffwechselstörung, Bluthochdruck und Insulinresistenz (Typ-2-Diabetes).
> Für eine genetisch bedingte Veranlagung des Metabolischen Syndroms könnte Dauerstress infolge angeborener und erworbener Reizüberflutung des Gehirns mit Stress- und Frustintoleranz mitverantwortlich sein.

Die noch junge Forschung zur Bedeutung des zentralen Nervensystems und der Überflutung des Körpers mit Stresshormonen für die Entstehung von Essstörungen zeigt, dass nicht nur Magersucht und Bulimie vom Gehirn aus gesteuert werden, sondern dass auch Übergewicht die Folge einer Fehlregulation des zentralen Nervensystems im Gehirn sein kann. *Ein Teil der genetisch bedingten Essstörungen kann so den stressassoziierten Erkrankungen zugeordnet werden.*

Das rechtzeitige Erkennen der dafür wichtigen ersten Symptome erweitert die Möglichkeiten einer Frühbehandlung oder gar Vermeidung des Metabolischen Syndroms. Der Serotoninmangel als Folge negativen Dauerstresses und körperlicher Erschöpfung wird schon heute erfolgreich mit Betablockern und Antidepressiva (Serotonin-Wiederaufnahmehemmer) behandelt. Führt dieser Therapieansatz nicht zum Erfolg, weil eine Reizüberflutung des Gehirns infolge einer Reizfilterschwäche den Dauerstress unterhält, sollte nach einem AD(H)S auch noch im Erwachsenenalter gesucht und das Behandlungsspektrum entsprechend angepasst werden.

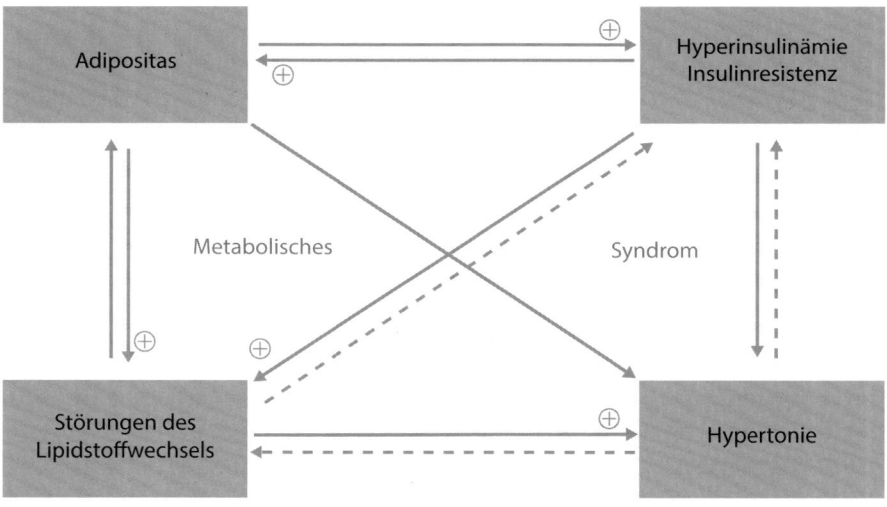

Abb. 5.4: Die Hauptsymptome des Metabolischen Syndroms korrelieren miteinander

> Alle in meiner Praxis gemachten Erfahrungen deuten darauf hin, dass eine genetisch bedingte Reizfilterschwäche verbunden mit einer veränderten Art der Informationsverarbeitung, wie sie beim AD(H)S vorliegt, auch Mitverursacher einer zu Übergewicht führenden Essstörung sein kann. In diesem Fall richtet sich die Behandlung primär gegen die Ursache des AD(H)S *und* der Essstörung, während eine Therapie mit Betablockern und Antidepressiva dagegen nur am Symptom ansetzt.

5.6 Gewichthalten erfordert psychische Stärke

Das eigene Körpergewicht zu halten bedeutet, nur so viel zu essen, wie der Körper täglich an Kalorien verbraucht. Das klingt einfach, heißt jedoch, die Nahrung täglich mit Bedacht, Struktur und Konsequenz zu sich zu nehmen. Eine gesunde Ernährung geht damit einher, sich beim Essen Zeit zu nehmen, sich am Tage genügend zu bewegen, mit sich selber zufrieden und im psychischen Gleichgewicht zu sein. Dies umfasst auch die Beachtung der eigenen Körpersignale, Impulse bremsen und Belohnungen aufschieben zu können. Vor allem, sich nicht zu häufig mit wohlschmeckenden und hoch kalorischen Nahrungsmitteln belohnen zu müssen. Essen darf nicht zur Ersatzbefriedigung werden.

> Das eigene Gewicht ohne große Einschränkungen halten zu können setzt einen gesunden Körper mit psychischer Stabilität, kalorienbewusste Ernährung, Freude an Bewegung und eine entsprechende genetische Veranlagung voraus.

Der Wille, ein bestimmtes Körpergewicht zu erreichen oder dauerhaft zu halten, reicht alleine nicht. Alle Diäten sind von vornherein zum Scheitern verurteilt, wenn es nicht gelingt, die eigenen Lebensgewohnheiten umzustellen, den Stress zu reduzieren, sich mehr zu bewegen und ein positives Selbstwertgefühl aufzubauen. Denn: Essen wird auch emotional gesteuert.

Wir essen viel zu oft, um uns etwas »Gutes« zu tun. In Gesellschaft, beispielsweise im Rahmen von Familienfesten oder Arbeitsessen, nehmen wir an gemeinsamen ausgiebigen Mahlzeiten teil, um uns sozial einzubringen. Wir essen, wenn wir Kummer haben, um uns zu beruhigen. Solange das eine Ausnahme bleibt, kann unser Körper das Wohlfühlgewicht halten.

Menschen mit einer Überempfindlichkeit gegenüber Stress infolge ständiger Reizüberflutung des Gehirns sind besonders gefährdet, ihren Frust über Essen abzureagieren oder sich mit Essen zu belohnen. Dabei neigen die Betroffenen vom hypoaktiven Unaufmerksamen AD(H)S-Typ aufgrund der folgenden Eigenschaften (Wender 2002, Aust-Claus und Hammer 2005, Simchen 2015, Hallowell und Ratey 1998) verstärkt zum Übergewicht:

- Sie sind stille Beobachter und ziehen sich gern zurück
- Sie bewegen sich in der Regel wenig
- Sie haben von Anfang an einen genetisch bedingten Mangel an Serotonin
- Sie sind sehr sensibel und leicht frustriert
- Sie können sich nicht spontan und angemessen wehren
- Sie sind ängstlich, fühlen sich schnell erschöpft und durch große Gesellschaften belastet
- Sie reagieren ihren Frust nach innen ab und essen gern Süßes (vor allem Schokolade, weil diese einen Stoff enthält, aus dem ihr Körper Serotonin bilden kann)
- Sie leiden oft unter Langeweile, die bei ihnen ein Gefühl der inneren Unruhe auslöst und sie zum Essen verleitet
- Sie trauen sich selbst wenig zu und fühlen sich von den anderen nicht verstanden
- Sie haben infolge eine Botenstoffmangels eine Unterfunktion im Belohnungssystem, das verstärkt auf von außen kommende Reize reagiert, was bei deren ständiger Wiederholung die Entstehung einer Abhängigkeit und Sucht begünstigt

Psychisch instabile Menschen, die unter negativem Dauerstress leiden, reagieren oft mit:

- starken Gefühlsschwankungen
- Stressintoleranz
- inkonsequentem Ess- und allgemeinem Verhalten
- Impulssteuerungsschwäche
- schlechtem Selbstwertgefühl
- Problemen im sozialen Umfeld
- unstrukturiertem Tagesablauf
- Vergesslichkeit

Entwickeln sie ein Belohnungssystem, das auf wohlschmeckende süße Nahrungsmittel ausgerichtet ist, kann das zum Übergewicht führen, was dauerhaft und nachhaltig meist nur ungenügend durch Diäten zu reduzieren ist. Sie profitieren von einer Therapie, an deren Beginn psychische Stabilisierung, Stressvermeidungs- und Bewältigungsstrategien, eine Verbesserung ihres Selbstwertgefühls und ihrer sozialen Kompetenz stehen. Eine Therapie, die ihnen Struktur, Konsequenz und Stärke vermittelt. Die psychische Stabilisierung sollte am Anfang der Therapie der AD(H)S-bedingten Essstörung stehen, danach fallen die geplante Gewichtsabnahme oder das Halten des erreichten Wohlfühlgewichtes um vieles leichter.

> Jede einseitige Diät zur Gewichtsabnahme ist aus ärztlicher Sicht abzulehnen, da der menschliche Körper einen Mix an Nahrungsmitteln verlangt. Erfolgt mit der Diät keine Änderung des Gesamtverhaltens, wird das vorherige Übergewicht nach Abschluss der Diät schnell wieder erreicht. Jeder sollte sein Wohlfühlgewicht kennen und für seine Person akzeptieren. Dieses sollte bezogen auf den sog. Body-Mass-Index (BMI) aus gesundheitlichen Gründen zwischen 20 und 24 liegen. Bei der Entscheidung für eine Diät gilt es zu bedenken, dass Diäten unter bestimmten Bedingungen eine Essstörung auslösen können, deren Spektrum zwischen Magersucht und Esssucht liegt.

Gesunde Ernährung und ein gesundheitsbewusstes Essverhalten bedeuten, das Essen beenden können, sobald man ein Sättigungsgefühl spürt. Das sollte von klein auf erlernt werden. Gerade gestresste Menschen verspüren oft kein Sättigungsgefühl oder reagieren darauf nicht. Eine Ursache dafür könnte sein, dass sich unter Stress ihre Körperwahrnehmung verändert, was auch bei genetisch bedingter Reizfilterschwäche, wie sie beim AD(H)S vorhanden ist, berücksichtigt werden sollte. Durch ein viel zu feines neuronales Netzwerk werden die Informationen im Gehirn oft fehlgeleitet, d. h. sie gelangen nicht in die für sie vorgesehenen Zentren und können deshalb nicht schnell genug abgerufen werden.

Für AD(H)S-Betroffene ist das Nichtbemerken oder Fehlinterpretieren von eigenen Körpersignalen geradezu typisch. Kinder mit AD(H)S bieten dafür viele Beispiele. Obgleich ihre Blase überfüllt ist, reagieren sie nicht oder erst, wenn es schon zu spät ist, auf Harndrang, so dass sie tagsüber einnässen. Wenn sie den Stuhlgang bewusst zurückhalten, bis der Enddarm so stark überfüllt ist, schieben sich kleine Kotballen durch den After in die Unterwäsche (sog. Überlauf-Enkopresis).

Infolge ihrer massiven Reizüberflutung können Kinder und Jugendliche mit AD(H)S, verbunden mit ihrer Überempfindlichkeit gegenüber Stress, wichtige Körpersignale ausblenden, d. h. sie nehmen diese nicht wahr, so auch das Sättigungsgefühl. Weil die Wahrnehmung bei Stress auf innere und äußere bedrohliche Gefahrenquellen ausgerichtet ist, werden alle anderen alltäglich ablaufenden Körperreaktionen nicht registriert.

5.7 Frustessen und Bewegungsmangel führen zum Übergewicht

Um ein Übergewicht zu vermeiden, gilt es bereits von Kindheit an, sich fettarm, vollwertig und kalorienbewusst zu ernähren und sich ausreichend zu bewegen. »Ausreichend« bedeutet dabei mindestens viermal wöchentlich 30 Minuten Sport zu treiben, wobei zügiges Gehen hierfür schon genügt. Hierbei ist die Vorbildwirkung der Eltern sehr wichtig, denn Kinder lernen nicht in erster Linie über gut gemeinte sprachliche Erklärungen oder Anweisungen, sondern über das Beobachten alltäglich vorgelebten Handelns. Über Spiegelneuronen verinnerlicht jedes Kind die Handlungsweisen seiner Eltern (Spitzer 2003, Simchen 2015).

Bei psychischer Belastung und entsprechender Überempfindlichkeit kann Essen dem stressbedingten Frustabbau dienen. Wird dieses Verhalten zur Gewohnheit, kann aus einer zwanghaft bedingten Esssucht ein Metabolisches Syndrom werden.

Einer Studie der amerikanischen Brown-Universität Providence aus dem Jahr 2006 zufolge, die sich auf eine Gruppe von knapp 300 übergewichtigen Frauen und Männern stützt, sind Menschen, die zu stressbedingtem Frustessen neigen, signifikant weniger in der Lage, nachhaltig an Gewicht abzunehmen, als Menschen, die fähig sind, ihren seelischen Frust mittels anderer Wege abzureagieren (Mackin et al. 2006).

Eine Studie der Universität Münster fand heraus, dass Übergewichtige mit einem BMI von über 29 in den Bereichen im zentralen Nervensystem eine geringere Zelldichte aufweisen, die für Merkfähigkeit, Sprache und Handlungsplanung zuständig sind. Die Ursache hierfür könnte eine veränderte Informationsverarbeitung mit einem Mangel an Gedächtnisbahnen sein, sodass weniger Informationen in die entsprechenden Zentren gelangen, was eine geringere Nervenzelldichte zur Folge hat (Nething et al. 2008).

> Eine erfolgreiche Therapie von Essstörungen, gleichgültig ob anlage- oder krankhaft bedingt, setzt stets ihre präzise und zuverlässige Diagnostik und Klassifikation voraus. Erforderlich sind hierfür immer eine genaue medizinisch-psychologische Beurteilung des Entwicklungsverlaufs der Betroffenen, ihre aktuelle psychische und körperliche Verfassung, ihre wichtigsten Stoffwechselparameter sowie ihr soziales Umfeld einschließlich der familiären Ess- und Lebensgewohnheiten.

5.8 Negativer Stress und wie der menschliche Körper darauf reagiert

Menschen reagieren auf Stress unterschiedlich, auch im Hinblick auf ihr Essverhalten. Den einen schnürt Stress den Hals zu, sie bringen keinen Bissen herunter und verspüren überhaupt kein Hungergefühl. Bei anderen löst Stress einen Bärenhunger aus und sie verspüren trotz reichlichem Essen kein Sättigungsgefühl.

Solche unterschiedlichen Reaktionen auf Stress sind anlagebedingt und bleiben meist lebenslang unverändert bestehen. Sie prägen das individuelle Essverhalten und bestimmen die jeweilige Form und Ausprägung der Essstörung. So kann es bei stressbedingten Heißhungerattacken zum Frustessen mit der Zufuhr quantitativ und qualitativ übergroßer Nahrungsmengen kommen. Die Betroffenen erleben dabei kaum ein Sättigungsgefühl, erst das unangenehme Gefühl der Magenüberladung macht ihnen eine weitere Nahrungsaufnahme unmöglich. Diese Steuerungsschwäche des Essimpulses muss unweigerlich zur Gewichtszunahme führen, wenn sie nicht durch regelmäßiges Erbrechen vermieden wird.

5.8.1 Gesundheitliche Folgen von Dauerstress

Steht ein Mensch unter Stress, läuft sein Stoffwechsel auf Hochtouren. Damit ist ein neurobiologischer Prozess verbunden, in dessen Rahmen der Körper viel Blutzucker verbraucht. Die Zuckerspeicher der Leber und der Muskulatur leeren sich, Insulin wird in die Blutbahn ausgeschüttet und der Blutzuckerspiegel sinkt dadurch vorübergehend. Dieser Blutzuckerabfall löst über eine Schaltstelle im Gehirn erneut Hungergefühl aus. Da bei anhaltendem Stress weiterhin viel Blutzucker verbraucht wird, reagiert der Körper auf den damit verbundenen Blutzuckerabfall mit Heißhungerattacken.

> Wird Blutzucker verstoffwechselt, wird er als verfügbare Energiereserve in Form von Glykogen in Leber und Muskulatur gespeichert. Der übrige Teil des Blutzuckers, den der Körper im Moment nicht benötigt, wird vom Blut ins Depot der Fettzellen abgegeben.

Verständlicherweise kommt es nach häufigen üppigen Mahlzeiten zur Gewichtszunahme, die von den meisten Kindern und Jugendlichen eigentlich nicht gewollt ist, von vielen aber als gegeben und schicksalhaft hingenommen wird. In einem ständigen Konflikt liegen dabei das »Kopfgehirn« und das »Bauchgehirn«: Ersteres fordert, mit dem Essen fortzufahren, letzteres damit aufzuhören. Beide kommunizieren im Körper mithilfe des Botenstoffs Serotonin miteinander. Dieser Botenstoff, dessen Mangel im Gehirn Ängste, Pessimismus und Antriebslosigkeit auslöst, ist ebenso für die Funktion des neuronalen Netzwerks unseres Verdauungstrakts verantwortlich und reguliert zusammen mit anderen Faktoren das Gefühl von Hunger und Sättigung. Stress reduziert die Serotoninbildung, nicht nur im zentralen Nervensystem, sondern auch im Bereich des gesamten Magen-Darm-Traktes, denn dessen Botenstoff ist ebenfalls das Serotonin. So ist es zu erklären, dass manche bei starker psychischer Anspannung Bauchschmerzen, Übelkeit oder gar Stuhldrang bekommen und depressive Verstimmungen die Magen- und Darmtätigkeit beeinträchtigen (Kugaya et al. 2004).

> Ein Zuviel an Stresshormonen im Blut verringert die Bildung von Serotonin, einem wichtigen Botenstoff, dessen Mangel zu Ängsten und Depressionen führt. Da negativer Dauerstress auch für die Entwicklung kardiovaskulärer Erkrankungen und des Metabolischen Syndroms von Bedeutung ist, erklärt sich, warum beide Erkrankungen oft mit Depressionen einhergehen.

5.8.2 Stressüberempfindlichkeit und Essstörungen

Wie ein Mensch auf Stress reagiert, ist im Wesentlichen genetisch und somit neurobiologisch bedingt. Weitere Faktoren, die die individuelle Stressreaktion beeinflussen, sind das soziale Umfeld, die Erziehung, das Selbstwertgefühl, die Intelligenz und die soziale Kompetenz. Sie alle sind Ressourcen, die jedem Menschen helfen können, Stressreaktionen unbeschadet zu überstehen, wenn er gelernt hat, sie bewusst einzusetzen.

Menschen mit einer angeborenen Überempfindlichkeit gegenüber Stress haben es besonders schwer, stärkere und häufige psychische Belastungen schadlos zu überstehen. Sie müssen einen der Gesundheit zuträglichen Umgang mit Stress erst erlernen, indem sie bewusst ein aktives Stressmanagement einschließlich Entspannungsübungen anwenden.

Immer wieder begegnen uns im Alltag Kinder, Jugendliche und Erwachsene, die auf psychische Belastungen beherrscht und wenig beeindruckt reagieren. Entscheidend für die Fähigkeit, sich so zu verhalten, ist die jeweilige emotionale und psychische Stabilität, die folgende Reaktionen steuert:

- Wie groß die Empfindlichkeit gegenüber äußeren und inneren Reizen ist
- Wie gut diese Reize verarbeitet oder ausgeblendet werden können
- Wie stark Erregung und Reaktion des Körpers ausfallen und wie schnell beide wieder neutralisiert werden können
- Wie gut das psychische Gleichgewicht gehalten und kontrolliert werden kann

Menschen mit einer angeborenen und meist vererbten Empfindlichkeit gegenüber Stress und Frust reagieren auf beide seelisch und körperlich stärker und brauchen viel länger, bis sie ihr psychisches Gleichgewicht wieder erreichen. Entspannungsübungen, körperliche Bewegung, eine Auszeit nehmen, sich ablenken mit einer lustbetonten Beschäftigung und langsames Atmen in den Bauchraum erleichtern den Stressabbau. Je häufiger diese Strategien angewandt werden, umso besser wirken sie.

Anlagebedingt reagieren Frauen im Allgemeinen empfindlicher auf Stress, da ihr Gehirn komplexer neuronal vernetzt ist. Sie können eine stressbedingte Erregung viel langsamer normalisieren. Deshalb leiden Frauen häufiger und stärker unter stressassoziierten Erkrankungen. Männer dagegen haben von Natur aus eine mehr strategisch ausgerichtete neuronale Vernetzung der Nervenbahnen im Gehirn, sodass sie Stress schneller abbauen können.

> Negativer emotionaler Dauerstress ist für die Entstehung von Essstörungen von großer Bedeutung. Den Umgang mit Stress zu erlernen sowie Reizüberflutung, negativen emotionalen Stress und Konflikte zu vermeiden, sind wichtige Bestandteile der Therapie von Essstörungen.

Eine beeinträchtigte Informationsverarbeitung im kognitiven, emotionalen, motorischen und Verhaltensbereich, wie sie beim AD(H)S vorhanden ist, bedeutet für die Betroffenen Stress. Tritt dieser häufig und geballt auf, kann er sich zu einem neurobiologisch bedingten Dauerstress entwickeln, der als Frust empfunden und über eine zum Zwang gewordene Essstörung abreagiert wird.

Sowohl positiver als auch negativer Stress kann bei entsprechender Veranlagung ein natürliches und berechtigtes Hungergefühl ausblenden – eine Erfahrung, die wir alle irgendwann schon einmal gemacht haben. Bei guter Toleranz gegenüber Stress kommt unser Körper schnell wieder ins Gleichgewicht, Körperfunktionen und die psychische Befindlichkeit sind dann nur wenig und kurzzeitig beeinträchtigt. Wir kommen nicht so schnell aus dem psychischen Gleichgewicht und können unser Verhalten schnell wieder kontrollieren, wenn wir über Schutzfaktoren verfügen, die uns ermöglichen, mit Stress erfolgreich umzugehen.

Bei einer Intoleranz gegenüber Stress besteht dagegen eine Unfähigkeit zur Ausbildung von Schutzfaktoren, die dem schnellen Stressabbau dienen. Hier bemerken die Betroffenen unter Stressbelastung überhaupt keinen Hunger, nicht einmal, dass ihre letzte Nahrungsaufnahme schon über zehn Stunden zurückliegt.

Menschen mit einer Überempfindlichkeit gegenüber Stress verspüren deshalb keinen Hunger, weil ihr Körper schon bei geringster Anspannung so viele Stresshormone ausschüttet, die den Blutzuckerspiegel auf einem hohen Niveau halten. Damit wird Dauerstress zum Ausgangspunkt für die Entwicklung einer stressassoziierten Essstörung.

Hoher Blutzuckerspiegel und hohe Blutfettwerte trotz kalorienarmer Ernährung, wie ist das möglich? Bei ungenügenden körpereigenen Zuckerreserven, die sich als Glykogen in der Muskulatur und in der Leber befinden, wird auf Fettreserven zurückgegriffen, um die wichtigsten Körperfunktionen aufrechtzuerhalten. Das führt zum Schwinden der Fettpolster, zur Gewichtsabnahme und zur Erhöhung der Blutfettwerte, die erhöht bleiben, selbst wenn der Betroffene sich fettarm ernährt. Dazu kommt, dass Noradrenalin und andere Stresshormone den Blutdruck erhöhen.

> Anhaltender Stress reduziert die Bildung von Serotonin. Dauerstress und die Unfähigkeit, schnell wieder sein psychisches Gleichgewicht zu erreichen, sind somit eine der Hauptursachen für das häufige Zusammentreffen von Depressionen und Herz-Kreislauf-Erkrankungen.

Einige Wissenschaftler machen Dauerstress sogar zum Hauptverantwortlichen für die Entstehung von Depressionen, was immer auch eine Überempfindlichkeit des Körpers gegenüber Stress voraussetzt (Sapolsky 2004). Es verwundert deshalb nicht, dass depressive Menschen auch überzufällig häufig unter koronaren Herzerkrankungen leiden, da Stress die Blutgefäße verengt, den Blutdruck und das Herzschlagvolumen erhöht, was auf Dauer zu koronaren Herzerkrankungen mit Herzschwäche führen kann und den Zusammenhang von depressiven und koronaren Herzerkrankungen erklären könnte.

5 Essanfälle, Esssucht und Übergewicht (Adipositas)

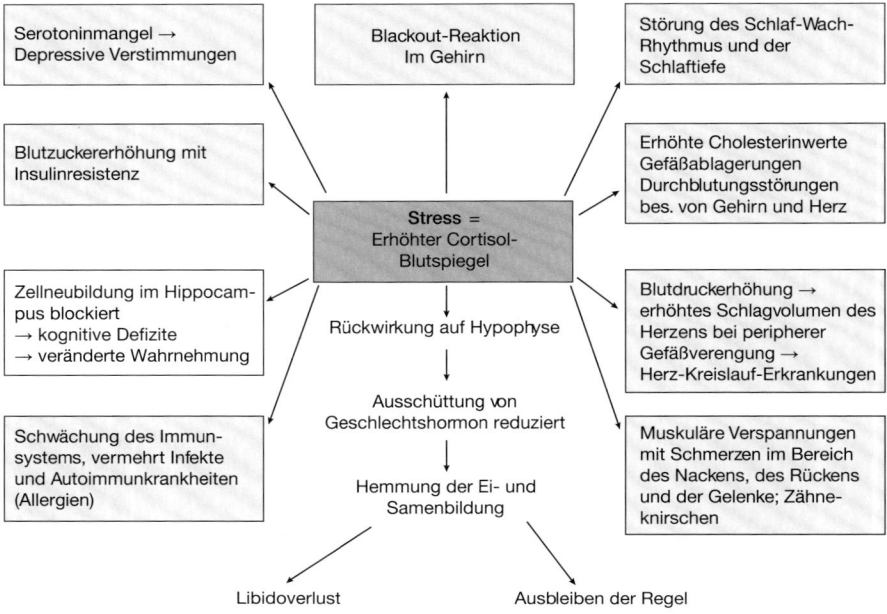

Abb. 5.5: Auswirkungen von Stress auf den menschlichen Körper (nach Mackin et al. 2006)

Außerdem besteht ein Zusammenhang zwischen Stressbelastung und zentraler Regulation des Herzrhythmus. Dauerstress kann den Herzrhythmus beeinträchtigen, wobei es zu Herzrhythmusstörungen kommen kann (kurzes Aussetzen des Sinusrhythmus mit nachfolgendem Extraherzschlag, der von einem anderen Reizleitungszentrum des Herzens ausgelöst wird).

> Reizüberflutung, emotionale Steuerungsschwäche, Ängste und depressive Verstimmungen aktivieren die Stressachse, sodass ständig vermehrt Stresshormone in den Blutkreislauf ausgeschüttet werden. Der Stress wird somit zum wichtigsten Bindeglied zwischen psychischen und körperlichen Symptomen. *Auch bei der Entstehung von Übergewicht spielt negativer Stress eine krankheitsbahnende Rolle.*

6 Das Aufmerksamkeitsdefizit-Syndrom (AD[H]S) – eine häufige Ursache vieler Essstörungen

6.1 AD(H)S – eine genetisch bedingte überschießende Stressreaktion

> Magersucht (Anorexie), Ess-Brech-Sucht (Bulimie) und Esssucht mit starkem Übergewicht (Adipositas) können Varianten einer angeborenen veränderten Informationsverarbeitung im Gehirn mit beeinträchtigter Konzentration und Daueraufmerksamkeit, mit Verhaltensauffälligkeiten und Impulssteuerungsschwäche sein. Bei betroffenen Kindern, Jugendlichen und Erwachsenen prägt AD(H)S in diesen Fällen das Verhalten, wobei bei ihnen der Stress zum Bindeglied zwischen psychischer und körperlicher Beeinträchtigung wird.

Sehr viele erwachsene Frauen, die mit einer typischen AD(H)S-Problematik in meine Praxis kommen, berichten über frühere und zum Teil bis in die Gegenwart bestehende Essstörungen. Besonders häufig erzählen sie dabei von Frustessen und Bulimie. Ein Teil dieser Patientinnen isst bis heute sehr kalorienbewusst, achtet streng auf ihr Gewicht, das meist an der unteren Grenze der Altersnorm liegt, und ist körperlich sehr aktiv. Die übrigen Patientinnen sind übergewichtig und haben sich schließlich – nach vielen erfolglosen Diäten – resigniert mit ihrem Gewicht abgefunden. Bei beiden Gruppen besteht eine emotionale Steuerungsschwäche mit zum Teil depressiven Stimmungsschwankungen. Die meisten von ihnen haben wegen verschiedener Diagnosen schon mehrere Psychotherapien hinter sich und einige Antidepressiva mit unterschiedlichem Effekt verordnet bekommen. So richtig zufrieden waren alle nicht. Sie spüren noch immer, dass es etwas *anderes* ist, was sie belastet.

Erst die Diagnose AD(H)S konnte ihnen viele Fragen beantworten und sie beruhigen. Sie waren nun in der Lage, sich vieles zu erklären und manches anders als bisher zu sehen. Das betraf besonders auch ihre sehr häufig schwierigen bis zuweilen gestörten innerfamiliären und sozialen Beziehungen. In vorangegangenen Therapien wurde das oft zum Hauptthema und -problem, was bei den betroffenen Frauen nicht selten belastende Schuldzuweisungen ihren Eltern gegenüber auslöste, in deren Folge es zum Auszug aus der elterlichen Wohnung oder gar zum Bruch familiärer Beziehungen kam.

6.2 Die Rolle der AD(H)S-Familie bei der Entwicklung von Essstörungen

Bei der Entstehung von Magersucht, Ess-Brech-Sucht oder auch Adipositas spielt die Familie mit ihrer genetischen Veranlagung und ihrem Ess- und Bewegungsverhalten die wesentlichste Rolle. Diese Familien, in denen Kinder und Jugendliche aufwachsen, die in der Pubertät eine Essstörung entwickeln, haben zahlreiche Gemeinsamkeiten mit AD(H)S-Familien.

6.2.1 Die Mutter – psychisch labil und überbehütend

Eine seelisch unsichere, überbehütende Mutter erkennt durchaus die Probleme ihres Kindes, nicht aber deren Ursachen. Sie gibt sich selbst die Schuld, zweifelt an ihrer Erziehungskompetenz und ist verunsichert. Sie will ihrem Kind helfen, verhindert aber dabei seine Entwicklung zur Selbstständigkeit. Tochter oder Sohn werden immer mehr von der Mutter abhängig. Sie aber kann ihrem Kind durch ihre eigene psychische Instabilität, Inkonsequenz und Unzuverlässigkeit keinen Halt geben. Ihre Unsicherheit und Ängste übertragen sich auf das Kind.

Eine solche Frau und Mutter ist selten mit sich und ihrem Schicksal zufrieden. Ihr mangelt es oft an innerer Stärke und Durchsetzungskraft, worunter sie leidet. Um mehr Anerkennung zu bekommen, legt sie verstärkt Wert auf ihr äußeres Erscheinungsbild. Selbstkritisch und unzufrieden äußert sie sich über ihre Figur und ihr Aussehen.

Aufgrund der wissenschaftlichen Forschung weiß man heute von der besonderen Bedeutung der Spiegelneurone, die Kinder die Verhaltensweisen ihrer wichtigsten Bezugspersonen nachahmen lassen. »Sie lösen ein neuronales Duett aus« (Goleman 1997), d.h. jede bewusste Beobachtung erregt in unserem Gehirn das gleiche neuronale Netzwerk, so als würden wir selbst handeln. So erleben eben auch die Kinder oder Jugendlichen ihre Mutter als wenig psychisch stabil, unzufrieden mit ihrem Schicksal und unfähig, erfolgreiche Konfliktlösungsstrategien zu vermitteln.

Meist hat die Mutter auch eine beeinträchtigte Informationsverarbeitung im Sinne einer AD(H)S-Veranlagung oder gar eine ausgeprägte AD(H)S-Symptomatik. Dann hat sie wenig Geduld, ist überempfindlich und regt sich schnell und überschießend auf. Sie erklärt und polemisiert gern, ohne auf den Kern ihrer Aussage zu kommen. Bei selbst schlechtem Selbstwertgefühl verunsichert ihre Ängstlichkeit ihr Kind noch zusätzlich.

6.2.2 Der Vater – abwesend, frustriert, hilflos und missverstanden

Der Vater einer typischen AD(H)S-Familie ist bei der Erziehung seiner Kinder meist wenig präsent, er fühlt sich damit überfordert und ist deshalb weniger in der Lage, eine tragfähige Beziehung zu dem für ihn schwierigen Kind aufzubauen. Er ist bei der Arbeit oder im sozialen Umfeld mit seinen eigenen Problemen beschäftigt, die ihn umso mehr belasten, je stärker er selbst eine AD(H)S-Symptomatik hat. Dadurch reagiert er gegenüber seiner Tochter bzw. seinem Sohn oft unangemessen, spontan und meist abwertend polemisierend. Statt die Bemühungen seines Kindes positiv anzuerkennen, äußert er nur seine Enttäuschung über die nicht erfüllten Erwartungen. Darunter leiden das Selbstwertgefühl des Kindes und seine Beziehung zum Vater. Das ist von diesem natürlich so nicht gewollt: In der Folge fühlt er sich unverstanden, hält sich aus der Erziehung lieber heraus und flüchtet in seine Arbeit oder in andere gesellschaftliche Aktivitäten. Voller Enttäuschung registriert er, dass selbst seine bewusst gut gemeinten Gesten von seinem Kind und seiner Frau missverstanden und zurückgewiesen werden.

6.2.3 Die Geschwister – »Action« oder Rückzug

Haben Mädchen mit einer Störung in der Informationsverarbeitung einen hyperaktiven Bruder oder eine hyperaktive Schwester, werden sie dadurch noch zusätzlich psychisch belastet. Ungewollt verursachen diese hyperaktiven Kinder Unruhe, Stress und Konflikte. »Mein Bruder nervt«: eine nicht selten zu hörende Aussage, die hinterfragt werden sollte. *Hyper*aktive Kinder brauchen immer »Action« und provozieren deshalb gern. Im Rahmen solcher Situationen können sie ihre sonst so chaotischen Gedanken auf ein Ziel ausrichten, was ihnen gut tut.

Das *hypo*aktive Kind dagegen zieht sich gern in eine ruhige Ecke zurück. Es ist harmoniebedürftig und geht Konfrontationen bewusst aus dem Weg, um sich und seine Eltern nicht noch zusätzlich zu belasten. So äußern sie häufig: »Ihr habt ja mit dem Bruder schon so viel Ärger, deshalb will ich euch nicht noch zusätzlich belasten.« Das kann dazu führen, dass sich das hypoaktive Kind schließlich vernachlässigt und ungeliebt fühlt. Dann äußert es: »Ihr habt nur den Bruder lieb, mich bemerkt ihr gar nicht.«

6.2.4 Das soziale Umfeld

Die Medien suggerieren: »Schlanksein ist ›in‹, nur wer schlank ist, hat Erfolg.«

Wenn Schlanksein Vorteile verschafft und die Fähigkeit zur Beherrschung als Klugheit interpretiert wird, sehen dickere Menschen für sich weniger Chancengleichheit. Jagen die eigene Mutter, die Geschwister und die Peergruppe mehr oder weniger erfolgreich einem Schlankheitsideal nach und erklären sie Abnehmen zum obersten Ziel, kann ihr Verhalten für alle in der Familie maßgeblich und prägend werden. Abnehmen und Superschlanksein werden als Erfolgsrezept angesehen, um erstrebenswerte Ziele zu erreichen. Schlanksein bekommt einen hohen Stellenwert, der gesellschaftliche Anerkennung und Akzeptanz verspricht.

Wird ein selbstunsicheres Kind oder ein seelisch labiler Jugendlicher wegen seines Übergewichts immer wieder aufgefordert, abzunehmen und weniger zu essen, kann ihn dies psychisch zusätzlich destabilisieren. Insbesondere dann, wenn Jungen oder Mädchen aufgrund ihrer Figur verspottet und diskriminiert werden.

Als Reaktion darauf und zur eigenen psychischen Stabilisierung entwickeln die Betroffenen einen starken Willen, unbedingt abzunehmen, dazu sind ihnen alle Mittel recht. So beginnt psychodynamisch eine Spirale, die ihnen anfangs Anerkennung bringt. Im Laufe der Zeit können das Kalorienzählen zum Zwang und das Abnehmen zur Sucht werden. Die Abwärtsspirale beginnt, außer Kontrolle zu geraten.

6.3 Die bio-psycho-soziale Grundlage für die Entwicklung einer AD(H)S-bedingten Essstörung

6.3.1 AD(H)S als Wegbereiter für die Entwicklung von Essstörungen

Inzwischen wissen wir durch die wissenschaftliche Forschung, dass sich ein AD(H)S über mindestens 15 sog. Kandidatengene vererbt. So gibt es z. B. bei ADS und Anorexie »Genüberlappungen«, d. h. ein Gen kann bei beiden Erkrankungen nachgewiesen werden, wie das 7q-Gen. Aber diese Gendiagnostik steht erst am Anfang. Es ist also genetisch bedingt, dass AD(H)S-typische Auffälligkeiten von Psyche, Verhalten, Lernen und Motorik in der Regel nicht nur bei dem AD(H)S-Betroffenen, sondern fast immer – in geringerem oder stärkerem Maße – bei allen Familienmitgliedern vorhanden sind. Diese Auffälligkeiten machen sich am deutlichsten in Zeiten großer Anforderungen und psychischer Belastung bemerkbar. Während latent von AD(H)S betroffene Erwachsene es zumeist gelernt haben, für ihre Probleme individuelle Lösungsstrategien zu entwickeln und ihre gespürten Defizite zu beherrschen, bilden Schulzeit und Pubertät besonders anspruchsvolle und schwierige Entwicklungsphasen, in denen die Heranwachsenden einem AD(H)S – ohne externe professionelle Hilfe – oft hilflos gegenüberstehen.

Ein Nachweis von genetisch angeborenen Defiziten muss sich im Rahmen eines psychoorganischen Achsensyndroms immer auf deutliche Abweichungen in den folgenden drei Achsen stützen: der motorischen, der kognitiven und der emotionalen Ebene der Informationsverarbeitung.

Trotz und gerade wegen der häufig beschriebenen *Defizite* ist es im therapeutischen und alltäglichen sozialen Umgang mit Menschen mit AD(H)S enorm wichtig, ihre vielen *positiven Eigenschaften* hervorzuheben: Diese sind immer wieder zu betonen und unbedingt zu erhalten und zu fördern. So verfügen Menschen mit AD(H)S beispielsweise über ein großes Fähigkeits- und Leistungspotenzial, das nicht verkümmern darf.

Jugendliche mit einer AD(H)S-bedingten veränderten Informationsverarbeitung, die an Essstörungen leiden, beschreiben ihre Familie zumeist als wenig emotional, warmherzig, tragfähig und stabil im Zusammenhalt. Die Betroffenen mit ihrer andersartigen, sehr sensiblen Wahrnehmung und ihrem hohem Selbstanspruch merken, dass jeder in der Familie vor seinen eigenen für sich selber unlösbaren Problemen steht, die er deshalb nicht anspricht oder vor den anderen versteckt. So sind Kommunikation und Interaktion der einzelnen Mitglieder einer von AD(H)S betroffenen Familie oft recht oberflächlich – ihre Gespräche beispielsweise sind in Themen und Stil in der Regel sehr sachbezogen. Einige Familienmitglieder sind durch das »eigenartige« Verhalten ihrer von AD(H)S betroffenen Geschwister oder Kinder verunsichert und können deren manchmal überschießende Reaktionen nicht verstehen, was das emotionale Gleichgewicht in der Familie zusätzlich beeinträchtigt. Irgendeiner regt sich in einer AD(H)S-Familie immer zu schnell und zu heftig auf, dann reagieren die anderen in eingeschliffenen Bahnen, was mit der Zeit einem festgefahrenen Schema gleicht. Es wird wenig über eigene oder über die Gefühle der anderen reflektiert oder gesprochen, weil das erfahrungsgemäß für niemanden etwas bringt.

Für ein Verhalten, das sich nicht erklären oder verstehen lässt, wird immer ein Schuldiger gesucht. So gibt eine Jugendliche mit Essstörung frühzeitig sich selbst für alles die Schuld, während der hyperaktive Bruder stets alle Verantwortung von vornherein von sich weist, da er nie etwas gewesen ist (auch ein eingeschliffenes Verhaltensmuster, das dem Selbstschutz dient). Jede noch so gut gemeinte Diskussion in der Familie endet meistens in einem Streit mit wechselseitigen Schuldzuweisungen. Um einen solchen Streit zu vermeiden, der stets nach dem gleichen Muster abläuft und den gleichen Ausgang nimmt, wird gar nicht erst mit einem wirklich klärenden Gespräch begonnen – des lieben Friedens willens, da es »eh nichts bringt«.

AD(H)S ist eine angeborene Persönlichkeitsvariante mit zahlreichen Stärken, aber auch vielen möglichen Defiziten, die sich abhängig von vielen Faktoren entwickelt und die – wenn sie nicht rechtzeitig erkannt und fachgerecht behandelt wird – über eine langjährige Eigendynamik zu vielen psychischen Störungen und psychosomatischen Erkrankungen führen kann.

Definition des AD(H)S

Das Aufmerksamkeitsdefizit-Syndrom mit oder ohne Hyperaktivität beruht auf einer neurobiologisch bedingten veränderten Verarbeitung von Wahrnehmungen, die zu einer Beeinträchtigung des Verhaltens und der Gefühle sowie den kognitiven und motorischen Fähigkeiten führt. Neurobiologisch betrachtet besteht dabei eine Unterfunktion im Stirnhirnbereich, eine durch Botenstoffmangel bedingte Transporterstörung und eine unzureichende Ausbildung von Gedächtnisbahnen, die erforderlich sind, damit Denken und Handeln automatisch ablaufen können.

6 AD(H)S – eine häufige Ursache vieler Essstörungen

> **Definition einer psychischen Erkrankung**
>
> Die Definition einer psychischen Erkrankung lässt die vielen Übereinstimmungen im Erscheinungsbild von AD(H)S und Essstörungen erkennen. Sie lautet: Eine psychische Krankheit ist eine krankhafte Störung der Wahrnehmung, des Verhaltens, der Erlebnisverarbeitung, der sozialen Beziehungen und der Körperfunktionen.

Ausgangspunkt einer beeinträchtigten psychischen Entwicklung, die unter besonderen Belastungen zur psychischen Störung werden kann, ist manchmal eine viel zu enge Mutter-Kind-Bindung, die durch Überbehütung oder Verwöhnen praktiziert wird. Die Mutter selbst stellt ihre eigenen Belange in den Hintergrund und erwartet dafür Zuwendung und bedingungslose Liebe. Diese Beziehung wird aber im Laufe der Zeit infolge gegenseitiger Unzuverlässigkeit und immer wieder erlebter Enttäuschungen immer lockerer. Sie wird zunehmend oberflächlicher, bis sie schließlich mit Beginn des Strebens nach Selbstständigkeit des heranwachsenden Jugendlichen am gegenseitigen Misstrauen zerbricht. In der Familie gibt es oft keine stabilen Grenzen, die von allen eingehalten werden. Konsequenzen werden angedroht, aber nur selten realisiert. Es gibt im Tagesablauf der Familie wenig Struktur, das meiste wird spontan und willkürlich entschieden. Den Kindern fehlt in solchen Familien die Möglichkeit, selbstständig altersentsprechende soziale Entscheidungen zu treffen. Diese nimmt die überbesorgte Mutter ihren Kindern im Glauben ab, ihnen damit etwas Gutes zu tun.

Durch diese Abhängigkeit können sie sich in der Pubertät schlecht von ihrer Mutter oder ihren Eltern lösen, obwohl sie das unbedingt möchten: In der Folgezeit beginnen sie, ihre Mutter (Eltern) wenig zu respektieren. Soziale Unsicherheit geht immer mit Klammern einher, das nicht überwunden werden kann. Klammern an der Mutter, an der Freundin, an ganz bestimmten Ritualen oder an Gegenständen (wie z. B. ein hochbegabter Gymnasiast der 6. Klasse, der sein Kuscheltier immer überall, auch versteckt in der Schule, dabei haben muss).

> Essgestörte Kinder und Jugendliche verfügen genau wie ihre Altersgenossen mit einem ausgeprägten AD(H)S über eine mehr oder weniger starke Beeinträchtigung im Selbstwertgefühl und in der sozialen Kompetenz. Aufgrund ihrer meist guten bis sehr guten Intelligenz können sie mögliche Defizite gut kompensieren.

Um ihr Selbstwertgefühl und ihre soziale Kompetenz zu verbessern, können Jugendliche beispielsweise das Schlanksein und Abnehmen zu erstrebenswerten Zielen erheben, was ihnen Anerkennung und Bewunderung der anderen einbringt, die das nicht so erfolgreich schaffen. Darin sehen viele betroffene Mädchen endlich ihre Chance, besser als die anderen sein zu können. Mit ihrem starken Willen können sie endlich etwas erreichen, womit sie Aufmerksamkeit und

6.3 Die bio-psycho-soziale Grundlage

Anerkennung bekommen, die ihnen wegen der AD(H)S-typischen Defizite trotz ihrer sehr guten Intelligenz bisher über Jahre versagt blieben. Ihr Körpergewicht können sie allein bestimmen. So dient die erfolgreiche Gewichtsabnahme zunächst der Verbesserung des Selbstwertgefühls. Sie wird somit zur Selbstbehandlung, um ein psychisches Gleichgewicht zu finden. Das Ergebnis eines solchen Verhaltens ist jedoch nur ein Erfolg von kurzer Dauer, denn der ganze tiefer liegende Frust und die offen und latent vorhandenen Konflikte bleiben bestehen und damit auch die Unzufriedenheit mit der eigenen Person und dem sozialen Umfeld. Versagensängste, Enttäuschungen und subjektiv empfundene Demütigungen werden zusätzlich über Zwänge und Autoaggressionen abreagiert. Werden diese ständig wiederholt, automatisieren sie sich, können zwanghaft werden und Suchtcharakter annehmen.

> AD(H)S ist also mehr als eine Störung des Verhaltens und der Konzentration, es kann als Wegbereiter für die Entwicklung von Essstörungen mit Suchtcharakter fungieren.

AD(H)S als mögliche Ursache einer Essstörung zu erkennen, setzt voraus, dass man AD(H)S als ein psychoorganisches, neurobiologisch und genetisch bedingtes sog. Achsensyndrom akzeptiert. Das bedeutet, dass für die Diagnose AD(H)S immer Symptome der drei folgenden Achsen vorhanden sein müssen:

- der kognitiven Achse, was der Ebene der Denk-, Lern- und Merkfähigkeiten, der Konzentration und Daueraufmerksamkeit entspricht,
- der emotionalen Achse, was der Verhaltensebene entspricht,
- der motorischen Achse, was der neurologischen Ebene entspricht.

> Der in der Praxis sehr häufig nachweisbare Zusammenhang von AD(H)S und Essstörungen ist zum Leidwesen der Betroffenen bisher viel zu wenig bekannt. Diesen Zusammenhang zu erkennen, erschließt für die Vorbeugung von Essstörungen, ihre frühzeitige Diagnostik und wirksame Behandlung völlig neue Möglichkeiten. Wobei insbesondere eine gezielte Prävention von größter Bedeutung ist, da bei den Betroffenen eine einmal ausgeprägt bestehende Essstörung nahezu immer lebenslang seelisch und körperlich tiefe Spuren hinterlässt.

Erfahrenen AD(H)S-Therapeuten zeigt sich der Zusammenhang zwischen Essstörungen und AD(H)S schon lange. So konnte mit dem rechtzeitigen Erkennen und Behandeln des AD(H)S schon manche Essstörung erfolgreich vermieden werden. Auf ärztlicher bzw. psychologischer Seite setzt dies ausreichende Erfahrungen mit der Diagnostik und Behandlung von Kindern und Jugendlichen mit ADS *ohne* Hyperaktivität voraus, da aus dieser Gruppe das Gros der essgestörten Heranwachsenden hervorgeht.

Auffällig ist, dass die derzeitigen Leitlinien zur Behandlung von Essstörungen den Zusammenhang mit einem AD(H)S nicht einmal erwähnen, obwohl in ihnen Symptome beschrieben werden, die auf eine gemeinsame Grundstörung hinweisen. Leider liegen bislang für die ursächliche Verknüpfung der beiden Störungsbilder auch noch keine klinischen Studien vor.

Als ein eigenständiger Subtyp des AD(H)S ist die besondere Symptomatik der hypoaktiven Variante zudem selbst professionellen Helfern nach wie vor viel zu wenig bekannt – sehr zum Nachteil der Betroffenen. Noch immer bestimmt vielerorts der Grad der Schwere von Konzentrations- und Verhaltensstörung die Notwendigkeit einer Behandlung und nicht das Ausmaß der psychischen Beeinträchtigung infolge von Lernstörungen im schulischen und sozialen Bereich. Letztere haben für die Persönlichkeitsentwicklung aber eine viel größere Bedeutung, da sie frühzeitig die Entwicklung eines positiven Selbstwertgefühls und einer guten sozialen Kompetenz nachhaltig beeinträchtigen. Denn bei jedem ausgeprägten AD(H)S leiden Selbstvertrauen und die soziale Kompetenz von Anfang an. Auch zu diesen wichtigen, aber schlecht messbaren Kriterien liegen bis heute leider keine abgeschlossenen Studien vor. Aber sollen Therapeuten, Betroffene und ihre Familien deshalb so lange die offenkundigen Erfahrungen der Praxis ignorieren und nicht nutzen dürfen? Ist die praktische Medizin nicht eine Wissenschaft, die wesentlich von den Erfahrungen aus der Praxis lebt? Gerade im Interesse der betroffenen Kinder und Jugendlichen wäre es zu wünschen, dass forschende Wissenschaftler und praktisch tätige Ärzte enger und häufiger zusammenarbeiten würden.

6.3.2 Die Neurobiologie hilft uns, die Vielfalt der AD(H)S-Symptomatik zu erklären

Das Vorliegen einer ADS *ohne* Hyperaktivität ist für Laien und Therapeuten auf den ersten Blick viel schwieriger zu erkennen als ein ADS *mit* Hyperaktivität, und es kann vor allem nicht mithilfe einer Punkte-Skala diagnostiziert werden. Die Hauptsymptome des ADHS, die Hyperaktivität, die gestörte Daueraufmerksamkeit und die Impulssteuerungsschwäche sind auch bei *hypoaktiven* ADSlern vorhanden, aber diskreter und durch das meist überangepasste Verhalten besonders der intellektuell sehr gut befähigten Kinder und Jugendlichen »verschleiert«. Sie leiden still vor sich hin, fühlen sich unverstanden, ausgegrenzt und innerlich unruhig. Sie träumen und entfliehen mittels ihrer guten Phantasie der Realität.

Sie haben ständig zu viele Gedanken im Kopf, können sich nicht lange auf eine Sache konzentrieren, sodass sie es als beruhigend empfinden, ihre Gedanken immer auf ein und dasselbe auszurichten: Kalorienzählen, Nahrungsmenge begrenzen und Gewichtsabnahme. Das verschafft ihnen Erfolge, die das Belohnungssystem aktivieren.

Sie leiden unter ihrer schlechten Daueraufmerksamkeit, können das Gelernte oft nur langsam abrufen, sich nicht schnell genug mit Worten verteidigen und sind viel zu empfindlich. Dank ihrer guten Intelligenz können sie vieles kompensieren, was sie jedoch sehr viel Kraft kostet. Sie regen sich schnell auf, weinen leicht und geraten schnell in Panik. Prüft man, um die Diagnose zu stellen, nur ihre Konzentrationsfähigkeit, so gelangt man zumeist zu einem Ergebnis, das die Realität nicht vollständig und korrekt wiedergibt. Denn wie alle Kinder und Jugendlichen mit AD(H)S können sie sich sehr gut konzentrieren, solange etwas neu und interessant ist. Sie sind in der Faszination hyperfokussiert (überkonzentriert), was ihnen immer wieder die Beurteilung einbringt: »Du kannst doch, wenn du willst!« Aber eben genau das können sie gerade nicht. Im Alltag und bei Routinetätigkeiten fällt es ihnen schwer, sich zu motivieren, um überhaupt anzufangen oder bei der Sache zu bleiben. Sehr häufig erschweren Störungen verschiedener Wahrnehmungsbereiche und der Feinmotorik noch zusätzlich ihre Arbeitsfähigkeit.

Durch Mangel der Botenstoffe Dopamin, Serotonin und Noradrenalin fehlt hypoaktiven Kindern und Jugendlichen der Antrieb, mit Routinearbeiten zu beginnen. Sie reagieren verlangsamt, ängstlich, unsicher und introvertiert. Sie geben sich immer zuerst für alles die Schuld und neigen zu Ängsten, Zwangsstörungen und Depressionen.

Durch schlecht angelegte Gedächtnis- oder Lernbahnen, den sog. neuronalen Säulen, können sie einmal Gelerntes infolge von Reizüberflutung und Botenstoffmangel nur schlecht abspeichern, da nur ein Bruchteil des Gelernten vom Arbeitsgedächtnis in das zuständige Langzeitgedächtnis gelangt. Über bereits gespeichertes Wissen und geplantes Handeln können sie nicht automatisch verfügen. Infolge ihrer oberflächlichen Wahrnehmung mit beeinträchtigter Selbstreflexion haben sie Probleme bei der sozialen Anpassung und Eingliederung.

> Aufmerksamkeitsgestörte Kinder und Jugendliche *ohne* Hyperaktivität (also AD(H)S vom Unaufmerksamen Typ) geben sich große Mühe, haben einen hohen Selbstanspruch und wollen alles perfekt machen. Warum ihnen so vieles nicht gelingt, können sie nicht begreifen, das verunsichert sie und macht alles noch schlimmer. Sie resignieren, ziehen sich zurück und entwickeln nicht selten aggressive Tendenzen gegen sich selbst: »Mir gelingt sowieso nie etwas!« Das Selbstwertgefühl wird immer schlechter, je stärker und je länger die Betroffenen leiden.

> AD(H)S als eine Hirnreifungsstörung infolge Reizüberflutung mit veränderter Vernetzung der Nervenbahnen im Gehirn gilt es neurobiologisch zu interpretieren, um seine Vielfalt von Symptomen begreifen zu können.

Wissenschaftlicher Fortschritt in der Medizin beruht unter anderem wesentlich auf den täglich in der Praxis gemachten Erfahrungen bei der Lösung von Problemen. Eine (im Vergleich zur heutigen Situation) stärkere Einbeziehung von praktischen Erfahrungen in die wissenschaftliche Forschung könnte einen wichtigen Beitrag dazu leisten, schneller als bislang zu neuen Erkenntnissen über die Ursachen und zu einer wirkungsvollen Behandlung von Essstörungen zu gelangen.

> Ein Verständnis dafür zu entwickeln, dass AD(H)S und Essstörungen in zahlreichen Fällen in einem kausalen Zusammenhang von Ursache und Folge stehen können, ermöglicht Ärzten und Psychologen den Einsatz neuer und erfolgreicher Behandlungsstrategien.

Die Schwere der mit Essstörungen verbundenen psychischen und somatischen Leiden und die Tatsache, dass herkömmliche Therapien häufig wenig erfolgreich sind, erfordern innovative Behandlungsstrategien, die bei den Ursachen und nicht bei den Symptomen ansetzen.

Für den häufigen Zusammenhang von AD(H)S und Essstörungen spricht nicht zuletzt auch der Umstand, dass die bisherigen traditionellen Erklärungsmodelle zur Entstehung von Essstörungen den typischen Symptomen einer gestörten Informationsverarbeitung ähneln, wie sie beim AD(H)S von Anfang an vorhanden sind. So ist zum Beispiel die innere und äußere Unruhe nicht die Folge einer Essstörung, sondern ein Symptom von deren möglicher Ursache.

6.4 Essstörungen als Folge der Angst vor dem Erwachsenwerden?

In der Angst von Kindern und Jugendlichen – und besonders von jungen Mädchen –, erwachsen zu werden, besteht eine der ältesten Annahmen zur Ursache von Essstörungen. Dabei spiegelt sich das Erwachsenwerden in der starken und nach außen sichtbaren Veränderung des Körpers, seiner Zunahme der fraulichen und somit rundlichen Formen, wider. Der Fettanteil der Körpermasse und damit das Körpergewicht nehmen in der Pubertät deutlich zu. Insbesondere die Magersucht (Anorexie) wird nach dieser Hypothese als ein intensives, zwanghaftes Bemühen der betroffenen Jugendlichen gedeutet, das Erwachsenwerden unter allen Umständen zu vermeiden.

Diese herkömmliche, noch heute häufig zu hörende Theorie, kann nicht überzeugen. Denn tatsächlich werden Essstörungen in aller Regel nicht durch die Angst vor den weiblichen Formen und vor dem Erwachsenwerden verursacht, sondern durch Ängste, die sich infolge mangelhafter sozialer Reife entwickeln, die bei den Jugendlichen in der Pubertät Gefühle der Überforderung und Andersartigkeit auslösen. Die betroffenen Heranwachsenden können sich in ihrer Umwelt nicht angemessen behaupten und ihre Interessen durchsetzen. Außerdem reagieren sie deutlich empfindlicher auf Kritik. Sie sind leicht verletzbar, selbstunsicher und immer auf der Suche nach Anerkennung – ihr schlechtes Selbstwertgefühl bestimmt ihr Denken und Handeln. In der Pubertät merken sie und auch die anderen den deutlichen Unterschied ihres Verhaltens zu dem der Peergruppe. Deshalb tun sie vieles, um anderen zu gefallen und selbst nicht aufzufallen, ohne dabei auf eigene Interessen zu achten. Sie glauben, ihr Äußeres sei daran schuld, dass sie von anderen gemieden werden und weniger erfolgreich sind.

6.5 Essstörungen als Folge einer traumatischen Belastung in der Kindheit?

Ein unbehandeltes AD(H)S kann bei Kindern und Jugendlichen zum negativen Dauerstress führen, sodass die Betroffenen die Symptome einer traumatisch bedingten Belastungsstörung entwickeln können. Viele Mikrotraumatisierungen, verstärkt durch eine ständig erlebte innere Hilflosigkeit bei angeborener Überempfindlichkeit, summieren sich mit der Zeit zu einem negativen Selbstbild mit emotionalem Dauerstress, welcher die psychische Entwicklung der Heranwachsenden beeinträchtigt.

Für emotional negative Erlebnisse haben Menschen mit AD(H)S ein »Elefantengedächtnis«. Unter Dauerstress können sich zentrale Gedächtnisinhalte verändern, da die Gehirnfunktion infolge anhaltender Reizüberflutung nachhaltig umstrukturiert und somit langfristig verändert wird. Die Umstrukturierung der Nervenverbindungen im Gehirn vollzieht sich den aktuellen Erfordernissen der Beanspruchung entsprechend bei allen Menschen ständig und wird als Plastizität bezeichnet. Jede aufgenommene Information hinterlässt eine neuronale Spur, die mit der Anzahl der Wiederholungen immer dichter wird und sogenannte Lernbahnen entwickelt. So kann unter dem Einfluss aktueller Erlebnisse das in der Vergangenheit Erlebte und Abgespeicherte eine veränderte Gewichtung und eine andere inhaltliche Bedeutung bekommen.

> Alle Aktivitäten, sämtliches Denken und Handeln beeinflussen das neuronale Netzwerk des Menschen und damit nachhaltig dessen Erinnerungen. Die Inhalte unserer Erinnerungen können sich im Laufe von Jahren oder Jahrzehnten verändern, ohne dass wir uns dessen bewusst sind.

Essstörungen und (angeblicher) sexueller Missbrauch in der Kindheit

In der besonderen Plastizität des menschlichen Gehirns und der mit ihr verbundenen Veränderbarkeit menschlicher Erinnerungen könnte eine Erklärung dafür liegen, warum bei schwer Magersüchtigen überzufällig häufig in ihrer Vergangenheit ein sexueller Missbrauch psychoanalytisch »nachgewiesen« wurde, obgleich die Jugendlichen und jungen Erwachsenen sich daran nicht erinnern konnten. Besorgniserregend ist hierbei nicht nur der Umstand, dass Therapeuten den Betroffenen den (angeblichen) Missbrauch als Ursache ihrer Essstörung suggerieren, sondern dass deren psychischer Leidensdruck hierdurch noch unerträglicher wird und eine andere Dimension bekommt.

Auf der Suche nach der Ursache: »Warum reagiere ich so?«, wird nicht selten aus dem Pool der Erinnerungen eine »passende« Erklärung (in diesem Fall der angebliche sexuelle Missbrauch) gefunden oder »passend« gemacht. Praktiziert wird hierbei von psychoanalytischer Seite eine (mehr als fragwürdige) Strategie, die der (scheinbaren) psychischen Stabilisierung des Patienten dienen soll.

6.6 Die Suche nach einer gemeinsamen neurobiologischen Grundlage von AD(H)S und Essstörungen

Um den Zusammenhang von Essstörung und AD(H)S zu begreifen, muss man alte Theorien und Erklärungsmuster hinter sich lassen und längst Bekanntes aus der Entwicklungslehre mit den aktuellen neurobiologischen Erkenntnissen verbinden und in der Praxis überprüfen.

> Aus der Summe vieler Faktoren, die über einen längeren Zeitraum wirken und die die Funktionsfähigkeit des Gehirns negativ verändern, entwickeln sich psychische Störungen. Zu welcher Störung es dabei im Einzelnen kommt, bestimmen die individuelle Veranlagung, das soziale Umfeld, die Schwere der Beeinträchtigung und die vorhandenen Schutzfaktoren des Betroffenen.

So lassen sich Essstörungen als Folge zu großer Empfindlichkeit, Stressintoleranz, mangelnder Daueraufmerksamkeit, emotionaler Steuerungsschwäche, Selbstwertproblematik, fehlender Anerkennung und innerer Verunsicherung erklären, die wiederum ihre Ursache in einer Reizüberlastung des Gehirns bei angeborener neurobiologisch veränderter Informationsverarbeitung mit Defiziten auf der emotionalen, kognitiven und motorischen Ebene haben.

Ist die These richtig, dass viele Essstörungen eine der Folgen der AD(H)S-bedingten gestörten Informationsverarbeitung sind, müssen die betroffenen Kinder und Jugendlichen auch über die positiven Eigenschaften des AD(H)S verfügen und diese in ihrer Entwicklung nachweisbar sein. Aber trotz vieler guter Eigenschaften und einer meist guten bis sehr guten Intelligenz sind die Betroffenen immer mit sich unzufrieden. Sie können ihre Fähigkeiten nicht in gute Noten oder in ein ihrem Alter entsprechendes Sozialverhalten umsetzen. Sie leiden, weil sie nicht schnell und situationsgerecht reagieren und handeln können. Viele Hochbegabte, die ein nicht erkanntes ADS ohne Hyperaktivität haben und mit ihren schulischen Leistungen unzufrieden sind, die sog. Underachiever, gelten noch immer als unterfordert. Dabei ist der größte Teil von ihnen infolge der nicht erkannten ADS-Problematik überfordert. Ein häufiger Denkfehler, der vielen Betroffenen schadet, sie psychisch belastet und die Entwicklung ihres intellektuellen Potenzials infolge falscher Behandlung beeinträchtigt.

Diesen Betroffenen kann durch eine multimodale Behandlung des AD(H)S, wenn erforderlich auch mit Stimulanzien, geholfen werden. Sie ermöglicht ihnen, ihre schlummernden Fähigkeiten in ungeahnte Möglichkeiten zu verwandeln. Selbstwertgefühl und soziale Kompetenz bessern sich innerhalb weniger Wochen, wenn die Behandlung nicht zu spät begonnen wird. Die Entwicklung psychischer Störungen kann dann dauerhaft verhindert werden. Kommt die Behandlung jedoch zu spät, resignieren die Jugendlichen, finden sich mit ihrem Schicksal ab und verweigern jegliche Therapie. Sie gleichen darin in ihrer Willensstärke, mit der sie ihr schlechtes Selbstwertgefühl kompensieren, den magersüchtigen Jugendlichen. Wobei Hochbegabte infolge ihres hohen Selbstanspruches besonders prädestiniert sind, auf ihre AD(H)S-bedingten Defizite mit einer Essstörung (Anorexie, Bulimie, Adipositas) zu reagieren.

Nicht jeder, der an einer Essstörung leidet, hat ein AD(H)S. Aber diese Komorbidität ist häufiger als vermutet. Denn AD(H)S hat viele leichte Verlaufsformen, da es sich über ca. 15 Gene vererbt, die erst in ihrer Summe zu einer ausgeprägten AD(H)S-Symptomatik führen. Wenn man über nur ein oder zwei Gene verfügt, die mit AD(H)S in Verbindung gebracht werden (die Wissenschaft spricht von AD(H)S-assoziierten Genen), dann hat man keine oder nur eine leichte Symptomatik, die meist gut zu kompensieren ist und sogar außergewöhnliche Fähigkeiten verleihen kann, siehe Kapitel 6.7. Außerdem ist die Schwere der Problematik immer belastungsabhängig.

6.7 Kinder und Jugendliche mit AD(H)S und Essstörungen haben viele gemeinsame positive Eigenschaften

Ein wesentliches Merkmal des Aufmerksamkeitsdefizit-Syndroms mit und ohne Hyperaktivität (AD[H]S) besteht darin, die Welt in einer anderen Art zu sehen und zu erleben und dabei gleichzeitig über besondere persönliche Fähigkeiten zu verfügen. Solche positiven Eigenschaften, die bereits im Rahmen der Diagnostik von AD(H)S betroffener Kinder, Jugendlicher und Erwachsener von Bedeutung sind, findet man auch überzufällig häufig bei Jugendlichen mit Essstörungen.

Die Betroffenen

- sind dank ihrer lebhaften Phantasie und ihres großen Einfallsreichtums sehr kreativ und erfinderisch

- verfügen über ein sehr gutes visuelles, fast fotografisches Gedächtnis; was sie sich bildlich vorstellen, behalten sie besser
- können sich sehr gut konzentrieren, sobald sie etwas motiviert oder fasziniert
- haben ein – auch für belanglose Kleinigkeiten – hervorragendes Gedächtnis, sofern die zu erinnernden Begebenheiten für sie mit einer starken Gefühlserregung verknüpft sind
- sind in der Lage, bei Interesse und Überzeugung für eine Sache oder Idee intensiv zu arbeiten und sich ohne Rücksicht auf die eigene Person für diese einzusetzen
- besitzen einen ausgeprägten Gerechtigkeitssinn, aus dem heraus sie sich spontan oft für andere einsetzen
- denken sehr sozial und sind hilfsbereit, wenn jemand in Not ist.
- können Menschen und Situationen gut durchschauen: sie lassen sich nicht so schnell »hinters Licht führen«
- suchen nach Harmonie, Wärme, Zuverlässigkeit, Zuwendung und Anerkennung

> Menschen mit AD(H)S haben besondere Fähigkeiten, außergewöhnliche Wege zu gehen. Sie brauchen ein Ziel, Motivation und manchmal eine zweite Chance.

6.8 AD(H)S – eine Reifungs- und Entwicklungsstörung mit unterschiedlicher Symptomatik

Die Entwicklung der ADS-Problematik beginnt in der Kindheit meist als ein »stilles« Leiden, wenn die Hyperaktivität fehlt. Es wird von Eltern, Kindergartenerzieherinnen, Lehrern und selbst von Ärzten sowie Psychologen noch immer zu selten und wenn dann meist viel zu spät erkannt. Durch ihre sehr gute Intelligenz und aufgrund ihres hohen Selbstanspruchs bemühen sich die betroffenen Kinder durch Fleiß, ihre Defizite in der Motorik, im Leistungs- und Verhaltensbereich auszugleichen, was ihnen auch meistens in den ersten Schuljahren gelingt. Oft fällt nur ein zu langsames Arbeitstempo und eine verstärkte Ablenkbarkeit auf, was auch immer wieder in ihren Zeugnissen so beschrieben wird. Ein Teil der häufig überangepassten Kinder hat vorwiegend Schulleistungsprobleme, wobei Teilleistungsstörungen wie Lese-Rechtschreib- oder Rechenschwäche überwiegen. Bei ihrer meist recht guten intellektuellen Ausstattung kommt der Notenabsturz oft erst beim Übergang zum Gymnasium. Die Ursache dafür liegt in der durch Reizüberflutung beeinträchtigten Ausreifung ihrer Gedächtnisbahnen (neuronale Säulen), die ein ihrem Alter entsprechendes schnelles und angepasstes

Reagieren im Denken und Handeln erschweren bzw. verhindern. Bei einem anderen Teil der Kinder mangelt es vorwiegend an sozialer Kompetenz, was besonders in der Pubertät zum Problem wird. In dieser Phase reichen ihre Reserven nicht mehr aus, um Entwicklungsdefizite und soziale Reiferückstände auszugleichen.

Kriterien für einen sozialen Reiferückstand bei Jugendlichen sind:

- Sie haben keine realistische Lebensplanung mit Perspektiven in den verschiedenen Lebensbereichen
- Ihre Fähigkeit zum zeitlich überschaubaren Denken ist beeinträchtigt
- Ihre Gefühle können sie nicht rationell verarbeiten und ausreichend steuern
- Selbstständig zu urteilen und Entscheidungen zu treffen fällt ihnen schwer
- An einer ausreichend ernsthaften Einstellung gegenüber Pflichten mangelt es
- Sie können sich nicht gut von anderen abgrenzen und sind leicht beeinflussbar
- Sie streben nicht ernsthaft nach Selbstständigkeit und Unabhängigkeit

Ein über Jahre ständig zunehmender Reiferückstand in der Persönlichkeitsentwicklung blockiert alle Bemühungen der betroffenen Kinder und Jugendlichen sowie ihrer Eltern und Lehrer und erfordert schnell professionelle Hilfe. Diese darf nicht zu spät kommen, da sie sonst vom Jugendlichen nicht mehr angenommen wird. Die betroffenen Mädchen oder Jungen haben sich dann längst mit ihrem Schicksal abgefunden und verweigern jede Hilfe, oder sie lehnen infolge einer Vielzahl negativer Therapieerfahrungen jede noch so gut gemeinte Intervention strikt ab. In dieser Situation wird die Schule zunehmend zur psychischen Belastung, Stress und Versagensängste beherrschen den Alltag der Jugendlichen. Viele trinken Alkohol oder konsumieren Haschisch zur Unterdrückung ihrer Ängste. Ihr Streben nach Anerkennung und Erfolg wird schließlich von Resignation abgelöst. Dauerstress und Überempfindlichkeit führen zur reaktiven Fehlentwicklung mit veränderter Wahrnehmung und zwanghaft eingeengten Denkmustern. Die täglichen Ängste, denen sie sich hilflos ausgesetzt fühlen, können nur mithilfe zwanghafter oder perfektionistischer Strukturen ertragen werden, da dabei das Ausrichten ihrer Gedanken auf Kalorienzählen und Gewichtsabnahme hilft. Das gibt ihrem Denken ein Ziel mit der Hoffnung auf Erfolg und Anerkennung.

Anhaltende Enttäuschung verbunden mit ständig erlebter und als ungerecht empfundener Benachteiligung kann bei exzessiver Veranlagung zu Rachegedanken und Aggression gegenüber anderen führen. Bei introvertierter Veranlagung kommt es dagegen eher zur Ablehnung des eigenen Körpers, der eigenen Person, was mit Autoaggressionen und nicht selten auch mit suizidalen Gedanken einhergehen kann.

> Eine jahrelange, AD(H)S-bedingt vergebliche Suche nach sozialer Anerkennung und sozialem Erfolg kann zu einer massiven Essstörung führen.

Die Essstörung und hier insbesondere die Magersucht (Anorexie) bietet sich einigen Jugendlichen als (scheinbare) »Lösung« an, soziale Anerkennung zu erlangen – eine Strategie, die die Jugendlichen sodann konsequent mit aller Kraft nutzen. Ihr ganzes Denken und Handeln richten sie von nun an auf ein Ziel aus, das andere bislang meist nicht erreicht haben. Waren und fühlten sie sich bisher ihren kognitiven und sozialen Defiziten hilflos ausgesetzt, so nutzen sie jetzt ihre »Gelegenheit«, den anderen zu zeigen, was in ihnen steckt. Sei es schneller und erfolgreicher abzunehmen als ihre Freundinnen, oder der Freundin zuliebe etwas zu tun, was sie sonst niemals täten, wie etwas stehlen, jemanden bewusst beleidigen, etwas Lebensgefährliches zu wagen usw. – alles nur, um endlich einmal die Anerkennung der anderen zu erlangen. Dafür gehen diese Kinder und Jugendlichen spontan und unüberlegt Risiken ein, die andere scheuen bzw. vermeiden würden, da sie zuvor überlegen und überprüfen, welche Folgen ihr Verhalten haben könnte. Aber bei Kindern und Jugendlichen mit AD(H)S meldet sich ihr innerer Supervisor – ein vom Stirnhirn aus fungierender Kontrolleur, der unser Denken und Handeln beurteilt, noch bevor wir etwas ausführen – nicht schnell genug, da er nicht altersgerecht entwickelt ist.

> Bei der Suche nach sozialer Anerkennung können Kinder und Jugendliche ungeahnte Energien und Strategien entwickeln, nur um von ihrem Umfeld bemerkt zu werden und von diesem positive Bestätigung zu erlangen. In Wirklichkeit sind es Verzweiflungstaten, hinter denen Hilflosigkeit, Einsamkeit, ein geringes Selbstwertgefühl und Sehnsucht nach Erfolg stecken.

Verfolgen die betroffenen Kinder und Jugendlichen ein Ziel, von dem sie überzeugt sind, es erreichen zu können, entwickeln sie häufig einen unbändigen Willen und enorme Energie.

7 Neue Therapiestrategien sind gefragt

Neue effektive Optionen zur Prävention und Behandlung von Essstörungen zu entwickeln setzt voraus, die psychiatrische Diagnose unter Einbeziehung sowohl der Biographie von Geburt an als auch der Familiengeschichte zu stellen. Entwicklungsneurologische und psychodynamisch wichtige Einzelheiten der kognitiven, sozialen und emotionalen Entwicklung müssen miteinander verbunden und im Zusammenhang betrachtet werden, um den Betroffenen in seinem bio-psycho-sozialen Umfeld möglichst ganzheitlich und damit realitätsgerecht zu verstehen.

Was ist auf der Suche nach neuen wirkungsvollen Behandlungsstrategien von Essstörungen zu beachten? Bisher wurden pubertätsbedingte Essstörungen zumeist als Folge einer konfliktbelasteten gestörten Mutter-Kind-Beziehung angesehen. Eine Annahme und Sichtweise, die in den allermeisten Fällen die Mütter zu Unrecht belastete und die aktuelle Situation zusätzlich verschlimmerte. Dabei lag in den allermeisten Fällen die Ursache für die sich schwierig gestaltende familiäre Beziehung beim Kind selbst. Um das zu erkennen, muss man die individuelle bio-psycho-soziale Entwicklung der betroffenen Kinder mithilfe ihrer Eltern und der Entwicklungsberichte des Kindergartens und der Grundschule überprüfen. Aus einem Puzzle von Auffälligkeiten und deren Verlauf in den folgenden Jahren erhält man Hinweise, die zusammen mit der aktuell bestehenden Symptomatik zur möglichen Diagnose AD(H)S führen. Dabei müssen dessen Leitsymptome über Jahre konstant nachweisbar sein, die belastungsabhängig sind, was ebenfalls zu berücksichtigen ist. Diagnosen von Störungsbildern, die eine ähnliche Symptomatik haben, müssen zugleich gezielt ausgeschlossen werden. Nach einer AD(H)S-Symptomatik im familiären Umfeld sollte man immer suchen.

> Die Diagnose AD(H)S kann nur aus der individuellen und ganz konkreten Biografie der Betroffenen und der sich entwickelnden Dynamik ihrer Symptome gestellt werden und nicht allein aus der Anzahl vorhandener einzelner Symptome mittels Fragebogen.

Wie finden Eltern den richtigen ärztlichen bzw. psychologischen Therapeuten, wenn ihr Mädchen oder Junge neben einer Essstörung viele Symptome einer primären Informationsverarbeitungsstörung zeigt, die darauf hindeuten, dass die AD(H)S-typischen Symptome bereits lange vor der Ausbildung der Essstörung vorhanden waren und als solche bislang nur nicht (oder zu spät) erkannt wurden?

7 Neue Therapiestrategien sind gefragt

Inzwischen sind unzählige therapeutische Angebote für AD(H)S auf dem »Markt« zu finden, was es den betroffenen Familien schwer macht, die richtige Therapie bzw. den passenden Therapeuten zu finden – versprechen doch alle schnelle und wirksame Hilfe.

Eine erfolgreiche Behandlung einer AD(H)S-bedingten Essstörung erfordert ein aus mehreren Therapiebausteinen zusammengesetztes (multimodales) und individuell ausgerichtetes Behandlungsprogramm, das so frühzeitig wie möglich beginnen sollte und sich dabei langfristig und psychodynamisch am jeweiligen Gesundheits- und Entwicklungszustand des Betroffenen orientiert.

In dem Maße, wie eine AD(H)S-Störung stets ein individuell sehr unterschiedliches Spektrum zeigt, ist das notwendige Therapieprogramm immer den besonderen Bedürfnissen des betroffenen Heranwachsenden anzupassen. Die Behandlung von AD(H)S-bedingten Essstörungen wird die Verbesserung des Selbstwertgefühls und der sozialen Kompetenz als therapeutische Schwerpunkte haben, denn nur über deren Verbesserung können den Betroffenen Alternativen zu ihrem gesundheitsschädigenden Essverhalten angeboten werden.

> Die Ziele der Therapie einer AD(H)S-bedingten Essstörung bestehen darin, einerseits die betroffenen Kinder und Jugendlichen zu befähigen, ihren Alltag besser bewältigen zu können, und andererseits ihre besonders hohe seelische Verletzbarkeit deutlich zu mindern. Den Betroffenen muss die Möglichkeit gegeben werden, ihr Selbstwertgefühl und ihre soziale Kompetenz schnell und spürbar zu verbessern.
>
> Der Behandlungserfolg ist dabei abhängig von
>
> - der Schwere der Essstörung
> - der Schwere der weiteren allgemeinen psychischen Beeinträchtigung
> - der Belastbarkeit der Betroffenen und ihrer Familien
> - der Annahme des individuellen Therapieprogramms
> - der Fähigkeit und Erfahrung des Therapeuten

Wichtig ist es auf ärztlicher bzw. psychologischer Seite, Betroffenen und ihren Familien klare Grenzen für eine ambulant mögliche und eine stationär erforderliche Therapie zu setzen. Eine ausgeprägte Essstörung mit schlechter Therapiebereitschaft und starkem Untergewicht sollte immer stationär behandelt werden.

Sind die Bedingungen für eine ambulante Behandlung der Essstörung gegeben und kann für diese als (Mit-)Ursache ein AD(H)S aus der persönlichen und familiären Krankengeschichte nachgewiesen werden, sollte die Behandlung mit der Aufklärung über den ursächlichen Zusammenhang von AD(H)S und Essstörung beginnen. Die entsprechenden Informationen helfen den Jugendlichen und ihren Eltern, da sie dadurch erstmals viele ihrer Probleme aus der Kindheit und besonders der Schulzeit richtig verstehen können. Die Jugendlichen fühlen sich oft zum ersten Mal richtig verstanden, was ihre Bereitschaft und Motivation zur Therapie stark erhöht. Sie erwarten vom Therapeuten dabei schlüssige Erklärungen, warum sie so sind und sich so verhalten. Sie wollen vor allem nicht psychisch krank sein. Sie sind dankbar zu hören, dass AD(H)S eigentlich eine mehr neurologisch bedingte Persönlichkeitsvariante ist, die durch eine Unterfunktion des Stirnhirns verbunden mit Botenstoffmangel verursacht wird.

> Einen Therapiebeginn mit der Aufforderung, mehr zu essen, lehnen Magersüchtige innerlich ab, genau wie Jugendliche mit Bulimie die Aufforderung, nicht mehr zu erbrechen, und Esssüchtige die Aufforderung, ab sofort weniger zu essen, nicht primär realisieren können. Zwingt man sie, sich darauf einzulassen, wird diese Therapie unterlaufen oder bald abgebrochen, sodass sie kaum Chancen auf Erfolg hat. Es müssen erst die dafür wichtigen Voraussetzungen dafür geschaffen werden.

7.1 Verhaltenstherapie – der Kern der Behandlung einer AD(H)S-bedingten Essstörung

Der wichtigste Bestandteil der Behandlung einer AD(H)S-bedingten Essstörung ist die Verhaltenstherapie. Diese bildet eine der großen, wissenschaftlich in ihrer Wirkung überprüften und in der Praxis bewährten sowie von den gesetzlichen Krankenkassen zugelassenen Psychotherapieschulen, bei der ungünstige Verhaltens-, Denk- und Einstellungsweisen der Patienten beeinflusst, hinterfragt und verändert werden. Die Verhaltenstherapie will also den Betroffenen im Umgang mit ihren psychischen Problemen Kompetenzen verleihen, deren Ursachen erklären und Möglichkeiten zu ihrer Beseitigung aufzeigen. Selbstkontrolle und Eigenständigkeit der Patienten sollen dabei auf Dauer verbessert werden.

Das Selbstwertgefühl und die soziale Kompetenz von essgestörten Kindern und Jugendlichen zu verbessern ist ein zentrales Therapieziel, da beide die wichtigsten Säulen für eine lebenslange psychische Stabilität bilden. Weil es den Betroffenen hieran oft mangelt, sollte sich eine verhaltenstherapeutische Behandlung von Anfang an konsequent dieser Aufgabe stellen, wenn diese allein nicht ausreicht, ist eine medikamentöse Behandlung zusätzlich meist unumgänglich.

> Wichtigste Ziele einer verhaltenstherapeutischen Behandlung AD(H)S-bedingter Essstörungen sind immer: ein positives Selbstwertgefühl und eine altersentsprechende soziale Kompetenz.

Viele der bisher praktizierten Verhaltenstherapien haben andere Schwerpunkte, weshalb deren Erfolg oft unbefriedigend ist. Aktuell werden bei Essstörungen, insbesondere bei der Anorexie, zwei Varianten der (Verhaltens-)Therapie angewandt:

7 Neue Therapiestrategien sind gefragt

1. Die psychodynamische Therapie
2. Die kognitive Verhaltenstherapie

Die psychodynamische Therapie

Sie versucht die tiefenpsychologischen Ursachen von Essstörungen zu ergründen. Therapeut und Patient suchen in der Vergangenheit nach Konflikten, die Auslöser der Essstörung sein könnten. Vorwiegend wird nach Problemen in der Familie, in der Partnerschaft oder im sozialen Umfeld gesucht. Schwierigkeiten, die Gefühle des Nichtgemochtwerdens oder der Ablehnung auslösen und somit das Selbstwertgefühl beeinträchtigen. Diese vermeintlichen Konflikte werden dann therapeutisch aufgearbeitet, wobei deren neurobiologische Ursache viel zu selten berücksichtigt wird.

Die kognitive Verhaltenstherapie

Hierbei spielt das Essverhalten der Betroffenen eine zentrale Rolle. Therapeut und Patient analysieren das Essverhalten und die damit verbundenen Denk- und Wahrnehmungsmuster in Bezug auf Figur, Gewicht und Nahrungsmenge. Es werden Strategien erarbeitet und vereinbart zur Veränderung der bisherigen Denkmuster und des Essverhaltens. Mehr Essen und Gewichtszunahmen sind die Erfolgskriterien dieser Therapie. Die bisherigen Verhaltenstherapien arbeiten symptomorientiert. Die verhaltenstherapeutische Begleitung einer AD(H)S-bedingten Essstörung schließt persönlichkeitszentrierte, symptomorientierte und entwicklungspsychologische Ansätze ein und kann diese ursachenorientiert bearbeiten. Neben der Berücksichtigung neurobiologischer Faktoren sollte die Verhaltenstherapie einer AD(H)S-bedingten Essstörung folgende Kompetenzen schrittweise und nacheinander vermitteln:

- Verbessern der Selbst- und Fremdwahrnehmung
- Bewusstes Auseinandersetzen mit der Umwelt
- Das eigene Verhalten realitätsgerecht und selbstkritisch reflektieren
- Einüben sozialer Interaktionen und Trainieren von Strategien zur sozial angepassten Durchsetzung eigener Wünsche und Bedürfnisse
- Vermeiden von Konflikten und Erarbeiten von Problemlösestrategien
- Erarbeiten von Handlungsentwürfen und Verstärkerplänen, um selbst gestellte Ziele zu erreichen
- Erlernen eines Kontrollbewusstseins und sich loben
- Übungen zum Stressabbau und zur Entspannung trainieren

Schwerpunkte einer verhaltenstherapeutischen Behandlung einer AD(H)S-bedingten Essstörung sollten spürbare Erfolge ermöglichen, die dazu motivieren, die begonnene Therapie weiterzuführen. Solche Schwerpunkte sind:

- Aufklären über die Neurobiologie des AD(H)S und dessen individuelle Vor- und Nachteile
- Erarbeiten und nutzen vorhandener Ressourcen
- Kognitive und kreative Fähigkeiten genießen und verbessern
- Erlernen von Selbstregulationstechniken zur Steuerung des Gefühls und des Essverhaltens
- Strukturierung des Tagesablaufs, u.a. mit festen Essenzeiten
- Verbesserung in der Selbst- und Fremdwahrnehmung, u.a. eigene Stärken und Schwächen erkennen und bewusster mit ihnen umgehen
- Prioritäten setzen, Stress abbauen und vermeiden, sich etwas Gutes tun
- Soziales Kompetenztraining, erst einzeln, dann in der Gruppe
- Seinem Leben eine Perspektive geben und mit kleinen Zielen beginnen
- Erfolge verschaffen, sich loben lernen und Lob genießen können
- Das Essverhalten normalisieren

Eine verhaltenstherapeutische Behandlung im obigen Sinne bedarf einer mehrmonatigen therapeutischen Begleitung mit folgenden konkreten Maßnahmen, die schwerpunktmäßig in einem individuellen Therapieplan mit dem Betroffenen vereinbart werden. Dabei sollen je nach Bedarf einzelne dieser Ziele nacheinander erreicht werden:

- Arbeit mit der Familie, am häufigsten der Mutter, da die Betroffenen über eine längere Zeit einen Coach benötigen
- Entwicklungsrückstände im Verhalten und in der sozialen Reife aufarbeiten
- Lerndefizite und AD(H)S-bedingte Teilleistungsstörungen erkennen und mindern bzw. beseitigen (Ziel: ein der Intelligenz entsprechendes schulisches Leistungsvermögen)
- Verbesserung des Selbstwertgefühls durch Mobilisierung vorhandener Ressourcen
- Reaktive Fehlentwicklungen und psychosomatische Beschwerden gezielt behandeln
- Möglichkeiten zum Stressabbau und dessen Vermeidung vermitteln (vgl. die Ausführungen in den Kapiteln 4–6 zum Zusammenhang von AD[H]S, Stress, restriktiven Essstörungen)

7.2 Medikamentöse Therapie als ergänzende Behandlungsstrategie

Bei ausgeprägter Symptomatik und großem Leidensdruck ist immer eine medikamentöse Therapie mit Stimulanzien zu erwägen, weil diese die für das AD(H)S typische Stirnhirnunterfunktion und den Botenstoffmangel weitgehend ausgleichen kann. Dies erleichtert das Erreichen von gestellten Therapiezielen und verbessert somit die Therapiemotivation. Zur Information der Jugendlichen (und ihrer Eltern) gehört es, sie darüber aufzuklären, dass das Medikament Methylphenidat kein Psychopharmakon im engeren Sinne ist, sondern zur Gruppe der Psychostimulanzien gehört, das – sofern die Diagnose AD(H)S richtig gestellt wurde – weder die Persönlichkeit verändert noch süchtig macht.

Methylphenidat gleicht, solange es wirkt, die Unterfunktion des Stirnhirns und den Botenstoffmangel weitgehend aus. Eine Reizüberflutung des Gehirns wird dadurch geringer, Konzentration, Daueraufmerksamkeit und Gefühlssteuerung werden besser Es wird je nach Wirkdauer nach 4, 8 oder 12 Stunden bis zu 99,8 % unverändert mit dem Urin ausgeschieden und beschädigt nicht die Leber. Ebenso verursacht dieses Medikament – vorausgesetzt, es wird therapeutisch richtig gehandhabt und in ein multimodales Therapieprogramm eingebunden – fast keine Nebenwirkungen.

Methylphenidat, das nur bei einigen Kindern und Jugendlichen den Appetit reduziert, kann – in niedriger Dosierung und unter ärztlicher Kontrolle eingesetzt – den Behandlungserfolg einer AD(H)S-bedingten Essstörung wesentlich verbessern und stabilisieren. Dazu gibt es in der Praxis schon Erfahrungen. So zeigt der Einsatz von Methylphenidat insbesondere bei beginnenden Essstörungen eine besonders gute Wirksamkeit, da es deren AD(H)S-bedingte Ursache beseitigen kann.

Für die Behandlung von AD(H)S sind auch Amphetamine zugelassen. Sie können für manche Betroffene eine echte Alternative sein, wenn Methylphenidat nicht ausreichend wirkt oder bei depressiven Verstimmungen und impulsiver Steuerungsschwäche. Es gibt sie mit kurzer Wirkung als Attentin® oder mit Langzeitwirkung als Elvanse®. Attentin® ist für Kinder und Jugendliche im Alter von 6–17 Jahren zugelassen. Elvanse®, ein Lisdexamfetamin, ist seit dem 1. Mai 2020 für Kinder ab 6 Jahren und für Erwachsene zugelassen. Die Wirkung dieses Stimulans flutet langsam an- und ab und hat somit einen sehr geringen Rücklaufeffekt. Es wird einmal täglich eingenommen und verbessert auch die Kernsymptome des AD(H)S In Bezug auf die Verbesserung von Konzentration und Daueraufmerksamkeit werden die Stimulanzien von keinem anderen Medikament übertroffen, vorausgesetzt, es besteht ein AD(H)S. Dann sind sie das Mittel der ersten Wahl. Die Behandlung einer AD(H)S-bedingten Essstörung kann auch mit Atomoxetin sehr erfolgreich sein, einem Noradenalin- Wiederaufnahmehemmer. Als Strattera® ist es für Kinder ab 6 Jahren und für Erwachsene zugelassen. Es wird als Kapsel einmal täglich eingenommen. Sein therapeutisch wirksamer Blutspiegel wird langsam aufgebaut. Bei Patienten mit Anorexie und Bulimie zeigen sich therapiebegleitend gute Erfolge. Für Patienten mit AD(H)S-bedingter Essstörung, Krampfleiden und Tic- Symptomatik ist Strattera® eine gute Alternative.

> Eine medikamentöse Behandlung von Essstörungen mit Methylphenidat sollte immer dann im Rahmen eines multimodalen Therapieprogramms erfolgen, wenn alle bisherigen Therapien ohne wesentlichen Erfolg blieben und ein AD(H)S durch einen kundigen Arzt mit an Sicherheit grenzender Wahrscheinlichkeit nachgewiesen werden konnte. Ein Experte für Essstörungen

> und AD(H)S soll die Therapie leiten und deren Beginn festlegen, da auch nicht zu lange gewartet werden sollte. Schwerpunkte dieser Therapie liegen sowohl in der Prävention von Essstörungen, wie der Anorexie, der Bulimie und der Esssucht, als auch in der Behandlung schwerer bisher therapieresistenter Verläufe.

Die Kinder und Jugendlichen sollen lernen, von diesen Eigenschaften ihrer Persönlichkeit zu profitieren, um ihr Selbstwertgefühl wesentlich zu verbessern. Sie sind dankbar, wenn sie vom Arzt oder Psychologen nicht als erstes aufgefordert werden, ihr Untergewicht aufzugeben, sondern wenn ihnen stattdessen Zeit und Möglichkeiten gegeben werden, sich erst einmal psychisch zu stabilisieren, d. h. ihr Belohnungssystem durch Alternativen zu stimulieren.

7.3 Ursachen behandeln und nicht nur Symptome

Um nicht nur die Symptome, sondern die Ursachen einer AD(H)S-bedingten Essstörung zu behandeln, bedarf es eines *fachübergreifenden Denkens* und nicht selten eines *Umdenkens*.

Jugendliche und junge Erwachsene befinden sich wegen ihrer Essstörung in psychiatrischer oder psychologischer Therapie, egal ob stationär, ambulant oder in einer Rehabilitationsklinik. Dort wird ihnen als Ursache ihrer Störung häufig ein Mutter-Kind-Konflikt »nachgewiesen«, der bei AD(H)S-bedingten Essstörungen auch vorhanden sein kann. Aber dieser Mutter-Kind-Konflikt ist AD(H)S-bedingt und sekundär entstanden. Das Anderssein der Betroffenen belastet die Beziehungen. Aus Unkenntnis der wahren Ursachen kommt es in der Familie immer wieder zu gegenseitigen Beschuldigungen.

> AD(H)S ist primär keine Beziehungsstörung. Es kann jedoch eine solche verursachen, wenn sich die Eltern der besonderen AD(H)S-Problematik im Alltag hilflos ausgesetzt fühlen.
>
> Die Diagnose »Beziehungsstörung« zu stellen, bietet sich für viele Therapeuten deshalb an, weil die Interaktion zwischen einem von AD(H)S betroffenen Kind und seinen Eltern ja in der Tat oft stark beeinträchtigt ist, was aber tatsächlich primär vom Kind ausgeht.

In Therapien wird manchmal sogar ein (angeblicher) sexueller Missbrauch aus der »Verdrängung« des Kindes bzw. Jugendlichen hervorgeholt und für dessen Essstörung verantwortlich gemacht. Das ist in den meisten Fällen jedoch ein fataler Irrtum, der der Therapie eher schadet und die betroffenen Mädchen (bzw.

Jungen) und ihre Familien zusätzlich belastet. Ich habe viele Jugendliche und auch Erwachsene kennengelernt, die nach einer solchen Therapie ein viel schlechteres Selbstwertgefühl als vorher hatten. Sie bedurften danach weiterer Therapien zur psychischen Stabilisierung.

7.4 Defizite abbauen – Alternativen schaffen

Im Mittelpunkt aller therapeutischen Bemühungen muss das Ziel stehen, essgestörte Kinder und Jugendliche wieder zu einer regelmäßigen Nahrungsaufnahme und damit zu einem altersentsprechenden Normalgewicht zu führen. Dafür sollte der behandelnde Arzt oder Psychologe im Rahmen einer Verhaltenstherapie gemeinsam mit dem Patienten (und seiner Familie) typische Merkmale der AD(H)S-bedingten Essstörung besprechen, erklären und konkret angehen. Mit den Betroffenen ist ein individueller Therapieplan zu entwerfen, der ihnen Alternativen zu ihrer Sucht, zu hungern oder zu viel zu essen, eröffnet, die ihr neurobiologisches Belohnungssystem stimulieren. Bislang vorhandene Defizite therapeutisch zu beseitigen, sich dafür zu loben und den Erfolg genießen zu können, stimuliert das Belohnungssystem, was bei Bedarf medikamentös unterstützt werden kann. Die Behandlungsmaßnahmen sollten dafür an folgenden Defiziten ansetzen, die je nach Wichtigkeit individuell vom Betroffenen zu benennen sind, indem er sich fragt: »Worunter leide ich am meisten?«

- Das Gefühl, anders als das eigene soziale Umfeld zu sein, nicht verstanden zu werden, ausgegrenzt und schnell persönlich angegriffen zu werden
- Das Verhalten und die Absichten anderer nur oberflächlich wahrzunehmen, ihre Körpersprache nicht richtig zu verstehen
- Hohe Sensibilität und Überempfindlichkeit, besonders gegenüber Kritik anderer
- Sich schlecht mit Worten wehren zu können
- Schlechtes Selbstwertgefühl
- Die Neigung, die Schuld immer zuerst bei sich selbst zu suchen und rasch zu resignieren
- Unfähigkeit zur rationalen, kontrollierten Gefühlssteuerung, impulsives Handeln
- Spontanes, unüberlegtes Reagieren, mangelnde Fähigkeit, aus Fehlern zu lernen
- Ein häufig schwieriger und unbeständiger Umgang mit Freunden, der zwischen intensiven Beziehungen und abrupten Trennungen wechselt
- Schlechte Daueraufmerksamkeit bei erhöhter Ablenkbarkeit und Vergesslichkeit
- Innere und meist diskrete äußere Unruhe
- Antriebsmangel, Routineaufgaben werden erst unter Zeitdruck erledigt
- Schwierigkeiten, den Tagesablauf zu strukturieren und Termine einzuhalten

8 Der Weg zur Hilfe führt über die Selbsthilfe

8.1 Die Bedeutung der Selbsthilfegruppen

Selbsthilfegruppen für Essgestörte haben im therapeutischen Rahmen einen hohen Stellenwert. Meist sind sie die erste und wichtigste Anlaufstelle für Betroffene und Angehörige. Aus Mangel an Informations- und Behandlungsmöglichkeiten entstanden in den 1970er Jahren in Deutschland und in den USA die ersten Selbsthilfegruppen für Essstörungen. 1976 wurde die erste Selbsthilfegruppe für anonyme Esssüchtige gegründet.

Die Selbsthilfegruppen definierten die Esssucht als eine geistige, seelische und körperliche Krankheit, deren Behandlung nur erfolgreich sein kann, wenn man sich mit ihren eigentlichen Ursachen auseinandersetzt. Zugleich machten die Gruppen von Anfang an klar, dass Magersucht nicht allein mittels Nahrungszufuhr hinreichend zu behandeln sei. Schon damals sah man die Ursachen für Essstörungen nicht in erster Linie in den allgemeinen gesellschaftlichen und individuellen familiären Verhältnissen, sondern bei den Betroffenen selbst. Eine Erfahrung, die noch heute viel zu wenig beachtet wird.

Auch in Deutschland bildete sich in den 1970er Jahren eine erste Selbsthilfegruppe für Magersüchtige. Gegründet wurde diese von einer Mutter, die in den USA bei einer dortigen Selbsthilfegruppe zuvor erfolgreich Hilfe für ihren magersüchtigen Sohn erhielt.

Inzwischen arbeiten die Selbsthilfegruppen in Deutschland (und ebenso in Österreich sowie in der deutschsprachigen Schweiz) flächendeckend, vernetzt, kontinuierlich und mit thematischen Schwerpunkten. Die ersten Beratungen der Gruppen dienen dem Ziel, den Betroffenen zu ermöglichen, ihre Essstörung als solche zu akzeptieren. Sodann wird gemeinsam an der Bereitschaft gearbeitet, durch kleinere Zielsetzungen die Lebens- und Verhaltensweisen zu verändern. Sie organisieren und bezahlen themenbezogene Fortbildungsveranstaltungen, Workshops und Symposien, wozu sie Experten einladen.

8.2 Warum sind Selbsthilfegruppen für Essgestörte besonders wichtig?

Essstörungen, insbesondere Anorexie, Bulimie und Esssucht, sind eine heimliche und mit Scham besetzte Krankheit, weshalb die Betroffenen zumeist viele Ängste haben, diese anderen gegenüber zuzugeben und eine professionelle Therapie zu beginnen. Sie befürchten, als krank, psychisch auffällig oder abnorm eingestuft zu werden. Eine solche Stigmatisierung droht ihr geringes Selbstwertgefühl noch weiter abwärts zu ziehen. Zu oft mussten sie bisher in ihrer Kindheit und Jugend Enttäuschungen erleben und als unabdingbar hinnehmen. Zwanghaft zu viel oder zu wenig zu essen aktiviert ihr Belohnungssystem und dient ihrer psychischen Stabilisierung. Von diesem zwanghaften Verhalten wollen und können sie sich nicht lösen, ohne dass sie vorher eine spürbare Alternative angeboten bekommen. »Professionelle Helfer können klug reden, sie mögen auch Recht haben, aber das hilft mir im Moment wenig«, so lautet ein oft geäußertes Argument der Betroffenen. Sowohl Übergewichtige als auch Magersüchtige leiden von jeher an Minderwertigkeitsgefühlen.

Übergewichtige mussten oft erleben, dass sie als bequem, faul oder träge charakterisiert wurden, nur aufgrund ihres äußeren Erscheinungsbildes. Dabei sind sie meist sehr kreativ, geistig sehr wendig und stehen ihren Altersgenossen in keiner Weise nach. Nachdem sie meist viele vergebliche Versuche, ihr Gewicht zu regulieren, hinter sich haben, finden sie sich schließlich mit ihrem »Schicksal« ab, übergewichtig zu sein, um sich den Leidensdruck zu nehmen.

Jugendliche mit einer restriktiven Essstörung (Anorexie, Bulimie) haben dagegen meist einen geringeren Leidensdruck. Sie reagieren überangepasst mit hoher Erwartungshaltung, haben ein Alles-oder-Nichts-Denken und Angst vor Ablehnung. Ihr problematisches Essverhalten dient der Konfliktlösung und der Bewältigung der für sie unüberwindlich erscheinenden psychischen Schwierigkeiten. Deshalb können und wollen auch sie ihr problematisches Essverhalten nicht so einfach aufgeben. Erst wenn man sie von den Vorteilen einer Therapie glaubhaft überzeugen kann, sind sie bereit, sich versuchsweise darauf einzulassen.

> »In den Selbsthilfegruppen trifft man Gleichgesinnte, die einen verstehen und akzeptieren, und man kann anonym bleiben«, lautet die Erfahrung der Betroffenen.

Selbsthilfegruppen bedeuten für viele essgestörte Heranwachsende einen Ort, eine Brücke, erstmalig aus ihrer Isolation, ihrem inneren Gefängnis herauszukommen und ihre Schwierigkeiten sowie ihr Essverhalten von einem anderen Standpunkt aus zu sehen. Im geschützten Rahmen der Gruppe werden Heimlichkeit, Scham und Ängste langsam abgebaut. Gedanken, Gefühle und Vorbehalte können hier wertfrei geäußert werden. Viele Selbsthilfegruppen verfügen über langjährige Mitglieder, die mit der Zeit selbst zu Experten für Essstörungen wurden. Sie wissen, welche konkreten Hilfen im Einzelfall am dringlichsten sind, sie kennen die inneren Konflikte der Betroffenen und helfen, neue Bewältigungsstrategien zu entwickeln, die verhindern sollen, bei jedem neuen Konflikt sich alter Verhaltensmuster zu bedienen. Essgestörte Jugendliche erfahren in Gesprächen mit Betroffenen, die bereits selbst den schwierigen Weg aus der Essstörung geschafft haben, was ihnen wie geholfen hat und wie sie sich jetzt fühlen. Daraus schöpfen viele Betroffene Mut und Zuversicht, selbst diesen Weg zu gehen, der ihnen eine bessere Lebensqualität verspricht.

Selbsthilfegruppen bauen Brücken zwischen Betroffenen und Therapeuten und werden so zu einem wichtigen Bestandteil der Behandlung und Nachbetreuung. Sie beraten und helfen, Rückfälle zu verhindern, sie coachen und leiten Angehörige als Coach an.

Selbsthilfegruppen sind zudem ein wichtiges Betätigungsfeld für Betroffene selbst, um ihre eigenen Erfahrungen weiterzugeben. Von ihnen könnte in Zukunft ein wichtiger Impuls ausgehen, wenn ihre Mitglieder den möglichen Zusammenhang von ADS und Essstörungen kennen und darauf hinweisen. Nicht wenige könnten davon profitieren. Denn wenn Betroffene mit ihresgleichen reden, geht hiervon zunächst eine weitaus größere Wirkung aus, als wenn Ärzte oder Psychologen sich bemühen, Patienten nachhaltig anzusprechen. Ehemalige oder noch betroffene Essgestörte wissen in besonderer Weise, wovon sie reden. Jugendliche mit Anorexie oder Bulimie, die in einer Selbsthilfegruppe mit anderen (ehemals) Betroffenen sprechen, merken, dass diese aus eigener Erfahrung und authentisch sprechen. Zugleich genießen sie es, bei ihrer Suche nach Hilfe für ihre ganz persönliche Problematik, die sie bisher ganz anders wahrgenommen haben, ernst genommen zu werden.

Auch für die Mitglieder der Selbsthilfegruppe bedeutet ihre Arbeit eine Stärkung ihres eigenen Selbstvertrauens. Bringt ihre Mitarbeit in der Gruppe für sie doch die Pflicht mit sich, fortan als Vorbild zu handeln und zu wirken: Das, was sie anderen, neuen Mitgliedern der Gruppe raten, heißt es, auch selbst zu tun. Wird dann die Flucht in das Essen oder in die Essensverweigerung als Mittel zur psychischen Stabilisierung immer seltener, ist das ein guter Erfolg für den Betroffenen und die Mitglieder seiner Selbsthilfegruppe.

8.3 Grenzen der Selbsthilfe

Bei aller beratenden und therapeutisch unterstützenden Bedeutung der Selbsthilfe ist es wichtig, auch ihre Grenzen zu akzeptieren: Selbsthilfegruppen können nicht »alles« leisten, und sie können keine Therapie ersetzen! In vielen Selbsthilfegruppen wird von den Betroffenen ausgehend immer häufiger schon über einen möglichen Zusammenhang von AD(H)S und Essstörung gesprochen, der leider von manchen Therapeuten den Betroffenen wieder ausgeredet wird.

In vielen Fällen kann die Essstörung bereits so gravierend sein, dass in einem ersten Schritt nur eine stationäre Therapie wirksam helfen kann. Aber auch hier kann eine Selbsthilfegruppe den Betroffenen stützend zur Seite stehen, indem sie beispielsweise Adressen von spezialisierten, fachkundigen Klinken nennt. Auch Namen von erfahrenen Therapeuten für eine ambulante Therapie kann man von ihnen erfahren. Gerade durch solche diagnostischen und therapeutischen Entscheidungshilfen, die auf den eigenen Erfahrungen der Gruppenmitglieder beruhen, sind die Selbsthilfegruppen für alle Rat- und Hilfesuchenden durch keine andere Institution zu ersetzen. Die ehrenamtliche Tätigkeit ihrer Mitglieder verdient deshalb höchste Anerkennung.

9 Essstörungen vorbeugen und verhindern – Wege einer wirkungsvollen Prävention

Ein positives Selbstwertgefühl und eine sichere soziale Kompetenz, die wichtigsten Säulen lebenslanger psychischer Stabilität, werden bereits wesentlich in der Kindheit entwickelt und geprägt. Sie wirken der Entwicklung von Essstörungen entgegen, die im Falle einer ungünstigen Persönlichkeitsentwicklung der Kinder ihrerseits die Funktion einer (scheinbaren) psychischen Stabilisierung übernehmen können.

Den persönlichkeitsbedingten Essstörungen gehen immer Verhaltens*auffälligkeiten* voraus, die zumeist auf einem mangelnden Selbstwertgefühl und einer ungenügenden sozialen Kompetenz beruhen und sich zu massiven Verhaltens*störungen* wandeln können. Sie entwickeln eine individuell geprägte Dynamik, wenn die betreffenden Heranwachsenden keine externe professionelle Hilfe erhalten.

Auch AD(H)S-bedingte Verhaltensstörungen sind Folge eines mangelhaften sozialen Lernprozesses, der Qualität und Perspektive des gesamten Lebens beeinflussen kann. Jedes über einen längeren Zeitraum dauernde Fehlverhalten sollte frühzeitig angegangen und korrigiert werden, da es sich ansonsten dauerhaft einschleifen, automatisieren und chronifizieren kann, was Selbstwertgefühl und soziale Kompetenz der Betroffenen beeinträchtigt. Es ist deshalb so wichtig, die Frühsymptome eines AD(H)S zu erkennen und dessen Ursachen zu behandeln, um mittel- und langfristige Folgen wie beispielsweise eine Essstörung vermeiden zu können. Für die betroffenen Mädchen und Jungen, die permanent das Gefühl haben, von ihrer Umwelt nicht verstanden zu werden, kommt der Essstörung – wie vielen anderen psychischen Störungen im Kindes- und Jugendalter – dabei die Funktion einer aus ihrer Not und Hilflosigkeit geborenen Selbstbehandlung zu.

Soziales Umfeld und Erziehung spielen bei der Entwicklung einer Essstörung eine sehr wichtige Rolle, da die Umwelt auf die Bildung der Persönlichkeit einen prägenden Einfluss ausübt. Erziehen darf nicht verwöhnen heißen, sondern Vorbild sein, sich als Eltern aktiv einbringen, Grenzen setzen, soziale Normen vermitteln, fördern und fordern.

Viele Essstörungen sind, wie manch andere Verhaltensstörung, Folge eines neurobiologisch bedingten unzureichenden Lernprozesses in der Persönlichkeitsentwicklung. Eine Ursache dafür kann eine andere Art der Informationsverarbeitung im Gehirn sein, der sich die meist überdurchschnittlich begabten Betroffenen hilflos ausgeliefert fühlen. Ihre sich langsam entwickelnden Defizite spüren diese Jugendlichen dann besonders in der Pubertät. Dann wird von Seiten der Gleichaltrigen – und nicht nur von diesen – psychische Stabilität verbunden mit altersentsprechender sozialer Reife erwartet und gefordert. Spätestens jetzt versuchen viele Jugendliche, ihre schon länger selbst gespürten Defizite durch »Selbsthilfemaßnahmen« auszugleichen.

AD(H)S-bedingte Verhaltensstörungen nehmen in unserer Gesellschaft an Schwere und Häufigkeit zu. Verantwortlich sind hierfür viele Ursachen, die in allen Lebensbereichen zu finden sind. Zunehmende Reizüberflutung, emotional negativer Dauerstress verbunden mit fehlender Anerkennung sind die wesentlichsten Ursachen. Vieles kann die Familie zum Schutze und Wohle ihrer Kinder leisten und auffangen, einiges jedoch müsste die Gesellschaft tun, damit Verhaltensstörungen und somit auch Essstörungen abnehmen.

Ängste und Aggressionen sind bei Kindern Frühsymptome einer beginnenden psychischen Destabilisierung: Als solche müssen sie erkannt, gewertet und ernst genommen werden. Jeder Essstörung gehen jahrelang eine innere Unzufriedenheit mit verschiedensten Ängsten und Hilflosigkeit mit nach innen gerichteter Aggression voraus. Auslösende Ursachen hierfür sind negativer Dauerstress verbunden mit angeborener Überempfindlichkeit gegenüber Stress und einer emotionalen Steuerungsschwäche. Bleiben diese über mehrere Jahre bestehen, beeinträchtigen sie das psychische Gleichgewicht, verändern die Wahrnehmung und führen zu reaktiven Fehlentwicklungen, deren Ursache noch viel zu oft im aktuellen Geschehen oder bei anderen Personen gesucht wird.

> Die Ursache von Essstörungen zu erkennen setzt voraus, den gesamten Entwicklungsverlauf des Kindes in seiner Psychodynamik zu erfassen und auf bleibende Abweichungen von der Altersnorm zu achten.

Eine wirkungsvolle Prävention von Essstörungen setzt eine altersgerechte Frühförderung im Kindergarten voraus, die mögliche Defizite in der Informationsverarbeitung rechtzeitig erkennt und mithilfe gezielter Übungen angeht. Weist ein Kind mehrere Defizite im Verhältnis zum altersgerechten Entwicklungsstand auf, sollte es zunächst spielerisch gezielt gefördert werden. Bleibt dieser Ansatz ohne Erfolg, muss nach deren Ursachen gesucht werden.

Schon ein Kind im Vorschulalter nimmt bewusst wahr, welche Tätigkeiten ihm gut gelingen und welche Aktivitäten ihm im Vergleich zu anderen Kindern Schwierigkeiten bereiten – letztere versucht es zu vermeiden. Wird dies von den Erzieherinnen im Kindergarten oder den Eltern zu Hause so hingenommen, könnte das Kind in der Schule Probleme bekommen, die man hätte vermeiden können. Nicht zufällig berichten viele Eltern von Kindern mit Essstörungen, dass ihr Kind im Kindergarten nicht gemalt, nur ungern gebastelt und den Stuhlkreis gemieden hat – warum wohl?

Essstörungen rechtzeitig vorzubeugen bedeutet ebenso, das Verhalten der Kinder im Kindergarten und in der Schule genauer zu betrachten. Kinder und Jugendliche mit einer gestörten kognitiven Informationsverarbeitung *möchten*, aber *können* nicht (bzw. nicht immer) erfolgreich lernen und sich angepasst in eine Gruppe einbringen. Bis heute werden diese AD(H)S-bedingten Frühsymptome einer Essstörung noch viel zu oft gar nicht beachtet, weil das ADS ohne Hyperaktivität, also das ADS vom Unaufmerksamen Typ als eine hypoaktive Variante, viel zu wenig bekannt ist.

Ängste und Aggressionen signalisieren bei Kindern und Jugendlichen den Beginn einer psychischen Destabilisierung und bahnen den Weg, stumm zu resignieren oder sich oppositionell zu verhalten. Über beide Reaktionen berichten die Eltern von Heranwachsenden mit Anorexie, Bulimie oder Adipositas immer wieder. Diese Art der Reaktion wird von professionellen Therapeuten noch viel zu oft als möglicher Hinweis auf eine Störung in der Paarbeziehung der Eltern gewertet, was meist zur Empfehlung einer Familientherapie bzw. einer Erziehungsberatung führt.

Ratsam, ja im Hinblick auf eine umfassende Frühdiagnostik zwingend erforderlich ist es, im Rahmen einer Erhebung der Krankengeschichte die relevanten Daten der weiteren Familienmitglieder mit einzubeziehen. Nicht selten wird man dabei feststellen, dass eines oder beide der Elternteile ebenso unter einem behandlungsbedürftigen AD(H)S leiden. Mütter und/oder Väter, die selbst unter einer deutlichen Störung in der Informationsverarbeitung leiden, sind nicht selten gestresste, wenig selbstbewusste, emotional labile Eltern, die wenig konsequent sein können und selbst oft eine frustbedingte Essstörung haben. Allein die Therapie des AD(H)S bei den Eltern hilft, die Vorbildwirkung ihres Verhaltens und damit ihre Erziehungskompetenz deutlich zu verbessern.

> Jede länger bestehende Verhaltensstörung führt über eine reaktive Fehlentwicklung zu einer veränderten Realitätswahrnehmung. Durch zunehmende innere Verunsicherung gerät das Selbstwertgefühl in eine Negativspirale mit Verstärkung der vorhandenen Ängste und Aggressionen, mit Selbstwertkrisen, mit Dauerstress und Panik, mit Essstörungen, autoaggressiven Handlungen, Sucht und Zwangsverhalten. Aus der Summe vieler Belastungsfaktoren, verbunden mit der stets vorhandenen angeborenen Empfindlichkeit, kann es, und das auch zeitversetzt, zur psychischen Erkrankung kommen. Deshalb sollten Verhaltensstörungen frühzeitig erkannt und ursachenorientiert behandelt werden. Eine Behandlung, die sich nur auf einzelne Symptome beschränkt, wird zu keinem bleibenden Erfolg führen.

Kontaktstellen für Menschen mit Essstörungen

Selbsthilfe

Aktionskreis Ess- und Magersucht »Cinderella«
80339 München, Westendstr. 35
Tel. 089/5021212
http://www.cinderella-rat-bei-essstoerungen.de/

ANAD Selbsthilfe Anorexia – Bulimia nervosa e. V.
80336 München, Poccistr. 5
Tel. 089/2199730
https://www.anad.de/startseite/

Die Waage e. V.
22769 Hamburg, Eimsbütteler Str. 53
Tel. 040/4914941
http://www.waage-hh.de/

Dick & Dünn e. V.
90402 Nürnberg, Kühnertsgasse 24
Tel. 0911/471711
http://www.fen-net.de/dickundduenn/

Beratungsstellen

Beratungszentrum bei Essstörungen Dick & Dünn e. V.
10825 Berlin, Innsbrucker Str. 37
Tel. 030/8544994
http://www.dick-und-duenn-berlin.de/

Beratungsstelle der Bundeszentrale für Gesundheitliche Aufklärung
Tel. 0221/892031
www.bzga-essstörungen.de

Bundesfachverband Essstörungen e. V.
80538 München, Pilotystr. 6
Tel. 089 23 68 41 19
www.bundesfachverbandessstoerungen.de

Frankfurter Zentrum für Essstörungen
60322 Frankfurt, Hansaallee 18
Tel. 069/550176
http://www.essstoerungen-frankfurt.de/

Hamburger Zentrum für Essstörungen
20146 Hamburg, Bundesstr. 14
Tel. 040/4505121

Kabera-Beratungszentrum bei Essstörungen
34119 Kassel, Goethestr. 31
Tel. 0561/7013310
http://www.kabera.de/

return Fachstelle Mediensucht
30167 Hannover, Oberstr. 13
Tel. 0511-4897465-0
www.return-mediensucht.de

Fachkliniken

Klinik am Korso, Fachzentrum für gestörtes Essverhalten
32545 Bad Oeynhausen, Ostkorso 4
Tel. 05731/1810
www.klinik-am-korso.de

Psychosomatische Klinik Roseneck
83209 Prien, Am Roseneck 6
Tel. 08051/805 466 49
http://www.schoen-kliniken.de/ptp/kkh/ros/

Parkland-Klinik, Fachklinik für Psychosomatik und Psychotherapie
34537 Bad Wildungen-Reinhardshausen, Im Kreuzfeld 6
Tel. 05621/7060
www.parkland-klinik.de

Zentrum für Essstörungen und ADHS
Klinik Lüneburger Heide
29549 Bad Bevensen, Am Klaubusch 21
Tel. 05821/9600
http://klinik-lueneburger-heide.de/

Deutsches Diabetes-Zentrum
Leibniz-Institut, Heinrich-Heine-Universität
40225 Düsseldorf, Auf'm Hennekamp 65
Tel. 0211/33820
http://ddz.uni-duesseldorf.de/de/

Hermera Klinik für Jugendliche,
Jugendpsychiatrie bei Essstörungen
97688 Bad Kissingen, Schönbornstr. 16
Tel. 0971 6990030
www.hemera.de

Hilfreiche Websites

https://sites.google.com/site/drmartinwinkler/

www.hungrig-online.de

www.ab-server.de

http://web4health.info/de/answers/ed-bulim-adhd.htm

www.essprobleme.de

www.magersucht-online.de

www.bulimie-online.de

http://www.bzga-esstoerungen.de/esstoerungen/magersucht/index.htm

Befindlichkeits-Skala

Name, Vorname: _____ Datum: _____

Bitte beachten: Alle Aussagen beziehen sich auf die vergangenen 7 Tage. Entsprechende Beurteilung bitte ankreuzen.

		Überhaupt nicht	sehr wenig	wenig	deutlich	stark	sehr stark
1.	Ich bin voller Energie und Leben.						
2.	Ich fühle mich sicher und geborgen.						
3.	Ich fühle mich ohnmächtig und ohne Kontrolle über mich.						
4.	Ich bin reich an Empfindungen und Gefühlen.						
5.	Ich fühle mich in meinem Körper sehr wohl.						
6.	Meine Verwandten, Freunde und Kollegen (Mitschüler) sind mir gleichgültig.						
7.	Das Denken fällt mir leicht.						
8.	Ich habe keine Hoffnung, sehe meine Zukunft schwarz.						
9.	Ich kann meine Einfälle und Ideen gut verwirklichen.						
10.	Alle meine Gedanken und Empfindungen sind mir fremd.						
11.	Ich empfinde meinen Körper als mir zugehörig und vertraut.						
12.	Ich habe große Hemmungen, Menschen anzuspre-						

Befindlichkeits-Skala

		Überhaupt nicht	sehr wenig	wenig	deutlich	stark	sehr stark
	chen und Kontakt mit ihnen aufzunehmen.						
13.	Ich bin einfallsreich und voller Phantasie.						
14.	Ich empfinde meine Umwelt als vertraut und freundlich.						
15.	Meine Gedanken kreisen immer wieder um die gleichen Themen. Ich kann mich ihnen nicht entziehen.						
16.	Ich fühle mich kraftlos und erschöpft.						
17.	Ich fühle mich alleine und verloren.						
18.	Ich tue, was ich will und kann mich gut behaupten.						
19.	Meine Gefühle und Empfindungen sind flach; alles ist mir gleichgültig.						
20.	Mit meinem Sexualleben bin ich zufrieden und glücklich.						
21.	Was um mich herum geschieht, ist mir gleichgültig. Ich habe nur noch Interesse an mir selbst.						
22.	Ich habe eine intensive Beziehung zu meinen Verwandten, Freunden und Kollegen (Mitschülern).						
23.	Mein Denken ist mühsam und zäh.						
24.	Ich kann meine Gedanken und Einfälle leicht ordnen und kann zielgerichtet denken.						
25.	Mein Gefühl und Verhalten ist den Anlässen nicht angemessen. Über Kleinigkeiten rege ich mich auf; wichtige Ereignisse berühren mich kaum.						
26.	Ich empfinde meinen Körper als fremd.						

Befindlichkeits-Skala

		Über-haupt nicht	sehr wenig	wenig	deut-lich	stark	sehr stark
27.	Der Kontakt zu Menschen in meiner Umwelt fällt mir leicht.						
28.	Ich bin ideenarm und phantasielos.						
29.	Meine Gefühle sind beständig und ausgeglichen.						
30.	Ich empfinde meine Umwelt als verändert, fremd und bedrohlich.						
31.	Viele verschiedene Dinge interessieren mich und sind mir zugänglich.						
32.	Ich kann mich anderen Menschen gegenüber gut abgrenzen.						
33.	Meinen Körper empfinde ich als Last.						
34.	Meine Gedanken sind sprunghaft und ungerichtet, ein geordnetes Denken fällt mir schwer.						
35.	Was um mich herum geschieht, interessiert mich und ist mir wichtig.						
36.	Mein Gefühl und Verhalten ist den Anlässen angemessen.						
37.	Meine Ideen und Einfälle bleiben unverwirklicht. Ich kann sie nicht ausleben.						
38.	Ich habe große Zuversicht, alles wird gut.						

ANIS-Skala (modifiziert) zur Diagnostik und Verlaufskontrolle einer Magersucht[2]

Gruppierung der 31 vorgegebenen Aussagen nach inhaltlicher Bedeutung

A. Angaben, die auf Angst vor Gewichtszunahme hinweisen

- Ich habe große Angst, dick zu werden.
- Ich beende eine Mahlzeit, noch bevor ich die für meine Figur oder für meine Gesundheit festgelegte Portion gegessen habe, ich esse immer weniger als ich eigentlich sollte.
- Ich fühle mich oft hungrig, doch versuche ich, mein Hungergefühl zu bezwingen.
- Ich lege großen Wert auf meine Figur und kontrolliere mein Aussehen häufig im Spiegel.
- Ich versuche, eine Diät einzuhalten und möglichst wenig Fett und Kohlenhydrate zu essen (z. B. Kartoffeln, Süßigkeiten).
- Es kommt vor, dass ich über mein tatsächliches Essverhalten nicht ganz ehrlich berichte.
- Wenn es mir gelungen ist, für eine längere Zeit zu fasten, bin ich stolz auf diese Leistung.
- Gelegentlich verhandle ich über mein Essen (z. B.: Ich esse dies, wenn ich das andere nicht zu essen brauche).
- Ich zögere es oft hinaus, mit dem Essen zu beginnen.
- Nach dem Essen mache ich mir Vorwürfe und Sorgen, zu dick zu werden.

B. Angaben, die auf Überforderung hindeuten

- An mich werden zu viele Anforderungen gestellt, denen ich nur schwer nachkommen kann.
- Im tiefsten Inneren fühle ich mich minderwertig und hilflos.
- Ich fühle mich durch Erwartungen anderer eingeengt.
- Es hat keinen Sinn für mich, dafür zu kämpfen, im Leben etwas zu erreichen, da alle meine Mühen und Anstrengungen nicht den von mir erwarteten Erfolg bringen.

---

2 Nach Fichter MM, Keeser W (1980) Das Anorexia-nervosa-Inventar zur Selbstbeurteilung (ANIS), Archiv für Psychiatrie und Nervenkrankheiten 228(1): 67–89.

- Durch die vielen an mich gestellten Anforderungen und Erwartungen habe ich das Gefühl, nicht Herr über mein eigenes Leben zu sein.
- Ich bin immer angespannt und unruhig.

C. Angaben, die für einen hohen Selbstanspruch sprechen

- Langeweile ist mir unerträglich.
- Bezüglich des Essens habe ich einen starken Willen und Rituale, denen meist Zwangsgedanken und Zwangshandlungen zugrunde liegen.
- Im Vergleich zu anderen bin ich recht gewissenhaft und gründlich bei allem, was ich tue.
- Es fällt mir schwer, herumzusitzen und nichts zu tun.
- Wenn ich etwas beginne, habe ich das Bedürfnis, alles perfekt oder genau zu machen.

D. Das Verhältnis zum Essen

- Nach dem Essen ist mir übel.
- Nach dem Essen habe ich ein Völlegefühl.
- Nach dem Essen fühle ich mich schlechter als vor dem Essen.
- Nach dem Essen ist mir so unwohl, dass ich am liebsten erbrechen würde.

E. Aussagen zu Ängsten[3]

- Ich habe Angst, von anderen abgelehnt zu werden.
- Ich habe Angst, andere zu enttäuschen.
- Ich habe Angst, zu versagen.

F. Angaben zur veränderten Wahrnehmung

- Wenn ich anfange zu essen, kann es passieren, dass ich einen kaum zu beherrschenden Impuls bekomme, immer weiter zu essen.
- Wenn ich Heißhunger habe, kann ich meinen Appetit kaum beherrschen.

G. Weitere für Magersucht typische Aussagen

- Ich brauche keine Pausen.
- Ich halte mich ungern in kühlen Räumen auf, denn Kälte vertrage ich schlecht.
- Auch wenn ich Angst habe, verspüre ich kein Herzklopfen.

---

[3] Sexuelle Ängste wurden bewusst ersetzt durch reale Ängste. Denn sexuelle Ängste sind nicht typisch für Magersüchtige – der 1979/80 angenommene Zusammenhang wurde inzwischen korrigiert.

ANIS-Skala (modifiziert) zur Diagnostik und Verlaufskontrolle einer Magersucht

- Dicke Menschen finde ich unästhetisch.
- Ich finde, dass das Essen zu reichhaltig und zu fettig ist.
- Ich bin schnell verunsichert.
- Über ein unerwartetes Geschenk von Freunden kann ich mich oft gar nicht richtig freuen.
- Es fällt mir schwer, meine Gefühle (Ärger, Freude) offen und spontan zu zeigen.
- In meinen Gedanken beschäftige ich mich viel mit Dingen, die mit dem Essen zu tun haben (Nahrung, Speiseduft, Rezepte, Küche, Diät).
- Ich bewege mich sehr viel (Gymnastik, Spaziergänge, Radfahren, Joggen).
- Selbst bei eigentlich unangenehmen Ereignissen kann ich mich manchmal gar nicht richtig ärgern.
- Ich kann lange arbeiten, ohne müde zu werden.
- Ich brauche schon immer mehr körperliche Bewegung als andere Menschen.
- Es ist mir unerträglich, anderen Menschen ausgeliefert zu sein oder die Kontrolle über mein Verhalten zu verlieren.
- Ich tue das, was von mir verlangt und erwartet wird, obwohl ich es selbst lieber anders hätte.
- Ich esse zu den Mahlzeiten nicht aus Appetit, sondern weil es »Zeit zu essen« ist.
- Es muss schon viel passieren, ehe ich mich aufrege oder ärgere, wenn es mich nicht betrifft.
- Am meisten stört mich meine zu große Empfindlichkeit und dass ich mein Verhalten anderen gegenüber nicht so gut steuern kann.

20 Tipps und Ratschläge, um Ihr Übergewicht zu verringern

1. Machen Sie keine ungesunden Crash-Diäten: Der Körper verlangt »seine Nahrung«, die ausgehungerten Fettzellen füllen sich nach jedem Hungern wieder. Deshalb sollte jede Diät mit einer bleibenden Änderung des Essverhaltens und einer Zunahme an körperlicher Bewegung verbunden sein.
2. Wenn Sie abnehmen wollen, setzen Sie sich feste Termine für den Beginn, denn »eine Hungerkur fängt immer erst morgen an«. Informieren Sie Ihre Familie und Freunde, damit Sie deren Unterstützung haben und Sie sich nicht immer rechtfertigen müssen.
3. Am besten nehmen Sie in einer Gruppe von Gleichgesinnten ab, die sich regelmäßig trifft und die Gewichtsabnahme registriert und lobt. Gewichtstabellen sind wichtig: Auch wenn Sie allein eine Diät machen, sollten Sie zu Beginn ein Esstagebuch führen und Ihr wöchentlich ermitteltes Gewicht in einer Tabelle grafisch darstellen.
4. Entscheiden Sie sich niemals für eine Diät, die der Gesundheit schaden kann, indem Sie nur Fett und Fleisch essen und die Kohlenhydrate weglassen. So eine »Diät« erhöht den Cholesterinspiegel. Sie haben dann weniger Gewicht, aber viele Fettablagerungen an den Gefäßwänden und sind keinesfalls gesünder.
    Stimmen Sie die Art der Diät am besten mit Ihrem Hausarzt ab, der achtet dann darauf, dass keine Mangelerscheinungen auftreten.
5. Ihre Diät sollte aus viel Flüssigkeit, viel Obst und noch mehr Gemüse und Ballaststoffen, Magermilchprodukten, magerem weißen Fleisch oder Fisch bestehen und möglichst gutes Fett enthalten (Olivenöl, Nussöl). Machen Sie sich diese Art der Ernährung zur Gewohnheit, damit die erreichte Gewichtsabnahme erhalten bleibt. Am besten mediterrane Kost, die viel Gemüse, Fisch und Olivenöl beinhaltet.
6. Gewöhnen Sie sich ab, zwischendurch oder unterwegs beim Stadtbummel zu essen.
    Legen Sie einen Essensplan an mit festen Essenszeiten und der etwaigen Nahrungsmenge. Essen Sie möglichst immer zur gleichen Zeit und am selben Ort, dagegen möglichst nie beim Fernsehen, Zeitunglesen oder während des Telefonierens.
7. Lernen Sie, Essen zu genießen: Essen Sie langsam, kauen Sie gut und nehmen Sie immer nur kleine Portionen in den Mund. Legen Sie bewusst zwischen den einzelnen Bissen Pausen ein, trinken Sie reichlich und legen Sie das Besteck für eine Minute aus der Hand, atmen Sie tief und bewusst ein, das entspannt und baut Stress ab.

8. Bewegen Sie sich ausreichend und treiben Sie Sport. Stellen Sie für sich ein Gymnastikprogramm zusammen, das Sie täglich zur gleichen Zeit absolvieren. Melden Sie sich bei einer Sportgruppe an oder im Fitnesscenter.
9. Beruhigen Sie sich bei Stress oder Frust nicht durch Essen, sondern reagieren Sie sich erst ab, indem Sie z. B. spazieren gehen, eine kurze Hausarbeit erledigen, ein Gespräch führen oder auch telefonieren.
10. Informieren Sie sich über den Kaloriengehalt ihrer wichtigsten Nahrungsmittel. Beachten Sie auch beim Einkaufen immer den Fett- und Zuckergehalt. Sie können grundsätzlich alle Nahrungsmittel essen, aber je weniger Kalorien sie haben, umso mehr von ihnen können Sie essen. Später sollte man von den sehr kalorienhaltigen Köstlichkeiten ganz kleine Mengen (immer nur ein Stück) essen und dies nur ein Mal pro Tag.
11. Versuchen Sie, während der Diät ganz ohne Süßigkeiten auszukommen. Teilen Sie sich Süßigkeiten danach täglich in nur ganz kleinen Mengen zu und genießen Sie diese am besten am Abend als Belohnung für das zuvor am Tag Geleistete.
12. Trinken Sie nur Wasser, Kaffee oder Tee ohne Zucker, eventuell etwas Fruchtsaft verdünnt mit Wasser. Trinken Sie viel, das unterdrückt den Hunger und »entschlackt« den Körper.
13. Deponieren Sie in der Wohnung keine Nahrungsmittel in Sichtweite. Bewahren Sie Ihre Nahrungsmittel im Schrank oder Kühlschrank auf und öffnen Sie diese nur zu den Essenszeiten.
14. Essen Sie fünf Mahlzeiten am Tag, zwei Hauptmahlzeiten und drei kleine Mahlzeiten, je nach Plan. Vermeiden Sie das Aufkommen von Heißhunger. Rauchen zum Unterdrücken des Hungers ist sehr ungesund, aber das wissen Sie.
15. Entscheiden Sie vor jeder Mahlzeit über Ihre Essensmenge und bringen Sie für sich nur diese Portion auf den Tisch. Beachten Sie deren Kaloriengehalt. Sie sollten zuerst Gemüse (Salate) oder etwas Obst essen, da das Volumen an aufgenommener Nahrung das Sättigungsgefühl erzeugt. Lernen Sie auf das Sättigungsgefühl zu achten, um dann rechtzeitig mit dem Essen aufzuhören.
16. Essen Sie – neben Fisch, weißem Fleisch und viel Gemüse – vorwiegend Kohlenhydrate mit einem hohen Stärkeanteil, denn dieser wird langsamer abgebaut und hält den Blutzuckerspiegel länger erhöht, sodass ein Hungergefühl später einsetzt. Solche Nahrungsmittel sind Vollkornbrot, Haferflocken, Kartoffeln, Reis.
17. Räumen Sie nach dem Essen Geschirr und Nahrungsreste sofort weg und verlassen Sie die Küche möglichst bald. Zwischen den Mahlzeiten sollte der Kühlschrank tabu sein, auch nachts! Wenn Sie zwischendurch ein starkes Hungergefühl verspüren, kauen Sie am besten Kaugummi oder essen Sie Möhren, Gurke, Nüsse, einen Apfel oder Tomaten.
18. Vorsicht beim Essen in Gaststätten: Das Gaststättenessen ist meist sehr kalorienhaltig, denn Fett verbessert den Geschmack. Außerdem werden in das Essen oft Gewürze gegeben, die den Geschmack verbessern und den Appetit anregen (z. B. Glutamat).

19. Einschränkungen im Essen machen auf die Dauer nur die Hälfte des Erfolgs aus: Viel wichtiger ist es, sich mehr und regelmäßig zu bewegen. Jede zusätzliche und noch so geringe Bewegung verbraucht Kalorien, die Sie als Nahrung wieder genießen dürfen.
20. Jede restriktive Diät setzt einen gesunden Körper mit gut funktionierenden Organen voraus: Dazu bedarf es einer ärztlichen Überprüfung und Überwachung.

Literatur

American Psychiatric Association (1994) Diagnostic and Statistical Manual of Mental Disorders (DSM). Fourth Edition. Washington.
Asendorpf J (2003) Psychologie der Persönlichkeit. Springer, Berlin.
Bender D, Lösel F (2000) Risiko und Schutzfaktoren in der Genese und der Bewältigung von Misshandlung und Vernachlässigung. In: Egle UT, Hoffann SO, Joraschky P (Hrsg.) Sexueller Missbrauch, Vernachlässigung. Schattauer, Stuttgart. S. 40–58.
Berger U (2008) Essstörungen wirkungsvoll vorbeugen. Kohlhammer, Stuttgart.
Boney CM et al. (2005) Metabolic syndrome in childhood: association with birth weight, maternal obesity and gestational diabetes mellitus. Pediatrics (6): 1111–1118.
Bösel RM (2006) Das Gehirn. Lehrbuch der funktionellen Anatomie für die Psychologie. Kohlhammer, Stuttgart.
Brandstetter et al. (2009) Adipositasprävention bei Grundschulkindern. Clin Res Cardiol Apr, 98 V229.
Braus DF (2004) Ein Blick ins Gehirn. Moderne Bildgebung in der Psychiatrie. Thieme, Stuttgart.
Bulik CM et al. (2007) Genetics of Anorexia Nervosa. Annual Review of Nutrition 27: 263–275.
Burger K (2007) Magersucht. Erbe der Steinzeit. Bild der Wissenschaft (5).
Csef H (2003) Affekte als Regulatoren zwischenmenschlicher Beziehungen. In: Nissen G (Hrsg.) Affekt und Interaktion. Zur Genese und Therapie psychischer Störungen. Kohlhammer, Stuttgart. S. 104–112.
Dunitz-Scheer M, Tappauf M, Burmucic K, Scheer P (2007) Frühkindliche Essstörungen. Monatsschr Kinderheilk, 155: 795–801.
Egle UT, Hardt J, Nickel R, Kappis B, Hoffmann SO (2002) Früher Stress und Langzeitfolgen für die Gesundheit – Wissenschaftlicher Erkenntnisstand und Forschungsdesiderate. Ztschr Psychosomatische Medizin und Psychotherapie 48: 411–434.
Eifert vG, Timko A (2012) Wege aus der Anorexie. Das ACT-Selbsthilfebuch. Weinheim: Beltz.
Fichter M (1991) Ätiologische Faktoren, Diagnostik und Therapie bulimischer Essstörungen. Ztschr Klin Psycholog XX(1): 1–21.
Fichter M, Keeser W (1980) Das Anorexia-Inventar zur Selbstbeurteilung (ANIS). Arch Psychiatrie Nervenheilkunde 288: 67–89.
Freedman DS et al. (1999) The relation to overweight and cardiovascular risk factors among children and adolescents: Bogalusa Heart Study. Pediatrics 103: 1175–1182.
Freitag CM, Retz W (2007) ADHS und komorbide Erkrankungen. Kohlhammer, Stuttgart.
Frieling H (2009) Epigenetische Regulation der Stressachse verändert sich: Misshandlung in der Kindheit hinterlässt Spuren im Gehirn. INFO Neurologie & Psychiatrie 11(6): 15.
Frieling H, Bleich S (2009) Epigenetische Faktoren – Wie beeinflussen sie die Pathogenese psychischer Störungen? INFO Neurologie & Psychiatrie 11(5): 40–43.
Gerlach G, Herpertz S (2015) Anorexia nervosa – wie behandeln? Evidenzbasierte Therapie der anorektischen Störungen. Info Neurologie & Psychiatrie 17(9): 47–54.
Gerlinghoff M (1990) Anorexia nervosa – Diagnose und Therapie. Nervenheilkunde (9): 212–215.
Goleman D (1997) Emotionale Intelligenz. Dtv, München.
Gura T (2008) Sucht nach Hunger. Gehirn & Geist 11: 46–52.

Hauskeller F, Gausche R, Meigen C, Kiess W, Blüher S (2009) Adipositasprävention: Das Problem der lebensstilbasierten Verhaltensänderung. Ztschr. Kinder- und Jugendmedizin 9: 65–69.

Hebebrand J (1995) Anorexia nervosa – Aspekte der modernen Gewichtsforschung. Therapiewoche (28): 1663–1668.

Hebebrand J, Barth M, Herpertz-Dahlmann B (2004) Essstörungen: Von Fütterungsstörungen bis Anorexie. Paediatrie hautnah: 7370–7374.

Hermanussen M (2008) Appetitsteuerung und Ernährungsmuster. Ztschr Pädiatrix (6): 15–22.

Herpertz-Dahlmann B (1992) Anorexia und Depression beeinflussen sich wechselseitig. Neuro news, Ausgabe 4, S. 8.

Herpertz-Dahlmann B (2003a) Multimodales Behandlungskonzept von Anorexia und Bulimia nervosa im Jugendalter. In: Lehmkuhl U (Hrsg.) Psychotherapie und Psychopharmakologie im Kindes- und Jugendalter. Indikationen, Effekte, Verlauf. Vandenhoeck & Ruprecht, Göttingen, S. 119–134.

Herpertz-Dahlmann B (2003b) Essstörungen. In Herpertz-Dahlmann B, Resch F, Schulte-Markwort M, Warnke A (Hrsg.) Entwicklungspsychiatrie. Schattauer, Stuttgart, S. 668–693.

Herpertz S, Hagenah U, Vocks S, v. Wietersheim J, Cuntz U, Zeeck A (2011) Diagnostik und Therapie der Essstörungen: Klinische Leitlinie. Deutsches Ärzteblatt 108(40): 678–685.

Herpertz-Dahlmann B, Hebebrand J, Remschmidt H (2003) Essstörungen. In: Leitlinien zu Diagnostik und Therapie von psychischen Störungen im Säuglings-, Kindes- und Jugendalter. Deutscher Ärzteverlag, Köln. S. 117–129.

Herpertz-Dahlmann B, Herpertz S (1995) Essstörungen und Diabetes mellitus. Diabetes Dialog (4): 5–8.

Herpertz-Dahlmann B, Müller B (2000) Leistungssport und Essstörungen aus kinder- und jugendpsychiatrischer Sicht. Monatsschrift Kinderheilkunde 148: 462–468.

Hölling H, Erhart M, Ravens-Sieberer U, Schlack R (2007) Verhaltensauffälligkeiten bei Kindern und Jugendlichen. Erste Ergebnisse aus dem Kinder- und Jugendgesundheitssurvey (KiGGS). Bundesgesundheitbl – Gesundheitsforsch – Gesundheitsschutz 50: 784–793.

Hölling H, Schlack R (2007) Essstörungen im Kindes- und Jugendalter. Erste Ergebnisse aus dem Kinder- und Jugendgesundheitssurvey (KiGGS). Bundesgesundheitbl – Gesundheitsforsch – Gesundheitsschutz 50: 794–799.

Holtkamp K, Herpertz-Dahlmann B (2005) Anorexia und Bulimia nervosa im Kindes- und Jugendalter. Deutsches Ärzteblatt 102(1–2): 50–58.

Jean A et al. (2007) Anorexia Induced by Activation of Serotonin 5-HT4 Receptors is Mediated by Increases in Cart in the Nucleus Accumbens. Proceedings of the National Academy of Sciences USA 104(41): 16335–16340.

Jödicke S, Wiegand S (2020) Adipositas bei kindern und Jugendlichen. Schecken Sie die Baustellen! Kinderärztl Praxis 91: 99–103.

Joraschky P (1990) Familientherapie bei der Anorexia nervosa. Nervenheilkunde 9: 236–241.

Kaye W (2008) Neurobiology of Anorexia and Bulimia Nervosa. Physiology and Behavior 94(1): 121–135.

Koenen M, Zamorsky H, Nielinger I, Brückner A (2007) Stationäre Rehabilitation adipöser Kinder und Jugendlicher – Sporttherapeutische Aspekte. Ztschr Paediatrie 13: 267–290.

Köhler T (2001) Biopsychologie. Ein Lehrbuch. Kohlhammer, Stuttgart.

Lawton G (2004) Die Wurzeln der Persönlichkeit. Gehirn & Geist 3: 34–38.

Legenbauer T, Vocks S (2013) Manual der kognitiven Verhaltenstherapie bei Anorexie und Bulimie. Berlin: Springer.

Lehmkuhl G (1991) Anorexia nervosa im Schul- und Jugendalter. Pathogenetische Modelle, Therapie und Prognose. Neurologie & Psychiatrie 6: 315–322.

Mackin P, Watson S, Ferrier N (2006) Die Neurobiologie der Depression: Fokus auf der Interaktion zwischen Cortisol und einem neurotropen Faktor im Gehirn. Ztschr Depression: Mind and Body 2(1): 11–17.

Markert D (1998) Diätetische Therapie der Adipositas. Deutsches Ärzteblatt 95(9): A-480.

McGowan PO, Sasaki A, D´Alessio AC et al. (2009) Epigenetic regulation of the glucocorticoid receptor in human brain associates with childhood abuse. Nat Neuroscience 12: 342–348.

Meermann R, Borgart E-J (2006) Essstörungen: Anorexie und Bulimie. Ein kognitiv-verhaltenstherapeutischer Leitfaden. Kohlhammer, Stuttgart.

Nething K et al. (2008) Primärprävention und Folgeerkrankungen des Übergewichtes bei Kindern und Jugendlichen. Dtsch Z Sportmedizin 57: 42–45.

Nutzinger DO, Zwaan M de, Schönbeck G (1991) Serotonin und Essstörungen: Nervenarzt 62: 198–201.

Ofshe R, Watters E (1996) Die missbrauchte Erinnerung. Von einer Therapie, die Väter zu Tätern macht. Dtv, München.

Phillips H (2004) Neurochemie – Die Glücksboten. Gehirn & Geist 3: 42–47.

Rechlin T (1990) Die Anorexia nervosa beim männlichen Geschlecht. Nervenheilkunde 8: 223–228.

Resch F (1996) Entwicklungspsychopathologie des Kindes- und Jugendalters. Psychologie Verlag Union, Weinheim.

Revensdorfer D (1994) Psychotherapeutische Verfahren. Bd. 2 Verhaltenstherapie. Kohlhammer, Stuttgart.

RKI – Robert Koch-Institut (2018) Die KiGG-Studie des Robert Koch-Institutes zur Gesundheit von Kindern und Jugendlichen in Deutschland. Erste Ergebnisse. Journal of Health Monitoring, Ausgabe 3/2018.

Rösler M, v. Gontard A, Retz W, Freitag CH (2010) Diagnose und Therapie der ADHS. Kinder – Jugendliche – Erwachsene. Kohlhammer, Stuttgart.

Rothemund Y (2008) Parallelen zwischen Adipositas und Sucht – Sahnetörtchen im MRT. InFo Neurol & Psychiatr 11(3): 51.

Sammet I, Dammann G, Wiesli P, Müller M (2016) Adipositas. Interdisziplinäre Behandlung und psychosomatische Perspektive. Stuttgart: Kohlhammer.

Scheer P (2007) So geht's mir wirklich – eine Patientin mit »Anorexia Athletica« erzählt. Monatsschr Kinderheilkunde 155(5): 802–803.

Scheer P, Tappauf M, Burmucic K, Dunitz-Scheer M (2007) Essstörungen des Kindes- und Jugendalters. Monatsschr Kinderheilkunde 155(5): 804–810.

Scheer P, Zoubek A (2007) Essstörungen. Monatsschr Kinderheilkunde 155(5): 793–794.

Schlack R, Hölling H, Kurth B-M, Huss M (2007) Die Prävalenz der Aufmerksamkeitsdefizit-/Hyperaktivitätsstörung (ADHS) bei Kindern und Jugendlichen in Deutschland. Erste Ergebnisse aus dem Kinder- und Jugendgesundheitssurvey (KiGGS). Bundesgesundheitbl – Gesundheitsforsch – Gesundheitsschutz 50: 827–835.

Simchen H (2004) ADS und Essstörungen. In: BV-AH e. V. (Hrsg.) ADHS wird erwachsen … was tun? Chancen, Risiken und Hilfen für Teenager und junge Erwachsene mit ADHS. Bundesverband ADHS. S. 41–51.

Simchen H (2005) Kinder und Jugendliche mit Hochbegabung. Erkennen, stärken, fördern – damit Begabung zum Erfolg führt. Kohlhammer, Stuttgart.

Simchen H (2008a) Verunsichert, ängstlich, aggressiv. Verhaltensstörungen bei Kindern und Jugendlichen. Ursachen und Folgen. Kohlhammer, Stuttgart.

Simchen H (2008b): Geschlechtsspezifische Unterschiede beim Aufmerksamkeits-Defizit-Syndrom mit und ohne Hyperaktivität. ADHS heute. Fachbuch ADHS Deutschland. S. 128.

Simchen H (2019) ADS. Unkonzentriert, verträumt, zu langsam und viele Fehler im Diktat. Hilfen für das hypoaktive Kind. 10. Auflage. Kohlhammer, Stuttgart.

Simchen H (2020) Die vielen Gesichter des ADS. Begleit- und Folgeerkrankungen richtig erkennen und behandeln. 5. Auflage. Kohlhammer, Stuttgart.

Simchen H (2020) AD(H)S – Hilfe zur Selbsthilfe. Lern- und Verhaltensstrategien für Schule, Studium und Beruf. 2. Auflage. Kohlhammer, Stuttgart.

Solden S (2001) Die Chaos Prinzessin. Frauen zwischen Talent und Misserfolg. Bundesverband der Eltern zur Förderung hypoaktiver Kinder e. V.

Spektrum der Wissenschaft, Spezial, Das verbesserte Gehirn. Heft 3 (2004). Verlagsgesellschaft Heidelberg.
Spitzer M (2002) Lernen, Gehirnforschung und die Schule des Lebens. Spektrum, Heidelberg.
Spitzer M (2003) Nervensachen. Perspektiven zu Geist, Gehirn und Gesellschaft. Schattauer, Stuttgart.
Steinhausen H-C (1992) Anorexia und Bulimia nervosa bei Kindern und Jugendlichen. TW Neurologie Psychiatrie 6: 237–240.
Steinhausen H-C (2000) Hyperkinetische Störungen bei Kindern, Jugendlichen und Erwachsenen. Kohlhammer, Stuttgart.
Steinhausen H-C (2006a) Schule und psychische Störungen. Kohlhammer, Stuttgart.
Steinhausen H-C (2006b) Psychische Störungen bei Kindern und Jugendlichen. Lehrbuch der Kinder- und Jugendpsychiatrie. 6. Auflage. Urban & Fischer, München.
Steinhausen H-C, Seidel R, Winkler-Metzke C (2000) Evaluation of treatment and intermediate and long-term outcome of adolescent eating disorders. Psycholog Med 30: 1098–1098.
Steven C et al. (2006) Depression und kardiovaskuläre Erkrankungen. Depression Mind and Body 2(1): 2–10.
Surman F, Biedermann J (2006) Bulimia and ADD. Clin Psychiatry 67(3): 351–354.
Svaldi J, Naumann E (2014) Binge-Eating-Störung. Neues aus dem DSM-5. Info Neurologie & Psychiatrie 16(2): 51–57.
Tamm-Schaller F, Joraschky P (1990) Magersucht und Bulimie – Symptome gestörter weiblicher Persönlichkeitsentwicklung. Nervenarzt 9: 216–222.
Tappauf M, Sudi K, Scheer P (2007) Sportanorexie und Athletinnen – Trias bei Jugendlichen. Monatsschr Kinderheilkunde 155(9): 815–819.
Wabitsch M (2000) Overweight and obesity in European children: definition and diagnostic procedures, risk factors and consequences for later health outcome. Eur J Pediatry 159: 480–513.
Weber A, Hörmann G, Köllner V (2006) Psychische Störung und Verhaltensstörung, die Epidemie des 21. Jahrhunderts? Dt Ärzteblatt 103(13): 834–840.
Wender PH (2002) Aufmerksamkeits- und Aktivitätsstörungen bei Kindern, Jugendlichen und Erwachsenen. Ein Ratgeber für Betroffene und Helfer. Kohlhammer, Stuttgart.
Wewetzer C, Mauer-Mucke K, Ballauff A, Remschmidt H, Hebebrand J (1998) Mögliche pathophysiologische, diagnostische und therapeutische Implikationen neuer Befunde zur Leptinsekretion im Rahmen der Anorexia nervosa. Z Kinder Jugendpsychiatrie 26: 244–252.
Windgassen K (1993) Anorexia nervosa: Viel beachtet und mißverstanden. Dtsch Ärzteblatt 90(18): A-1348–1352.
Winkler M (2009) ADHS und Bulimie. Juvemus 1(22): 4–9.
World Health Organization/Weltgesundheitsorganisation (WHO) (1993) Internationale Klassifikation psychischer Störungen (ICD). Klinisch-diagnostische Leitlinien. Übersetzt und herausgegeben von H Dilling u. a. Huber, Göttingen.

Sachwortverzeichnis

A

Adipositas 18, 144
Affektlabilität 134
Anerkennung 86
Angst 15, 35, 49
– Versagensangst 128
Antriebsschwäche 47
Appetitsteuerung 37, 111
Aufmerksamkeit 43
Aufmerksamkeitsdefizit-Syndrom 25, 42, 44, 61, 134
– hypoaktiver Subtyp 168
Aufmerksamkeitsstörung 134
Autoaggression 128, 167

B

Begabung 95, 97
Begleiterkrankung 105, 120
Behandlung, stationäre 89
Belastung, psychische 45
Belohnungssystem 45, 154
Bewegungsdrang 43, 85
Bewegungsmangel 155
Beziehung, familiäre 51, 131, 162, 177
Beziehungsstörung 81, 183
Blackout-Reaktion 128
Bluthochdruck 147, 152
Blutzuckerspiegel 35, 113, 149 f., 157, 159
Body-Mass-Index 87
Bulimie 18, 161
Burnout-Syndrom 15, 132

C

Cholesterin(spiegel) 37, 148
Computerspiele 20
Cortisol 36 f.

D

Defizit 190
Depression 55, 128, 157
– depressive Verstimmung 15, 91
Destabilisierung, psychische 31
Diabetes mellitus 149
Diagnosekriterien 54, 117
Diagnostik 24
Diät 47, 130, 153, 155
Dopamin 43, 45, 104, 169
Dysmorphie-Syndrom 100

E

Eigenschaft, positive 173
Eltern 91, 125, 131, 133, 135
Empfindlichkeit 61, 70
Entspannung 20
Entwicklung
– frühkindliche 25
– Phasen 45
Entwicklungsstörung 174
Erkrankung, psychosomatische 29, 107
Ernährung
– Mangelernährung 47, 92, 106
– Überernährung
– Unterernährung 16, 19, 87
Erwachsenwerden 170
Erziehung 25, 78
Essanfall 126, 144
Esssucht 139, 161
Essverhalten 25, 37, 79

F

Faktoren, soziokulturelle 65
Fehlentwicklung, reaktive 50, 181
Forschung 23, 33
Frauenrolle 52
Frühbehandlung 28, 93, 101
Frühdiagnostik 93
Frühsymptom 99, 122
Frustrationsintoleranz 36
Fütterungsschwierigkeit 25

G

Gedächtnis
- Arbeitsgedächtnis 20, 38, 44
- Langzeitgedächtnis 20, 38

Gedächtnisbahn 44, 98, 103, 105
Gehirn 38, 43
- Reifung 32

Genetik 107, 164
Geschlechtsspezifischer Unterschied 34
Geschwister 163
Gleichgewicht, psychisches 40, 45, 96

H

Hässlichkeitssyndrom 100
Heißhunger 116, 126, 157
Herz-Kreislauf-Erkrankung 147, 159
Herzrhythmusstörung 160
Hilflosigkeit 67, 100
Hungergefühl 36, 143
Hyperaktivität 134, 165

I

Impulssteuerungsschwäche 118
Informationsverarbeitung 18, 27, 39, 44, 83, 99
Insulinresistenz 149 f.
Intelligenz
- emotionale 20
- soziale 20

Internet 20

K

Kindergarten 92, 190
Kleinkindalter 26, 132
Kompetenz, soziale 20, 72, 100, 166, 173
Konzentration 125
Kopfschmerzen 113
Körperfettverteilung 147, 149
Körpersprache 20
Krankengeschichte 70

L

Lärmbelastung 22
Lernschwierigkeit 15
Lieblingsspeise 27

M

Magen-Darm-Beschwerden 114

Magersucht 117, 127, 161, 170
- Häufigkeit 87

Magersüchtige 18
Medien 15, 20, 66, 104, 163
Medikamente 110, 139, 181
Menstruationsbeschwerden 37, 121
Metabolisches Syndrom 148, 150
Missbrauch, sexueller 79, 171, 183
Mobbing 34, 128

N

Nahrungsverweigerung 27, 53, 55
Nahrungszufuhr 36, 157
Neurobiologie 33, 43, 144, 168
Nikotin 106, 150
Noradrenalin 43, 45, 49, 128, 159, 169

O

Ödipuskomplex 82

P

Panikattacke 15, 128
Perfektionismus 128
Persönlichkeit 16, 18, 71
Persönlichkeitsmerkmal 31, 84, 145
Persönlichkeitsreife 45
Prävention 30
Psychoanalyse 81
Psychodynamik 89
Pubertät 31, 89, 103

R

Rechenschwäche 56, 58
Rechtschreibschwäche 97
Refeeding-Syndrom 92
Reiferückstand 128
Reizüberflutung 20, 76, 155
Ritzen 128
Rückzugsverhalten 76, 86, 163

S

Säuglingsalter 25
Schlafstörung 77, 114
Schule 92
- Ganztagsschule 22

Schulsystem 21
Selbstanspruch 38
Selbstbehandlung 29, 67
Selbstbestätigung 46
Selbsthilfegruppe 109, 185

Selbstständigkeit   134
Selbstwertgefühl   31, 72, 99, 154
Selbstwertproblematik   172
Selbstzweifel   67, 126
Serotonin   35, 43, 45, 49, 128, 157, 159, 169
Sexualität   18
Spiegelneuron   156, 162
Stabilisierung, psychische   52
Sterblichkeit   19
Steuerungsschwäche, emotionale   119
Stimulanzien   110, 112, 181
Störung, psychische   172
Stress   46, 86, 143
– Dauerstress   35, 39, 46, 154, 157
– negativer   37, 156
Stressfaktor   20, 23
Stresshormon   128, 150, 159
Stressreaktion   150
Stresstoleranz   31
Stressüberempfindlichkeit   78, 158
Struktur, soziale   21
Sucht   45, 52, 70

T

Tachykardie   114
Therapie   24, 79, 156
Trauma   81, 83, 171

U

Überempfindlichkeit   31
Überforderung   19, 103, 170
Übergewicht   146, 149
Umfeld, soziales   25, 163, 189
Unterzuckerung   36, 113, 116

V

Veranlagung   25, 27, 29, 79
Verhaltenstherapie   82, 108, 179
Verletzlichkeit   29
Vorbildwirkung   21, 155

W

Wahrnehmung   15, 47, 77
Wahrnehmungsverarbeitung   46, 81

Z

Zwang   15, 69
Zwangsgedanke   49, 128
Zwangshandlung   49, 128
Zwangsstörung   48, 132

2. Auflage 2020
246 Seiten mit 33 Abb. Kart.
€ 29,–
ISBN 978-3-17-035597-2

Dieses praxisorientierte Werk weist auf die große Bedeutung des Selbstmanagements als Bestandteil jeder AD(H)S-Behandlung hin. Betroffene können viel tun, um ihr AD(H)S nicht als Krankheit zu erdulden, sondern ihre besonderen Fähigkeiten zu fördern. Das Buch vermittelt nützliche und in der Praxis erfolgreich erprobte Strategien, wie betroffene Jugendliche und Erwachsene sich selbst und Eltern ihren Kindern gezielt helfen können, Leistungsvermögen und Sozialverhalten zu verbessern. Warum, wie und was kann und sollte getan werden, um auch mit AD(H)S erfolgreich zu sein? Das Wissen zur Beantwortung dieser Fragen verhilft Betroffenen zu mehr Selbstbestimmung. Die beschriebenen therapeutischen Strategien können sofort angewandt werden, damit wertvolle Zeit nicht ungenutzt verstreicht. Das Buch vermittelt zudem Grundlagen für erfolgreiches Coaching.

Auch als E-Book erhältlich.
Leseproben und weitere Informationen: **www.kohlhammer.de**